LA VIGIE

DE

KOAT-VEN

ROMAN MARITIME

PAR EUGÈNE SÜE

TOME TROISIÈME

PARIS

PAULIN, ÉDITEUR

RUE RICHELIEU, 60

1846

LA VIGIE

DE

KOAT-VEN.

TYPOGRAPHIE LACRAMPE ET COMP.,
RUE DAMIETTE, 2.

LA VIGIE

DE

KOAT-VEN

Roman maritime.

(1780—1830)

PAR EUGÈNE SÜE.

TOME TROISIÈME.

PARIS

PAULIN, ÉDITEUR,

RUE RICHELIEU, 60.

—

1846

LA VIGIE DE KOAT-VEN.

XLVIII.

Je vous entends.
(SCHILLER. *Wallenstein.*)

CONVERSATION.

Environ quinze jours après le combat du *Lively* et la mort de sir Georges, Henri se trouvait presque guéri de sa blessure.

Suivant les ordres qu'il avait décachetés, il continuait sa croisière dans les parages des Açores, ayant sous ses ordres sa prise, *le Lively*, toujours commandée par Jean Thomas.

Malgré sa grâce et son esprit, le comte avait tellement peu de ressources en lui-même, sa tête était si vide, son imagination si stérile, sa pensée si inerte, son instruction si nulle, que la vie solitaire et monotone qu'on mène forcément à bord pendant une croisière lui pesait horriblement. Son état-major lui offrait bien peu de ressources contre ce désœuvrement qui l'engourdissait. Malgré son austère et rude franchise, la seule conversation de l'aumônier eût sans doute aidé le comte à traîner ces longues heures, mais malheureusement l'abbé avait un goût prononcé pour le silence et la solitude.

Et pourtant le comte se sentait attiré vers l'abbé par ce bizarre esprit de contradiction qui fait qu'on ne recherche jamais plus les gens que lorsqu'ils semblent vous fuir et vous dédaigner. Et de fait, Henri, quoique d'une intelligence fort médiocre, n'avait pas été sans s'apercevoir de la haute supériorité qui distinguait l'aumônier, et c'est à la conscience de cette admiration, dont il ne se rendait pas compte, qu'il faut attribuer le dépit qu'éprouvait Henri en voyant l'indifférence glaciale et polie avec laquelle ce prêtre singulier lui répondait parfois.

Or, un jour, se sentant plus ennuyé que de coutume, le comte fit prier à tout hasard l'aumônier de passer chez lui.

Le prêtre se rendit à ses ordres; et Henri, peu habitué à cacher ses désirs ou à les contraindre, lui dit résolument :

— Tenez, l'abbé, je m'ennuie comme un mort, et j'ai besoin de votre ministère..... non positivement pour me confesser, mais pour vous entretenir du singulier état dans lequel je me trouve depuis quelque temps. A parler franchement, j'ai fait, je vous l'avoue, tous les excès imaginables, j'ai eu des aventures folles ou tristes, des duels heureux ou malheureux, des combats, des naufrages, le diable, enfin... Eh bien! malgré les souvenirs que devrait me laisser une vie aussi pleine, une fois à bord, quand je n'ai pas à lutter contre une tempête ou à tirer du canon contre quelqu'un, je m'ennuie comme un damné... Après cela, voyez-vous, l'abbé, c'est peut-être aussi que j'ai quelque chose comme des remords;... car, avant de quitter la France, je me suis bien cruellement conduit envers une femme qui m'était pourtant aussi dévouée qu'on peut l'être. Et, tenez, au fait, l'abbé, votre caractère vous permet d'entendre cette espèce de confession. Écoutez-moi donc.

Et Henri ayant raconté l'aventure de la tour de Koat-Ven et la mort supposée de Rita, il ajouta d'un air mélancolique : Hé bien! voyez-vous, l'abbé, je ne serais pas étonné que quelques aventures de ce genre-là, que j'ai à me reprocher, ne fussent pour beaucoup dans l'état d'angoisse que j'éprouve... Hypocrisie à part, je suis quelquefois effrayé de ma conduite; car, au fait, je me suis joué impunément de toutes les affections que j'ai inspirées. Je méprise les hommes et les femmes, parce que je les connais; mais je vous assure, l'abbé, que l'espèce de supériorité que donne ce dédain est loin de compenser le vide qu'elle laisse dans le cœur... C'est de cela que je voulais causer avec vous, en me soumettant d'avance à toutes vos remontrances, car si vous êtes sévère, l'abbé, avouez-le, j'écoute admirablement vos sermons.

En racontant cette histoire et en l'assaisonnant de ces réflexions mélancoliques, Henri avait surtout cherché un texte de longue conversation, comptant bien sur les reproches, ou du moins sur les observations que lui ferait l'aumônier à propos de sa conduite désordonnée, qu'il devait sûrement taxer de cruelle, de fatale, de diabolique; car, ainsi que tous les Lovelaces, notre cher comte avait un amour-propre de scélératesse fort prononcé, et faisait meilleur marché de ses qualités que de ses vices.

Or, en entendant cette confession, la figure impassible de l'abbé n'exprima ni improbation, ni effroi, ni colère; seulement il regarda le comte bien en face, et lui dit d'un air froid :

— Vous désirez causer avec moi, monsieur, je suis à vos ordres ; mais ce sera une bizarre conversation que la nôtre, car vous êtes un grand seigneur, habitué aux joies du monde ; et moi, monsieur, je ne suis qu'un simple prêtre, dont la parole est grave.

— Mais c'est justement ce que je cherche, l'abbé ; cela se trouve à ravir, car j'adore les contrastes ; aussi j'aurais un plaisir inouï à causer sérieusement ; et puis, je vous le répète, je trouve le temps d'une horrible longueur quand je suis tout seul.

— A votre place, monsieur, ne pouvant peupler ma solitude, moi, j'échapperais à l'ennui par le sommeil...

— Comment diable, l'abbé ?... Mais boire, manger et dormir quand je ne me bats pas... ce serait la vie d'une brute que je mènerais là ; et pardieu, pour un ministre du saint Évangile, vous me donnez un singulier conseil !...

— Vous n'avez, monsieur, pour occuper votre esprit, ni la foi du croyant, ni les visions du poëte, ni les études de l'homme de science. Vous n'êtes, en un mot, ni un saint, ni un penseur, ni un savant ; la solitude vous pèse, je le crois, mais ce n'est pas à moi de vous la rendre légère, monsieur.

— Pourtant, l'abbé, tel élevé que soit votre entretien, je vous jure que j'y prendrais goût et intérêt ; car, entre nous, je ne suis pardieu pas un sot. .

— Vous avez de l'esprit, monsieur, et moi je n'en ai *plus ;* nous ne pourrions nous entendre.

— Voilà de l'humilité chrétienne, l'abbé !

— Ce serait plutôt de l'orgueil, monsieur ; aussi, croyez-moi, ne *causons* pas : vous en seriez aux regrets.

— Aux regrets! l'abbé... Aux regrets!... Ah! vive Dieu! voilà qui pique ma curiosité... Et que diable pourriez-vous donc me faire regretter?...

Arthur (ou l'abbé), intérieurement choqué de cette suffisance d'homme heureux par la médiocrité de son esprit, qui semblait défier le malheur, répondit au comte d'un air froid et presque méprisant :

— Puisque vous le voulez, monsieur, *causons* donc, s'il vous plaît. Jusqu'à présent, en vous comparant aux autres hommes, vous vous êtes trouvé, n'est-ce pas, supérieur au plus grand nombre? car vous aviez, pensiez-vous, ce que la plupart n'avaient pas : vous aviez le rang, la fortune, l'esprit et la bravoure; vous aviez encore un mépris insolent pour les femmes, ce qui vous donnait toutes les femmes; vous aviez le pouvoir de vous mettre, sinon au-dessus des lois humaines, au moins au-dessus des lois divines; vous aviez encore quelques morts à vous reprocher vaniteusement; vous aviez enfin le droit de maudire avec fatuité votre funeste réputation, qui vous faisait craindre et adorer comme un roué plus séduisant et plus corrompu que don Juan ou Lovelace, fatal et beau comme Satan; ce qui vous rendait, n'est-ce pas, monsieur, le plus heureux des hommes désespérés? Vos confidences, du moins, tendent à me donner cette opinion de vous, n'est-il pas vrai?

— Vous n'y êtes pas, l'abbé, — dit Henri en hésitant; car c'est en vain qu'il s'était efforcé de lire sur la figure de marbre du prêtre l'intention qui avait dicté ces paroles, afin de savoir si elles renfermaient un sarcasme ou un sermon. — Vous n'y êtes pas, l'abbé, reprit Henri. — J'ai rarement calculé l'effet de mes vices ; mais je me suis livré à ceux qui m'amusaient. Je n'ai eu de haine pour personne. Si je changeai de maîtresse, ce fut caprice et non cruauté ; si j'ai mal fait, ça n'a jamais été par méchanceté raisonnée, mais par insouciance ou étourderie. Quelquefois j'ai aimé sincèrement ; mais quand on m'a trompé, j'en ai plutôt ri que pleuré. Enfin j'ai cherché avant tout ma joie et mon plaisir. J'ai rempli mon but ; mais, de par le ciel ! je n'ai pas pour cela la moindre prétention d'être Lovelace ou Satan !

— Ce naïf aveu me rassure, monsieur ; votre confidence sur la mort de cette duchesse espagnole avait seule causé mon erreur... Excusez-moi donc de vous avoir défavorablement apprécié ; car ce que vous venez de me dire décèle une louable candeur, même dans vos défauts. Votre vice est, après tout, bonhomme... et vous pleurez les morts que vous n'avez pas tués. En vérité, monsieur, tout cela prouve un naturel sensible et bon. Excusez encore la témérité de mon premier jugement...

— C'est-à-dire, l'abbé, j'ai bien, entre nous, quelques reproches sévères à me faire ; je sais que j'ai souvent foulé aux pieds ce qu'on appelle à tort des préjugés, mais ce qui est bien véritablement la morale ; je sais encore que je n'ai pas assez respecté les liens consacrés par la religion et par les lois... et que tout cela est fort mal... l'abbé... que tout cela est odieux... très-odieux... et qu'au résumé je suis peut-être plus blâmable que je ne vous le parais, — dit Henri, qui, se trouvant presque piqué de ce que l'abbé se permît de le prendre pour un homme sensible, et qui pis est pour un bonhomme, voulait se relever un peu aux yeux de ce prêtre impertinent.

— Sans nul doute, votre conduite a été fort blâmable, monsieur, — reprit l'abbé ; — mais vous agissiez plutôt par faiblesse et par entraînement pour ce que vous aimiez, que par dédain profond de ce que les autres respectaient... Vous faisiez mal... mais vous vous repentiez... mais vous vous repentez encore... parce que vous êtes bon, humain, et que si, par étourderie, vous avez frappé un être faible, le cuisant chagrin que vous en ressentez vous absout presque... Oui, monsieur, car vous n'êtes heureusement pas de ces hommes cruels et impitoyables qui éprouvent une jouissance amère à blesser les autres hommes dans leurs affections les plus chastes et les plus douces... Vous n'êtes pas de ces sombres mortels pour qui le mépris est un instinct et le mal un besoin ; mystérieux humains qui passent sur la terre comme d'effrayants météores... en laissant après eux un bruit vague de pleurs et de malédictions. — Oh ! non, vous n'êtes pas de ceux-là, monsieur... vos sens ont pu vous égarer... mais votre cœur est resté généreux et noble ; et un jour, et bientôt, croyez-moi, vous chercherez dans une union bénie par Dieu, dans les liens de la famille, cette félicité durable et sereine dont vous êtes digne, ce bonheur calme pour lequel vous êtes fait, et que vous désirez, j'en suis sûr, sans avoir la conscience de ce vœu de votre belle âme.

Passer pour réunir les estimables et rares conditions qui constituent l'excellent père de famille, c'était bien pis encore que de passer pour sensible et bon homme. C'était plus que le comte ne pouvait décemment supporter, cela touchait de trop près à l'injure ; aussi reprit-il avec une sorte de dédain et de dépit :

— Vous outrez furieusement les portraits que vous faites, l'abbé... en mal comme en bien.

— Monsieur le comte est trop modeste, il s'ignore lui-même ; il a pris pour l'instinct du mal et de la corruption, ce qui n'était que l'effervescence de son âge ; et le sentiment des vertus privées qui dort dans son cœur, en s'éveillant bientôt, lui prouvera ce que j'ai le bonheur de lui prédire.

— Morbleu, monsieur l'aumônier, — s'écria le comte avec colère, — raillez-vous, s'il vous plaît?...

L'abbé continua d'un air glacial : — Je ne plaisante jamais, monsieur ; je m'étonne seulement qu'une appréciation toute à votre avantage puisse vous blesser!...

— Elle ne me blesse pas, l'abbé, — dit Henri en reprenant son sang-froid, — elle ne me blesse pas, mais elle m'irrite, parce que vous me peignez là un bonheur dont je ne suis malheureusement pas digne ; c'est du regret que j'éprouve, voilà tout ; car, entre nous, je n'ai, ni n'aurai jamais rien de ce qu'il faut pour rendre une femme ni une famille heureuse ; je suis destiné à vivre seul, l'abbé, — ajouta le comte avec un profond soupir de désespéré, — seul, toujours seul!...

— Vous vous calomniez à plaisir, monsieur.

— Mais non, l'abbé, mais non ; que diable, je me connais mieux que vous : je suis sensuel, inconstant, j'aime à faire des noirceurs, j'ai un caractère affreux, et souvent j'éprouve une joie maligne et presque féroce, quand je vois, par exemple, une femme me céder. Oui, je suis peut-être encore moins avide de sa possession que de cette pensée : que c'est moi qui lui ai fait oublier ses devoirs... et perdre son avenir.

— Permettez-moi, monsieur, de croire que, par humilité, vous chargez votre noble caractère des couleurs les plus sombres.

— Mais, corbleu, l'abbé, vous me rendez fou... Je ne suis pas un saint, je ne suis pas à confesse, et je pense fort peu à l'humilité dans ce moment-ci. Je dis ce que je suis, ce que je crois être. Je sais bien, moi, les remords qui m'accablent parfois; je sais bien qu'en examinant ma conduite de sang-froid, je vois que j'ai commis une foule de fautes, qui devraient avoir un nom plus sévère, si le monde était moins indulgent pour le mal qu'il partage... Tenez, l'abbé, aucun des deux portraits que vous avez tracés de moi n'est exact; mais si je ressemble à quelque chose, c'est plutôt à ces hommes diaboliques dont vous avez parlé, et qui font le mal par instinct.

— Monsieur le comte veut railler !

— Railler... monsieur... railler! oh non! je ne raille pas ; j'ai de cruels moments, croyez-moi... quand ce ne serait que cette tristesse qui me ronge quand je suis seul, l'abbé!...

— Vous vous vantez un peu, monsieur; c'est de l'ennui... mais non pas de la tristesse.

— Si, l'abbé... si... c'est même du désespoir, croyez-moi... car je suis presque un criminel, après tout... et j'ai bien le droit de me désespérer.

— En vérité, monsieur, vous vous exagérez vos fautes, ce qui est, d'ailleurs, le propre de toutes les belles âmes, continua ironiquement l'abbé, qui souriait de mépris en voyant le comte amené par sa fatuité de vice à se couvrir volontairement des couleurs les plus sombres.

— Tudieu... morbleu ! vous êtes indulgent, l'abbé, — reprit le comte. — Corbleu ! c'est une belle âme, en effet, que la mienne !... En trois mois une femme meurt en me maudissant ; et je tue, en duel, le mari d'une autre, qui est forcée de se retirer dans un couvent... J'ai une belle âme, en effet... quand rien ne me touche, quand rien ne m'arrête, quand je porte le trouble et la désolation dans les familles ; belle âme, en effet, bien digne de goûter ce bonheur paisible et ces joies pures de la famille dont vous me parliez !... belle âme que celle de l'homme qui ne cherche, qui ne trouve son plaisir que dans ce qui coûte aux autres des larmes ou du sang !... belle âme que celle de celui qui se met presque en dehors de l'humanité par ses vices et ses crimes ! Vive Dieu ! vous êtes indulgent, mon confesseur, — s'écria enfin le comte en se promenant avec agitation dans sa galerie.

— Permettez-moi de vous faire observer, monsieur, — continua froidement l'abbé, — que d'abord j'avais dit *don Juan*, *Lovelace*, et même *Satan*, et que cette comparaison avait paru vous choquer.

— Eh bien ! c'est horrible à avouer, l'abbé, — dit Henri à voix basse, — mais c'est plutôt cela ; oui, oui,..... vous aviez raison, c'est plutôt cela ; mais comment diable aussi convenir d'une pareille ressemblance !

— J'avais donc deviné juste, monsieur ; vous êtes heureux de vous trouver plus corrompu que don Juan ou Lovelace ; plus corrompu que ces hommes inflexibles et dédaigneux, pour qui l'humanité n'est qu'un jouet ou une victime. Vous êtes enfin le comte de

Vaudrey..... Alors, plus que jamais, je dois vous dire : Ne causons plus, vous en seriez aux regrets, monsieur.

— Comment cela, l'abbé?

— Sans doute, monsieur! Vous savez n'avoir nulle vertu, nulle qualité morale, mais vous pensez que vos vices ne manquent ni de charme ni d'originalité. Pourquoi donc, je vous prie, ne pas garder pure et intacte cette conviction désespérante (mais flatteuse) que vous êtes un homme au moins supérieur aux autres hommes, par l'infernal mépris avec lequel vous bafouez ce qu'ils révèrent?... Pourquoi sacrifier légèrement l'avantage de votre position d'homme affreusement corrompu, et effacer de votre front maudit ce *stigmate diabolique*, qui donne si bon air et plaît tant aux femmes?...

— Mais vous espérez donc me convertir, l'abbé? — s'écria Henri d'un air presque effrayé.

— Oh! rassurez-vous, monsieur : la vertu n'est pas un sentiment, c'est presque un sens dont le germe divin est au fond du cœur de chaque homme. Mais ce germe est étouffé dans votre âme, il y est mort, monsieur, mort à tout jamais.

Henri respira.

— Mais alors, puisque je n'y gagnerais rien, que diable pourriez-vous me faire perdre?...

— L'*illusion du vice*, monsieur.

— L'*illusion du vice*, l'abbé?

— Oui, monsieur, l'*illusion du vice*. J'entends par là que je pourrais peut-être vous montrer votre vice à nu, à froid, tel qu'il est, en le dépouillant de ce faux air de supériorité, de puissance et de force qu'il se donne pour cacher ses ridicules, sa faiblesse et sa lâcheté ; car ce qui lui manque à ce pauvre vice, monsieur, c'est surtout ce qu'il veut paraître avoir, c'est le dédain, c'est l'énergie, c'est l'originalité ; car depuis la régence, il nous pleut des *Valmont*, on est inondé de *Lovelaces*, *Satan* s'est fait bourgeois de Paris.

— Je ne pense pas, monsieur l'abbé, que ce soit une personnalité, — dit sévèrement Henri.

— Monsieur, quand je dis *Lovelace*... je parle de *Lovelace*.

— Comment donc, l'abbé, Lovelace même, Lovelace ne trouve pas grâce devant vous ?

— Si vous entendez par *grâce* admiration ou terreur, je vous dirai, monsieur, que je n'admire ni ne crains ce qui est lâche, vulgaire et ridicule.

— Ridicule !... l'abbé, Lovelace ridicule ! Lovelace vulgaire ! Lovelace lâche !

— Ridicule, monsieur, stupidement ridicule, car il est l'esclave aveugle de ce que la société a de plus misérable, de ce que la civilisation a de plus mesquin, de ce que l'humanité a de plus honteux ; ridicule, car il tremble à la seule pensée d'être raillé par un sot à la mode, ou méprisé par une femme corrompue.

— Mais c'est tout le contraire de cela, l'abbé... Lovelace méprise le monde.

— Et cela n'est pas, monsieur ! Lovelace ne méprise pas le monde ; non, Lovelace ne foule pas le monde à ses pieds, car c'est lui qui rampe aux pieds du monde... le superbe !! Il ne fait pas un pas, un geste, un signe, que ce ne soit pour le monde ; il ne dit pas un mot que ce ne soit pour le monde. C'est pour le monde qu'il est parjure, fourbe, niais, infâme, lâche, assassin même au besoin ; c'est pour le monde qui le regarde, monde d'imbéciles et de femmes perdues, qu'il s'attache à une séduction comme le galérien à sa chaîne; c'est pour mériter les niais et cruels bravos du monde qu'il séduira Clarisse, qu'il ne désire même pas. Allons! Lovelace l'irrésistible, Lovelace le dédaigneux, Lovelace le beau, on a les yeux sur toi... allons! fais tes tours, jongleur... revêts ton habit de paillettes, montre-nous ta souplesse; allons! travaille, on te regarde. Tiens, voilà une pauvre fille, candide, ingénue, qui ne dit rien à tes sens blasés... il faut la séduire!... Tu ne l'aimes pas, dis-tu?... Qu'importe... il s'agit bien de toi, vraiment... L'ours privé qu'on lâche sur le bouledogue ne mange pas sa victime non plus, il l'étouffera pour plaire aux spectateurs. Allons, Lovelace, à l'ouvrage! Mais on te résiste, à toi l'irrésistible!... Allons, ne te rebute pas: on te regarde, te dis-je, emploie tes nuits et tes jours; médite, épuise ton étroit cerveau, calcule, pâlis; allons, des bassesses, des mensonges, des ruses infâmes; allons, des poisons; allons, le viol... On te regarde, Lovelace,... on te regarde!... Ah! tu as enfin triomphé... C'est généreux, c'est noble, Lovelace! mais aussi quels applaudissements te sont réservés! quelles femmes vont te sourire! Et ne viens pas me dire maintenant que c'est pour ta vanité, à toi seul, que tu as fait cette infamie. Tu mentirais; c'est le cachet du roué que d'être fanfaron du vice. Non, non, Robert Lovelace, plat histrion, tu laisserais là tes tréteaux, si la populace musquée, dont tu mendies les bravos, ne s'y pressait pas.

— Mais enfin Clarisse a succombé, Clarisse a été séduite, toujours, s'écria le comte.

— Et c'est en vérité un beau triomphe, monsieur, hardi combat en effet, noble lutte ! D'un côté, un grand seigneur, jeune, riche, sans âme, rompu à l'intrigue, opiniâtre comme tous les esprits vulgaires, protégé par le monde qui applaudit à ses efforts, et par les lois qui sont muettes pour de tels crimes ; et de l'autre, une pauvre jeune fille, sans appui, sans expérience, isolée, repoussée, calomniée par sa famille, que le monde raille presque si elle résiste, et condamne si elle cède... Victoire inouïe, éclats de rire sataniques ; le démon triomphe : allons, Satan, déploie tes larges ailes, et retourne à l'abîme... Pauvre Satan novice, maladroit démon, qui a laissé son trône et son océan de feu, pour arracher à grand'peine, et par ruse et par force, ce que Clarisse revenue à elle-même lui refuse toujours, ce que Clarisse eût peut-être offert à un enfant ingénu comme elle. En vérité, monsieur, l'exemple d'un pareil vice est par trop niais pour être dangereux.

— Mais, au moins, Lovelace n'était pas lâche dans ses duels ! — s'écria le comte poussé à bout.

— Je ne sache pas qu'on soit homme de cœur, monsieur, par cela seul que le sentiment impérieux des convenances vous aura forcé de mettre l'épée à la main dans un duel ; on sait vivre, voilà tout : mais on est lâche, bien véritablement lâche, quand on a compté sur l'impunité pour faire le mal ; on est lâche quand on brave des lois qui ne peuvent vous atteindre ; on est lâche, quand on entreprend une infamie, étant bien sûr de trouver dans chaque homme un défenseur, un complice ou un indifférent ; en un mot, le vice est lâche, monsieur le comte, le vice est outrageusement lâche, parce qu'il sait être partout triomphant, honoré, soutenu, tandis que, partout, la vertu est proscrite, pauvre et abandonnée.

— Ah! vous avouez donc que le vice est heureux, l'abbé?

— Mais c'est une vérité déjà vieille comme le monde, monsieur; seulement, ce qu'il faut dire au vice, c'est de quelle espèce est le bonheur dont il jouit; lui dire qu'il ne peut y arriver qu'à force de bassesses et de lâchetés; lui dire, avant tout, qu'aux yeux d'un homme pensant il est vulgaire et ridicule; que le mal qu'il fait manque même de force et de grandiose, parce que le vice fait le mal par faiblesse et non par énergie, comme le feraient le crime et la passion; ce qu'il faut bien dire à Lovelace, c'est qu'il n'est Lovelace que parce qu'il ne saurait être autre chose; que ce rôle d'homme à bonnes fortunes, que tout homme peut jouer à vingt ans, devient stupidement bouffon s'il se prolonge plus tard, et s'il devient métier. Et puis surtout il faut bien lui dire encore qu'il n'y a pas de hameau qui n'ait son Lovelace, pas de laquais qui ne soit Lovelace, pas de provincial qui ne soit Lovelace, et que tout cela fait d'excellents Lovelaces, aussi bons et peut-être encore meilleurs Lovelaces que vous, monsieur le maréchal, que vous, monsieur le marquis, que vous, monsieur le président, que vous, monsieur le colonel; car, bien que vous excelliez dans la théorie du vice, je ne sais quel écho lointain d'honneur et de loyauté résonne encore assez dans votre âme pour vous empêcher d'aller aussi loin que bien des misérables. Cela est désolant, d'être ainsi dépassé, je le sais;

mais cela est. Sans compter qu'il y a mille fois plus de courage, de dédain et de puissance dans le brigand qui rompt ouvertement avec la société, que dans le roué honteux et lâche qui s'y traîne en baisant les pieds de ses victimes.

Après un assez long silence que le comte parut employer à méditer, il dit à l'abbé d'un ton fort leste et fort dégagé :

— Tout ceci est bel et bon, l'abbé ; si c'est un sermon, je vous en remercie ; si c'est une personnalité, peu m'importe ; car, quoi que vous puissiez dire, ce que vous flétrissez, si éloquemment du reste, m'amuse au possible et m'amusera encore bien longtemps, je l'espère. En un mot, je compte conserver le plus tard possible cette position d'homme à bonnes fortunes que vous trouvez si ridicule ; je ne vois donc pas en quoi vous m'avez fait perdre l'*illusion du vice*,... mon cher abbé.

— Il est un aveu, monsieur, que l'homme corrompu ne se fera jamais,... pas même dans le mystère le plus intime de sa conscience : c'est de reconnaître qu'il est d'un caractère et d'un esprit *trop faible*, *trop vulgaire et trop lâche pour être vertueux*. Aussi, pour lui dissimuler cette sanglante et profonde vérité, son incurable orgueil cherche, ainsi que je vous l'ai dit, monsieur, à voiler la lâcheté, la faiblesse et la vulgarité du vice, sous je ne sais quel faux semblant de dédain, de force et d'originalité ; et c'est en cela que l'homme vicieux se fait la dupe d'une bien misérable et bien impudente *illusion*, monsieur ; car il n'est rien au monde de plus plat, de plus commun et de plus ordinaire que la vie qu'il mène ; il s'en amuse, soit ; mais il s'amuse d'une chose stupide et vulgaire. Ainsi donc, monsieur, il faut que le vice fasse bien sa part ; qu'il sache surtout que tout homme de cœur et d'intelligence essaiera bien de cette existence vide, matérielle et facile ; mais que bientôt, dégoûté de tant de ridicules déceptions, il l'abandonnera avec l'insouciant mépris du jeune homme qui laisse là les jouets de son enfance.

En un mot, monsieur, pour en revenir à l'*illusion* que vous devez avoir perdue *de vous à moi :* vous avez cru, par vos confidences, me donner une haute idée de votre mérite ; ceci était une *illusion*, monsieur, car vous êtes resté pour moi ce que vous étiez quand je vous ai vu pour la première fois : un seigneur fort riche, fort aimable, fort recherché à la cour, et rien de plus ; vous avez encore cru m'effrayer ou m'étonner par l'aveu de vos roueries *diaboliques*, moi simple prêtre ; cela était encore une *illusion*, monsieur, car je ne sors pas du séminaire ; je sais le monde, et je sais aussi que pour dix louis le premier laquais venu sera encore plus insolent et plus brutal avec sa maîtresse que vous ne l'avez été avec madame la duchesse d'Alméda pour plaire à une fille ; enfin vos remords et votre désespoir, monsieur, seraient chose fort digne de compassion, s'ils étaient vrais, mais ils ne le sont pas ; c'est une prétention, un cadre à vanité, et rien de plus. Or, une fois pour toutes, monsieur, ou religieusement agenouillé à mes pieds, vous me ferez, à moi, prêtre, l'aveu de vos fautes, pour en implorer la rémission avec humilité ; ou vous trouverez bon, monsieur, que, comme homme du monde, je vous prévienne que, depuis bien longtemps, les *roueries* et les *noirceurs* n'ont plus pour moi le moindre piquant.

En disant ces mots, l'abbé salua le comte avec politesse et disparut.

— Diable d'homme, — dit Henri, — moi qui croyais l'épouvanter ou me faire admirer! C'est un sage revenu des erreurs de ce monde... Grand bien lui fasse... Pardieu! je voudrais bien savoir quelles maîtresses il a eues; mais allez donc lui parler de ça... Bah! bah! malgré toutes les belles phrases de ce personnage, il n'en est pas moins vrai que je donnerais mille louis tout à l'heure pour être dans *mon Versailles*... Diable d'homme, — reprit encore le comte après un moment de réflexion, — diable d'abbé! c'est un libertin blasé,... oui... et il n'y a que cela qui me contrarie. Oh! si c'était un séminariste qui eût fait si peu d'état de moi, j'en serais parbleu ravi ou insouciant; mais le dédain d'un homme qui a vu et beaucoup vu la meilleure compagnie, je n'en doute pas; un pareil dédain, dis-je, est assez désagréable, je l'avoue; car il ne devait rien manquer à ce diable d'abbé pour être parfait dans le monde; mais ça l'aura ennuyé,... d'autant plus qu'il a, je suis sûr, quelque chose comme du génie; et puis il est fort éloquent, fort éloquent... C'est un mystère, que cet homme-là;... mais, encore une fois je voudrais bien, pardieu, connaître les maîtresses qu'il a eues. . . . .

Tel est à peu près le résumé des réflexions que fit naître, dans l'esprit du comte, son entretien avec l'aumônier.

XLIX.

. . . . C'est notre général....
(SCHILLER. *Le Camp de Wallenstein.*)

L'AJAX.

Par une belle nuit de l'Inde, nuit pure, transparente et étoilée, une escadre de huit vaisseaux de guerre et de trois frégates glissait silencieusement sur les eaux de ce canal étroit formé par la côte occidentale de l'île de Ceylan et la côte orientale du Carnate, autrement dite la côte de Coromandel.

Avec quelque peu d'habitude nautique, il était facile de s'apercevoir que le plus grand nombre de ces navires venaient de prendre part récemment à une action meurtrière.

C'était, en effet, la division française naviguant dans la mer des Indes sous les ordres de M. le bailli de Suffren, qui allait mouiller à Goudelour après le combat de Negapatnam; combat dans lequel l'amiral anglais sir Hughes avait été complétement battu.

Trois frégates, *la Bellone*, *la Fine* et *la Sylphide*, chassant à la découverte, éclairaient la marche de cette division.

Les vaisseaux *le Sphinx* et l'*Orient* formaient l'avant-garde.

L'Ajax portant le pavillon amiral, *le Vengeur* et *l'Artésien* composaient le corps de bataille.

Enfin, *le Brillant*, *le Héros*, et l'*Annibal*, prise anglaise, restaient à l'arrière-garde.

Cette escadre naviguait de conserve sous petite voilure, et excepté les bâtiments légers qui chassaient en avant du corps d'armée, les autres vaisseaux marchaient dans les eaux les uns des autres.

La lune jetait une nappe de clarté resplendissante sur l'océan Indien et argentait les voiles blanches et arrondies de ces immenses vaisseaux, dont la proue faisait jaillir des flots assoupis une écume lumineuse; puis, semblable à une large frange de feu, cette lueur phosphorescente serpentait le long des flancs noirs du navire et allait se joindre à un sillage aussi étincelant.

Dans la galerie du vaisseau *l'Ajax*, galerie meublée avec une extrême simplicité et éclairée faiblement par une lampe à roulis, était un homme d'environ quarante-cinq ans, qui, à demi couché sur un large canapé de bambous, fumait un houka. Le fourneau d'or et le globe de cristal de cette pipe magnifique reposaient à terre, et son long tuyau de velours écarlate brodé de soie, et terminé par un bout d'ambre orné de pierreries, était nonchalamment pressé entre le pouce et l'index de l'habitant de la galerie. Ce personnage paraissait profondément absorbé, quoiqu'il fumât par intervalles avec emportement. C'était un homme d'assez haute taille et fort replet; sa figure colorée et un peu grasse, mais pleine de noblesse, respirait l'audace et l'énergie; son nez proéminent, ses grands yeux vifs à fleur de tête, ses sourcils bien arqués, son front, large et élevé complétaient enfin une fière et imposante physionomie.

Cet homme était simplement vêtu d'un pantalon et d'une veste de coton blancs ; sa chemise, à moitié ouverte sur sa poitrine, laissait voir un cou musculeux ; enfin, un grand chapeau de joncs des Indes, à bords immenses, couvrait ses cheveux poudrés et roulés.

Dans cette même galerie, un jeune officier, en uniforme complet de lieutenant des vaisseaux du roi, était assis devant une petite table ; il tenait une plume à la main, feuilletait quelques papiers, et semblait attendre les ordres du monsieur au houka, qui continuait à faire voltiger dans la galerie les flots parfumés et bleuâtres d'une fumée odorante.

Or, le monsieur au houka, à la veste blanche et au chapeau de jonc, était M. le bailli de Suffren de Saint-Tropez, contre-amiral, commandant les forces navales de Sa Majesté le roi de France dans les mers des Indes.

Le jeune officier était le neveu de l'amiral, M. le chevalier de Pirrevert, capitaine de la frégate *la Bellone ;* le bailli l'avait fait venir à bord pour remplir une mission toute confidentielle.

Voyant que son oncle continuait à garder le même silence, M. de Pirrevert se mit à relire, tout haut et pour la septième fois, la dernière phrase d'une lettre qu'il paraissait écrire sous la dictée de l'amiral :

« ...Ainsi, monsieur le maréchal, je me vois forcé de retirer à M. *** le commandement que vous lui avez confié... »

En entendant de nouveau la voix du chevalier, le bailli de Suffren se leva de son canapé, jeta brusquement l'étincelant tuyau de sa pipe, mit sa main gauche dans le gousset de son pantalon (c'était son geste d'habitude), et agitant son autre main, enveloppée d'un bandage noir, il s'écria avec la violence accoutumée de son caractère :...

— Eh bien! oui,... oui, écris cela,... mille doubles dieux, écris cela ;... aucun ménagement pour de pareilles espèces : encore cet exemple, et mon armée sera débarrassée des bavards, des raisonneurs, et, qui pis est, des... des... Mais tiens, ne parlons plus de cela, n'en parlons plus ;... car je suis exaspéré... Le misérable!... lever la chasse sous le prétexte que je lui en avais fait le signal;... moi!,.. moi!... donner un pareil ordre, et dans un tel moment!... Mais de pareilles canailles ne savent donc pas que les Anglais les regardent!!! Mais, avec cette pensée-là, moi, que les Anglais me regardent! eh! f..... je tirerais le canon sur Dieu le Père!... Tiens,... encore une fois, ne parlons plus de cela, — ajouta l'amiral en aspirant, pour se calmer, cinq ou six larges bouffées de son houka;... puis il reprit :

— Dis-moi, que me reste-t-il encore à demander au ministre dans cette dépêche?

— Mais, amiral, — répondit le chevalier, — vous m'avez seulement dit de vous rappeler le souvenir de M. de Vaudrey.

— Ah! pardieu, tu as raison, je l'oubliais... C'est qu'en vérité un M. *** est si peu fait pour vous amener à penser à un officier comme Henri, que mon oubli est excusable... Henri de Vaudrey,... mon cher élève, mon intrépide élève,... écris donc!...

« Je termine cette dépêche, monsieur le maréchal, en recommandant particulièrement à votre bienveillance un des officiers les plus distingués de mon escadre, M. le comte Henri de Vaudrey, commandant la frégate *la Sylphide.* Après deux mois de croisière, il a, suivant vos instructions, rallié ma division à la hauteur des îles du cap Vert, en m'amenant une de ses prises, la frégate anglaise *le Lively* ; M. de Vaudrey avait, en outre, presque désemparé une autre frégate et coulé un sénaut quelques jours avant ce beau combat.

« J'ai disposé du *Lively* pour renvoyer des malades et des prisonniers à l'île de France. — Depuis sa jonction avec moi, et particulièrement au combat de la Praya, M. de Vaudrey, par son zèle et son intrépidité, a gagné de nouveaux titres aux bontés de Sa Majesté. J'ose donc encore, monsieur le maréchal, vous recommander M. le comte de Vaudrey avec les plus vives instances...

« J'ai l'honneur d'être, etc. »

— Est-ce écrit? — demanda le bailli de Suffren.

— Oui, amiral, vous n'avez plus qu'à signer.

— Diable de blessure, qui m'ôte l'usage de la main, — dit, l'amiral en signant, tant bien que mal, sa dépêche de la main gauche.

Puis jetant la plume, et se retournant vers l'officier :

— Ah çà, mon ami, nous allons, selon toute apparence, mouiller cette nuit à Gondelour; je compte fort prochainement y avoir une entrevue officielle avec Hyder-Aly : il est notre allié et fait un mal horrible aux Anglais, plutôt pour sa propre satisfaction que pour la nôtre;... mais peu importe, le résultat est le même pour nous. Aussi dois-je l'encourager de toutes mes forces à continuer et l'aider à écraser les Mahrates, que les Anglais ont soulevés contre lui. Je veux donc que l'entrevue que je dois avoir avec Hyder-Aly ait toute la splendeur possible... Tu feras sortir de leurs caisses les présents que je lui destine... L'état-major de la division m'accompagnera... Les Orientaux se prennent par les yeux; aussi je veux que tout soit grand, pompeux, magnifique; ne ménage pas ma bourse; je veux aussi que les équipages soient habillés à neuf. Ah! j'oubliais; si je descends à terre, à Gondelour, je logerai sans doute chez mon vieil ami mynheer Horn-Praët, car il serait furieux si je ne lui accordais pas cette faveur... Eh, pardieu!... cela me fait penser que Vaudrey doit remettre au bonhomme quelques paperasses de feu ce brave gentilhomme anglais, qui, d'après le dire d'Henri, a si vaillamment défendu sa frégate. Cet officier avait sans doute connu M. Horn-Praët avant la guerre, alors que le Crésus résidait à Pondichéry; cela se trouve à merveille : j'y conduirai Vaudrey... d'autant plus qu'on dit sa fille fort jolie et fort originale. Or, si mon digne élève n'a pas changé, cette dernière considération l'engagera à ne pas me laisser aller seul chez le vieux *nabab* [1].

Puis, s'approchant de la fenêtre, l'amiral regarda le temps, et dit d'un air satisfait :

— Allons, allons, demain, au lever du soleil, nous serons mouillés à Gondelour, et nos équipages pourront prendre un peu de repos; car j'ai eu l'honneur de reconduire M. l'amiral Hughes et ses vaisseaux

1 On appelle ainsi les négociants anglais ou hollandais qui ont fait d'immenses fortunes dans l'Inde.

si loin, et d'un tel train, que je pense que l'escadre de Sa Majesté Britannique nous laissera quelque peu tranquilles. Allons, mon ami, tu as besoin de repos, descends et envoie-moi mes gens.

Et M. de Pirrevert ayant serré cordialement la main de son oncle, sortit de la galerie et laissa l'amiral occupé à régler le cérémonial de sa rencontre avec Hyder-Aly; car rien n'échappait à la prodigieuse activité d'esprit de M. le bailli de Suffren, qui, connaissant parfaitement l'Inde et les idées de ses habitants, comprenait toute l'importance politique d'une pareille entrevue.

L.

Ils me disaient que j'étais tout ce que je voulais être.
(SHASPEARE: *Le Roi Lear*, acte IV.)

MYNHEER HORN-PRAET.

Les prévisions de l'amiral ne l'avaient pas trompé; le lendemain matin, l'escadre était paisiblement mouillée dans la rade de Gondelour, ville située non loin de Pondichéry, sur la côte de Coromandel, et soumise alors à la domination française.

L'aspect de Gondelour était enchanteur; cette jolie ville se déroulait comme un cirque de marbre blanc aux pieds de hautes montagnes brunes, chargées de la végétation la plus verte et la plus vigoureuse. Le port et la rade formaient un large bassin d'une eau tranquille et bleue, encadré dans un môle de briques rouges, tandis que, sur le quai, on voyait de somptueuses demeures, dont les murs, revêtus de stuc d'un éclat éblouissant, étaient peints, çà et là, de feuillages et de fleurs admirablement nuancés.

Plus loin, à l'est de Gondelour, au milieu d'un bois épais de cocotiers, on apercevait la cime des cabanes qui formaient la Casa-Dill'ah; et vers le nord s'étendait un délicieux village habité par les brahmes, avec ses deux temples, dédiés à Siva et à Parvati, et son indispensable réservoir d'eau limpide entouré de palmiers, et de ces colonnes pyramidales qui, dans les jours de fêtes, sont couvertes de branches de verdure et de lumières placées dans de petites outres transparentes.

Depuis que Gondelour se trouvait sous la protection de la France, beaucoup de négociants hollandais étaient venus s'y réfugier après la ruine de Pondichéry; car la plupart de ces riches nababs avaient à Gondelour ou dans ses environs de fastueuses maisons de plaisance.

Parmi ces négociants, celui qui possédait la plus immense fortune était, sans contredit, mynheer Horn-Praët, dont nous avons déjà parlé.

Depuis plusieurs années, M. Horn-Praët faisait passer en Europe millions sur millions, soit pour les placer dans les banques de Londres ou d'Amsterdam, soit pour acheter de magnifiques propriétés en Hollande, se proposant toujours de quitter l'Inde.

Mais ceux qui ont longtemps vécu dans les habitudes molles et voluptueuses de l'Orient ne s'étonneront pas si, malgré les irrévocables résolutions de chaque année, M. Horn-Praët remettait encore son départ à l'année suivante.

Avec tous ses millions, M. Horn-Praët possédait encore une des plus délicieuses demeures de Gondelour, située à quelques pas de la ville ; nous allons en donner une légère esquisse.

Sous une fraîche et épaisse voûte de palmiers, dont les feuilles luisantes étaient déployées en larges éventails, s'étendait une longue allée, sablée de ces petites coquilles aux couleurs étincelantes que l'on pêche dans le Bak-bay.

Au bout de cette allée était l'habitation de M. Horn-Praët.

Cette maison, formant un carré parfait, était entourée d'une vaste galerie ouverte aux quatre directions du vent, afin qu'on pût toujours jouir des brises variables de la journée.

Les galeries sur lesquelles ouvraient toutes les pièces du rez-de-chaussée n'étaient pas fermées par des fenêtres, mais par des stores qui glissaient sur de légers pilastres d'acajou massif cerclés d'ivoire. Ces stores, faits d'un jonc vert très-fin, d'une senteur exquise, étaient sans cesse arrosés, de façon qu'en traversant cette odorante humidité l'air arrivait frais et parfumé dans l'intérieur des appartements.

Ces appartements, couverts de nattes et de tapis du travail le plus précieux, regorgeaient de meubles d'écaille, de nacre et d'ébène incrusté d'or et de pierres précieuses, tels qu'on les faisait venir à grands frais de Canton et de Sanganor. Les murailles disparaissaient sous de lourdes tentures de satin brochées d'or, d'argent ou de soie, et ouvragées avec cette délicatesse et ce fini particulier qu'on ne rencontre que dans les ouvrages patients des Indiens.

Il y avait encore un luxe tout oriental de divans, de coussins, de sofas, de lits de repos en bambous, en édredon, en soie, en crin ou en tissu de fraîches feuilles de palmier, selon la température de la saison ou du jour;... car on ne peut se faire une idée de tout ce que la paresse la plus molle et la plus voluptueuse a imaginé dans ces délicieuses contrées, afin de vivre *sans se sentir vivre*, si l'on peut s'exprimer ainsi. Et, de fait, on ne saurait comment rendre l'espèce de sensation pénible qu'éprouve tout homme habitué à cette vie engourdissante, lorsqu'il s'agit de faire le moindre mouvement pour sortir de l'assoupissement méditatif où il se plonge avec une ivresse si recueillie.

Mais nous donnerons une idée plus exacte de cette adorable nonchalance en faisant assister le lecteur au *lever* de l'honorable mynheer Horn-Praët.

Il est huit heures précises; son *durvan* (ou portier), vêtu de blanc et la tête couverte d'un turban bleu, soulève le grand store de la galerie qui communique à la chambre du maître. Cette galerie se remplit alors de l'innombrable foule de domestiques qui composent une maison hindoue, chacun de ces gens ayant son occupation invariable et distincte, depuis l'*huccabadar* (ou maître-d'hôtel) jusqu'au plus modeste des *péons* (ou porteurs de palanquins).

Tous ces gens restent alors silencieux et immobiles jusqu'au moment où le bruit retentissant d'un *gong* appelle les valets de chambre auprès de mynheer Horn-Praët, petit homme mince et grêle, au teint olivâtre, aux yeux éteints, aux joues creuses, aux cheveux rares et gris, et qui, souriant ou colère, montre toujours de longues dents d'un brun rougeâtre, telles que les a faites la mastication immodérée du bétel et de la noix d'arèque.

Sur un signe de son maître, l'*huccabadar* a introduit toute la troupe de domestiques qui attendait dans la galerie ; alors chacun se précipite à terre pour faire les trois *salems* d'usage en inclinant le corps et baissant la tête jusqu'au plancher, de sorte que le front ne soit séparé du sol que par l'extérieur de la main.

Après avoir savouré ces marques révérencieuses de respect dues à sa personne, M. Horn-Praët, toujours couché, avertit sa maison de l'insigne honneur qu'il avait de recevoir chez lui M. l'amiral français, et recommanda expressément à chacun de redoubler de soins et de zèle. Puis, toutes les formules de la menace, des promesses et des encouragements étant épuisées, M. Horn-Praët congédia ses gens, qui sortirent à reculons et réitérèrent les trois respectueux *salems*.

Alors les valets de chambre, assistés de leurs aides, se mirent en devoir d'habiller M. Horn-Praët, qui, pendant cette opération, restait toujours couché et ne bougeait pas plus qu'une statue, savourant ainsi le bonheur indolent de se laisser aller à ces soins, et de sentir passer avec une adresse merveilleuse une chemise, des caleçons, des bas, sans qu'il s'y prêtât autrement qu'en abandonnant son corps et ses membres, l'un après l'autre, aux mains exercées de ses valets.

Après quoi le valet de chambre barbier entra pour

raser le nabab, le peigner et lui limer les ongles des pieds et des mains.

Ensuite un autre laquais apporta une magnifique aiguière d'or et lava la figure de son maître, toujours immobile, avec de l'eau à la neige, puis on le transporta dans un bain parfumé d'eau de Ceylan.

Au bout d'un quart d'heure, M. Horn-Praët, bien séché, bien massé, bien frictionné par *ses femmes* qui le retiraient du bain ; M. Horn-Praët, dis-je, revêtu d'une grande robe de coton blanche, fut roulé dans sa salle à manger au moyen d'un immense et moelleux fauteuil à roulettes, à dos renversé et à tabouret. Le nabab fut alors placé devant une table étincelante d'une merveilleuse vaisselle plate, et chargée de mets irritants : tels que du tamiry aux truffes d'Europe, du pilaw au piment rouge, des salaisons, des crudités conservées dans un vinaigre très-épicé, du chou-palmiste au poivre, et du gingembre en confiture ; le tout arrosé tantôt de vin de Madère chaud et aromatisé, tantôt de vin de Champagne glacé. Puis, lorsque le faible et capricieux appétit du maître parut satisfait, l'huccabadar saisit adroitement le moment où la main de M. Horn-Praët était ouverte et nonchalante sur la table, pour y glisser le bout d'ambre du houka ; le nabab l'approcha machinalement de ses lèvres et se livra à la voluptueuse rêverie du tabac, jusqu'à l'heure où il s'assoupit : alors ses gens l'emportèrent dans leurs bras, en s'y prenant avec tant d'adresse, qu'il fut étendu, sans être réveillé, sur le divan d'un boudoir où il dormit jusqu'au moment de la promenade qui précédait son dîner.

Telle était la vie habituelle de M. Horn-Praët, depuis dix ans qu'il avait quitté les affaires en réalisant une fortune d'une vingtaine de millions.

Somme toute, le nabab était le meilleur des hommes ; et à part son irritabilité, que la plus légère contrariété excitait presque jusqu'à la fureur épileptique ; à part son habitude enracinée de ne pas se refuser une fantaisie tel incroyable qu'elle fût, à part sa manie de sacrifier hommes et choses au plus vain et au plus éphémère de ses caprices ; encore une fois à part ces innocentes imperfections, le nabab offrait les relations les plus agréables.

Il faut encore dire qu'après son indolence et ses caprices, ce que le digne M. Horn-Praët aimait le plus au monde c'était sa fille Ina, seul fruit de son mariage avec une Française de fort bonne et fort ancienne maison qu'il avait épousée à Madras. Malheureusement madame Horn-Praët était morte depuis longues années, alors que sa fille n'avait pas cinq ans.

Nous l'avons dit, le nabab aimait sa fille à l'adoration ; or, comme le nabab était fort logique avec lui-même, il fit ce raisonnement clair et positif : — « Quand on aime les gens on les rend heureux. Il faut donc rendre ma fille heureuse. Maintenant comment la rendrai-je heureuse ?... » Ici sans doute le nabab fit une pause, huma une bouffée de tabac dans son houka d'or, et se fit cette autre question de haute *philosophie* : — « Qu'est-ce que le bonheur ?... » Ce à quoi il répondit nécessairement avec une horrible naïveté d'égoïsme : — « Le bonheur... c'est ce qui ME rend heureux. »

Or, comme ce qui le rendait heureux, lui... c'était l'indépendance la plus absolue, la paresse la plus voluptueuse et la facilité la plus entière de satisfaire ses innombrables caprices, il se fit une loi de ne contrarier sa fille en rien, et de lui laisser la plus complète liberté. Il est vrai qu'en agissant ainsi, le nabab se trouvait délivré du soin de s'occuper de son enfant ou de le diriger; ce qui était beaucoup pour un homme d'une aussi cruelle indolence.

On conçoit alors la singulière éducation que dut recevoir Ina, qui, abandonnée depuis son enfance à tous ses instincts, à tous ses goûts, à tous ses désirs, savait qu'elle hériterait d'une fortune presque royale, et qui s'entendait répéter chaque jour par son père :

— « Mon enfant, l'important dans la vie, c'est d'avoir une bonne santé, parce qu'avec une bonne santé on jouit de la vie... Après cela, je n'ai qu'une chose à te dire : c'est que j'ai vingt millions de fortune qui s'augmentent tous les jours, et que tu es ma fille unique ; ne te gêne donc en rien, arrange-toi pour être heureuse. Suis tes goûts, tes penchants, tes caprices, tes désirs : la nature les donne, c'est pour les satisfaire... Car, sans cela, par le diable, elle ne nous les donnerait pas. . Encore une fois, sois heureuse; c'est mon plus vif désir : arrange ton bonheur comme tu l'entends, car il n'est personne qui sache mieux organiser ça que soi-même... Je te pardonne d'avance tout ce que tu peux faire de mal... ou plutôt je ne te pardonne rien du tout; car une chose qui t'aura convenu ne saurait être mal. De cette façon, si tu as à te plaindre de quelqu'un, au moins ce ne sera pas de ton père, qui t'adore, et qui te le prouve, je l'espère. »

Tel bizarre, tel fou, tel atroce que paraisse cet effrayant amour paternel, qui se fait quitte d'une surveillance de chaque minute, d'une sainte et grande responsabilité; par cette horrible insouciance, on est obligé de l'admettre rigoureusement, comme une déduction non-seulement possible, mais logique, mais probable, de l'égoïsme stupide et dédaigneux qui naît à la longue d'une existence despotique, somptueuse et énervée; d'une existence toute de fait, matérielle et animale, dont un des principaux caractères est le plus souverain mépris pour tout ce qui n'est pas *légalement* condamnable; *en un mot*, pour les vertus domestiques, les devoirs sociaux, la pudeur, la tempérance, le respect humain, la délicatesse, etc. : toutes choses dont on peut fort bien se passer quand non-seulement on n'a pas besoin des autres, mais encore quand on peut imposer aux autres ses volontés les plus tyranniques et ses habitudes les plus insolemment révoltantes ; car cette somptueuse existence vous donne aussi la conviction profonde que l'or peut tout, et qu'une fois riche à millions on peut se livrer impunément à ses instincts, tel mauvais et tel misérables qu'ils soient.

Quoiqu'il y ait du vrai, beaucoup de vrai, prodigieusement de vrai dans cette conviction, nous ne prétendons pas approuver la singulière conclusion que le nabab en tirait relativement à l'éducation de sa fille... Nous répétons seulement que, ne pouvant se former l'idée d'un autre bonheur que celui qu'il goûtait, l'excellent M. Horn-Praët s'endormait calme et paisible en pensant qu'il avait au moins fait tout ce qui dépendait de lui pour que sa fille fût heureuse. Car, encore une fois, le nabab ne pouvait pas plus concevoir la possibilité d'un bonheur différent du sien que je ne sais quel empereur de la Chine ne pouvait comprendre l'appétit du reste de la terre dès qu'il avait dîné.

Nous allons sortir de la splendide habitation de M. Horn-Praët, pour nous rendre dans la délicieuse demeure d'Ina ; car la jeune fille, fort indépendante, comme on le sait déjà, avait voulu une maison à elle, tout à fait séparée de celle du nabab, quoique renfermée dans le même parc que celle de son père.

LI.

Je me croyais si proche de mon sort... Je me confiais avec tant d'assurance à ces gages de bonheur...

(SCHILLER. *La Fiancée de Messine.*)

INA.

A un mille de distance de la maison de M. Horn-Praët, mais, ainsi que nous l'avons dit, toujours renfermé dans l'enceinte de l'immense parc du nabab, s'élevait un pavillon octogone à un étage, dont les murs étaient revêtus de carreaux de porcelaine du Japon d'une blancheur éblouissante.

Ce pavillon semblait caché au milieu d'une touffe de magnolias, tandis qu'une foule d'arbustes odoriférants entouraient la base de cet élégant édifice; c'étaient des groupes de jasmins, d'aloès et de tubéreuses; c'étaient le damboa ou pomme rose, le mougari jaune tacheté de cramoisi, et la fleur-lune d'un bleu pâle ;... c'étaient encore les guirlandes de la vigne pamplemousse, ou les festons vermeils et parfumés du champaka, qui entouraient l'écorce brune et lisse des palmiers.

Puis une foule d'animaux privés animaient cette profonde et charmante solitude : là, des essaims d'oiseaux-mouches azur et or, des colibris émaillés de pourpre, des perruches jaunes à tête noire, des faisans argentés venaient s'abattre sur un gazon vert qui contournait un lit de gypse rose dans lequel on avait creusé un canal limpide où se jouaient des sarcelles grises à tête écarlate.

Tantôt c'était une jolie gazelle blanche à l'œil vif et brillant, ou quelqu'une de ces petites biches de Surate, fauve avec les pieds noirs, qui poussait de légers bêlements en bondissant sur la fraîche pelouse qui s'étendait devant ce délicieux pavillon.

Enfin, il est impossible de peindre l'harmonie ravissante qui existait entre ces couleurs, ces bruits et ces parfums, d'exprimer avec quel charme indéfinissable toutes ces beautés se complétaient l'une par l'autre. Car ce n'était pas, comme dans le Nord, de belles fleurs sous un ciel sombre ; là, tout était d'accord : les fleurs, les oiseaux, le ciel, tout était reflété d'or par les rayons de ce soleil éblouissant ; tout exhalait cette senteur chaude et aromatique de l'Orient, qu'il faut n'avoir aspirée qu'une heure, qu'une minute, pour se la rappeler sans cesse et avec regrets.

Et puis enfin, pour couronner ces merveilles, il fallait que, dans ce site enchanteur, s'élevât cet élégant pavillon, cette blanche demeure de jeune fille qui apparaissait là, seule, mystérieuse, isolée au milieu de ces beaux ombrages comme un nid d'oiseaux caché sous des fleurs.

Mais, quoique ce soit l'heure de la sieste, entrons toujours dans le parloir de la fille du nabab...

Figurez-vous une assez vaste pièce circulaire, dont les quatre fenêtres ouvertes étaient garnies extérieurement d'une double jalousie de ce jonc vert et odoriférant dont nous avons déjà parlé.

Les parois de ce salon étaient tendues de mousseline blanche, sur laquelle on avait tracé une quantité d'arabesques d'un goût exquis, au moyen de grosses ailes de pika[1].

Or, ces ailes, aussi chatoyantes que l'opale, formaient une large broderie qui étincelait de mille feux dans les endroits où quelque furtif rayon de soleil venait par hasard s'épanouir.

Cette mousseline transparente, ainsi brodée, recouvrait une autre tenture de satin cerise, qui lui donnait les plus gracieux reflets du monde.

Enfin, un divan oriental de satin cerise broché de soie et d'argent, qui régnait tout autour de cette pièce, complétait son ameublement.

Parmi les objets précieux que renfermait ce joli salon, on remarquait un clavecin de bois de sandal incrusté d'ivoire et d'écaille ; une lermik, espèce de guitare à deux cordes, de la plus riche magnificence,

1 Espèce de mouches cantharides. Les Indiens leur enlèvent les étuis des ailes et le corselet, les font sécher et s'en servent comme ornement. J'ai encore, tout récemment, vu à Londres de merveilleuses robes de bal aussi garnies de cette parure animale qui brillait comme des pierreries.

des livres français, italiens et anglais reliés avec grand luxe et placés sur une table chinoise de laque violette semée de grands dessins de nacre et d'or en relief; puis, sur des chevalets de bois de rose et d'ébène, plusieurs excellents tableaux des premiers maîtres italiens et hollandais; enfin, le plancher était couvert d'une natte de jonc si habilement tressée et nuancée, qu'on l'eût prise pour le tapis le plus riche et le plus moelleux, sans la fraîcheur et l'odeur enivrante qu'elle répandait.

Parmi les objets animés, j'oubliais, assise sur cette natte, une jeune négresse d'environ quinze ans, vêtue de mousseline blanche, et dont le cou, les bras et les jambes nus étaient ornés de plusieurs rangs de corail rouge passés dans des fils d'argent, qui faisaient encore ressortir le noir-foncé de sa peau. Cette esclave avait la tête couverte d'un petit turban blanc orné d'un long collier de corail, qui se roulait gracieusement entre les plis nombreux de cette coiffure.

Cette jeune négresse jouait avec une de ces imperceptibles macaques à longue queue, d'un gris mêlé de noir, qui viennent de Java. Ce charmant petit animal, pétillant de gentillesse, avait au cou un beau collier d'or garni d'émeraudes; et, pour le moment, Ganor, c'était son nom, faisait mille folles contorsions, mille bonds joyeux pour arracher des mains de la négresse une de ces belles fleurs d'odiern, qui forment un cône d'un blanc éclatant veiné de pourpre.

Mais la négresse, craignant de réveiller sa maîtresse, abandonna la fleur à Ganor, reprit son éventail de plumes de paon à manche de nacre incrustée d'or, et se mit près du divan à éventer doucement une personne couchée, que l'on distinguait à peine à travers le grand voile de mousseline qui la cachant entièrement retombait jusqu'à terre.

Au bout d'un quart d'heure, la négresse, entendant soupirer sa maîtresse, Ina, qui sommeillait sous ce voile, dit en français d'une voix soumise : — Ma maîtresse ne dort pas ?...

— Non, Badj'y, — répondit Ina ; — non, je suis triste... J'ai rêvé et je ne puis expliquer mon rêve...

Et, en prononçant ces mots, de couchée qu'elle était elle s'assit, en s'accoudant avec grâce sur les coussins du divan ; alors le grand voile tomba sur ses genoux, et elle parut sortir de ses plis blancs et diaphanes.

Ina avait à peine dix-huit ans ; ses joues, un peu colorées par le demi-sommeil, brillaient alors d'un rose vif ; son teint était de la plus pure et de la plus suave blancheur ; elle avait les yeux bleu-foncé avec de longs cils d'ébène, et d'étroits sourcils de Circassienne aussi noirs que ses noirs cheveux.

Par un caprice d'enfant gâté, Ina avait voulu jusqu'alors se vêtir à la mode indienne.

Ce costume pittoresque, modifié par le goût parfait et presque instinctif de cette jeune fille, était devenu d'une élégance rare et originale.

Ina était vêtue d'une robe de fil de soie blanche et d'un petit justaucorps en satin bleu brodé d'argent et de perles, qui dessinait à ravir sa délicieuse taille de créole et laissait voir ses bras nus, blancs et polis, couverts, hélas ! de bracelets de perles.

Mais ce qui paraîtra d'une mode bizarre, et ce qui était pourtant merveilleux à voir, c'étaient les jambes d'Ina, qu'elle portait nues, selon la mode du pays; c'étaient ses jolies jambes si fines, si rondes, si élégantes, qui faisaient maudire les étroits anneaux d'or et de perles qui les entouraient aussi... et que dire encore de ses petits pieds si blancs, si roses, si veinés de bleu, avec leurs ongles polis et d'un ovale parfait, qui brillaient légèrement, teints de la pourpre du henna! petits pieds amoureux, doux et parfumés, mais trop chargés de bagues, de pierreries, et qui reposaient sur le velours d'une sandale bleue brodée, dont le lien d'or s'attachait sur un haut et divin cou-de-pied par une agrafe de perles!

Enfin, pour terminer le portrait d'Ina, nous dirons que ses longs cheveux noirs, roulés autour de sa tête, à peu près à la grecque, étaient contenus par une sorte de résille ou de filet de perles du plus bel orient, et que ce filet s'agrafait sur son front noble et élevé au moyen d'un nœud magnifique.

Mais ce que nous ne pouvons exprimer, c'est l'expression candide, ingénue et quelque peu sauvage qui animait cette charmante figure, et lui donnait un caractère à la fois plein de grâces et d'énergie.

Car, disons-le maintenant, l'effroyable incurie du nabab avait opéré des prodiges; et, par une contradiction toute providentielle, l'éducation qui semblait devoir annoncer l'avenir le plus funeste avait produit les meilleurs résultats.

C'est qu'avant tout Ina était naturellement douée d'une âme pure, généreuse et presque chevaleresque... C'est que cette noble fille se fût considérée comme lâche, si elle eût profité de la facilité qu'elle avait de faire impunément le mal.

Ainsi, pouvant abuser de tout, Ina, par grand cœur, trouva noble et beau de n'abuser de rien.

N'ayant aucune limite à ses désirs, à ses caprices,... Ina fut fière de les limiter elle-même.

Libre de s'engourdir dans la paresse et l'ignorance, Ina mit une sorte d'orgueil à savoir et à s'occuper.

Enfin cet ange était miraculeusement guidé vers le bien par une espèce d'instinct de *conservation morale*, qui l'éloignait des choses mauvaises, de même que l'instinct physique éloigne l'abeille de la fleur qui lui est mortelle.

Et, d'ailleurs, tel rare et tel exceptionnel que paraisse ce caractère, on ne peut nier qu'il ne soit assez conséquent avec les idées de la jeunesse, qui ne se montre si âprement ambitieuse de bien des choses que parce qu'on les lui refuse.

Accordez-lui ce qu'elle désire tant; elle s'en lassera, ou tiendra à vanité de prouver qu'elle est au-dessus de pareilles misères.

Tels furent donc les fruits de l'épouvantable égoïsme du nabab; et Ina n'usa guère de la folle prodigalité de son père que pour faire venir, de Paris et de Londres, d'excellents professeurs, qui, cultivant avec un rare bonheur, cet heureux naturel, firent, en quelques années, de la fille de Horn-Praët une des femmes les plus distinguées des colonies indiennes.

Maintenant on plaindra peut-être doublement sir Georges, quand on saura que c'était d'Ina qu'il était aimé, mais aimé avec toute la passion naïve et forte que pouvait contenir une âme aussi énergique et aussi pure.

Car ce qui, dans sir Georges, avait surtout séduit

Ina, c'était sa gravité sévère, et ce langage doux, sérieux et mesuré qui caractérise particulièrement les hommes distingués de l'aristocratie anglaise.

Et puis aussi elle était si petite lorsqu'elle connut sir Georges ! Elle avait douze ans à peine, et alors l'élite des officiers anglais se pressait dans les splendides salons du nabab. A cette époque aussi, le père de sir Georges, gouverneur des Indes, avait été à même de rendre quelques services à M. Horn-Praët.

C'était donc un amour presque solennel que l'amour de Georges et d'Ina ; car ce jeune officier avait pris à cette enfant un intérêt profond, en voyant, par la cruelle insouciance du nabab, les trésors de cette âme candide et chaste si imprudemment offerts à qui eût voulu les prendre ou les souiller.

Et puis, sir Georges était aussi pour beaucoup dans la résolution si ardemment suivie par Ina de se conduire avec grandeur et noblesse... Une approbation de sir Georges, c'était une grande récompense pour Ina, qu'il grondait souvent... car Georges était le seul qui osât gronder la riche héritière ; une fois même, il se fit une querelle et reçut un coup d'épée, parce qu'il soutint à un autre gentilhomme que, dans je ne sais quelle occasion, la conduite de mademoiselle Horn-Praët avait été trop légère à l'égard d'une femme âgée.

Enfin, que dirai-je ! Ina aimait Georges avec cette confiance imperturbable de gens habitués au bonheur, qui n'ont jamais mis un instant ce bonheur en doute.

D'accord avec sir Georges, Ina avait fixé sa dix-huitième année pour leur réunion ; — je dis Ina et

Georges, — parce que le nabab eût laissé sa fille se marier à dix ans aussi bien qu'à cinquante.

Ina n'éprouvait donc aucune inquiétude sur la vie de sir Georges; car la mort de son amant était un de ces horribles malheurs qu'elle ne prévoyait pas plus qu'on ne prévoit la mort dans un beau jour de printemps et de soleil, quand on est jeune, libre, amoureux, et qu'on tient sa maîtresse dans ses bras.

Non, toute l'inquiétude d'Ina roulait sur l'arrivée plus ou moins prochaine de sir Georges.

Elle avait même fait un rêve qui la tourmentait excessivement, et c'est de ce rêve qu'elle parlait à sa négresse Badj'y.

Revenant à cette pensée: — Badj'y, lui dit-elle, — je voudrais consulter la vieille Mah'ohé sur mon rêve; envoie-la chercher.

— J'y vais, maîtresse, — dit Badj'y. Et elle disparut.

LII.

MARIAGE.

LE COMTE DE VAUDREY AU MARQUIS CHARLES DE LA JAILLE, A PARIS.

« Rade de l'île de France, 30 septembre 1782.

« Devine en cent, en mille, en cent mille, ce qui m'est arrivé, Charles!... De qui crois-tu recevoir cette lettre?... Tu ne te troubles pas; tu ne sens pas un saint respect te parcourir des pieds à la tête? Allons, préparez-vous tous à bien rire, à bien me railler. J'entends déjà d'ici les jolies voix de mes charmantes ennemies former le plus aimable concert de souhaits maudits pour mon avenir... pendant que vous applaudissez, misérables, en vous préparant à faire mieux que des souhaits... Mais, en vérité, j'hésite encore presque à t'apprendre... que... oui... sur ma foi... j'hésite... C'est qu'aussi je me suis moi-même si souvent moqué... j'ai tant plaisanté des... des MARIS!!! Eh bien! oui, des *maris*... Y es-tu, maintenant?... Allons, bon, c'est parfait... ne te retiens pas... va toujours... des éclats, des rires convulsifs... A merveille! je m'y attendais; et si quelque garnement est en visite à l'hôtel de La Jaille, je suis, pardieu! bien sûr, à l'heure qu'il est, d'être habillé de la belle façon.

« Maintenant que tu es plus calme, je vais t'apprendre *chronologiquement* de quelle manière s'est fait *mon mariage;* car, en vérité, ça m'a l'air d'un rêve... Et puis tu verras d'ailleurs (soit dit sans vanité) que les *moyens* rehaussent un peu la *fin;* et, sur ma parole, je n'ai pas été malhabile. Écoute donc, et juge.

« Tu te souviens bien, Charles, d'un certain gentilhomme anglais qui était prisonnier de guerre en France avant mon départ pour l'Inde... en un mot, de ce sérieux sir Georges, dont je n'ai pu avoir le secret que moyennant ce coup d'épée qui m'a valu, du reste, cette jolie madame de Cernan (que devient-elle?) et aussi ce diable de duel dont tu étais témoin (et le platonique Saint-Cyr est-il toujours trappiste?... Entre nous, le tour était bon...).

« Mais au diable les parenthèses... Charles... c'est un reste de ma vie de garçon qui pointe encore çà et là... Soyons donc grave comme je dois l'être. Or, pour commencer, je vais te faire, foi de gentilhomme, une réflexion profondément morale et philosophique.

« Raillerie à part, vois donc un peu comme les événements s'enchaînent singulièrement dans la vie. Tiens, pour ne pas remonter au déluge, je soupe chez Soubise avec Lélia; et j'ai envie de cette fille, et, à ce propos, je gage de réussir auprès de cette pauvre duchesse que je n'avais vue de ma vie (fais bien attention, Charles, car sérieusement c'est à elle que commence cette série de bonheurs qui m'arrivent). Je réussis donc auprès de la duchesse; je me conduis assez durement envers elle, et cela, le diable m'emporte, beaucoup plus pour vous amuser, vous et ces damnées catins, que pour mon propre plaisir. Mais enfin le mal est fait. La duchesse meurt de chagrin. Me voilà donc plus à la mode que jamais, et tellement à la mode, que madame de Cernan s'occupe de moi et se jette à ma tête. Pour plaire à madame de Cernan je surprends le secret de sir Georges : il me donne un coup d'épée; je lui prête quatre mille louis (biénheureux quatre mille louis!), et nous voilà intimes à la vie et à la mort. Eh bien! pour comble d'étrangeté, c'est encore à sir Georges, partant à madame de Cernan, partant à la duchesse, que je dois une femme jolie comme un ange, et surtout riche à millions, ce qui ne gâte rien;

d'autant plus qu'on dit ici que la philosophaille vous mène grand train là-bas. Maintenant, si tu es curieux de savoir comment tout cela est arrivé, écoute jusqu'au bout.

« Comme tu sais, je suis parti de Brest à la fin de janvier 1781 ; or, il y avait environ un mois que j'étais en mer, lorsque mon heureux destin m'envoie une petite division anglaise à combattre : une frégate et trois sloops. Je m'en tire assez bien : je coule un des bateaux, je démâte la frégate, et je prends chasse à la vue de deux vaisseaux. Pendant la nuit qui suit ce combat, ne voilà-t-il pas cet animal d'astronome, dont je m'étais embâté par complaisance, qui met le feu à ma frégate en fouillant dans ses paperasses! L'incendie devenait grave, le danger pressant, et nous nous trouvions, ma foi, fort empêchés, lorsqu'un efrégate anglaise, voyant la lueur du feu, arrive sur nous, nous offre loyalement son secours, et nous aide à éteindre l'incendie. Je m'informe alors du nom du commandant anglais auquel je devais ce généreux secours. Devine mon étonnement..... c'était sir Georges!

« Avant de savoir qu'il commandait *le Lively* (c'était le nom de sa frégate), j'avais demandé une trêve jusqu'au point du jour. Tu penses bien qu'en reconnaissant mon ami *au coup d'épée*, je maintins la même proposition, et l'excellent *gentleman* me pria même fort galamment de venir prendre le thé à son bord le lendemain matin avec mes officiers.

« Je m'y rends donc, et je trouve mon sir Georges, comme toujours, *Anglais* et grave jusqu'à la racine des cheveux. Après le déjeuner, nous passons dans sa galerie pour causer plus intimement. Ah! j'ai oublié de te dire que, dans ce maudit incendie, j'avais été obligé de noyer mes poudres. Cette pensée me damnait, parce que, tout en étant fort des amis de sir Georges, je me promettais néanmoins un plaisir infini à tirer quelques coups de canon contre lui, car, entre nous, j'avais à prendre ma revanche de son coup d'épée. Nous passons donc dans sa galerie, et là il me fait des remercîments à perte de vue sur quelques milliers de louis que je lui avais autrefois prêtés; puis les larmes lui viennent aux yeux, et il me jure qu'il est presque désolé en pensant que sous peu d'instants nous allons en venir aux coups. C'était, pardieu! là le moment de penser à mes poudres noyées; aussi le fais-je, et me voilà à me désespérer, à jurer, à sacrer, et à lui dévoiler enfin toute ma diable de position. Alors lui, avec son flegme britannique, m'offre de *partager sa poudre avec moi... voulant s'acquitter par là*, dit-il, *du service que je lui avais rendu à Paris.* Foi de gentilhomme, Charles, il a fait cela, et réellement c'était très-beau et très-chevaleresque, quoiqu'un peu fou; mais comme on profite toujours de pareilles folies, j'acceptai l'offre du gentleman avec les transports voulus de la reconnaissance la plus exaltée. Mais après avoir fait ce chef-d'œuvre de sa poudre, qui n'allait à rien moins qu'à le faire passer à un conseil de guerre (l'amirauté anglaise étant impitoyable pour ces sortes de sublimités), ne voilà-t-il pas que sir Georges, m'avoue en rougissant comme une fille qu'il avait, lui, un service à me demander; ce service était, dans le cas où il serait tué pendant l'affaire (et, ma parole d'honneur, j'en avais le pressentiment, sir Georges avait un air à ça) ; ce service était, dans ce cas, de remettre à une jeune personne qu'il *aimait* et qui l'*aimait* un portrait et des lettres que je devais trouver tendrement cachés... dans la doublure de sa veste (il n'y a que les Anglais pour avoir de ces idées-là). Je promis donc à sir Georges que, dans le cas où j'irais à Pondichéry (c'est là où résidait alors la belle), je remettrais moi-même les lettres, sinon que je les confierais à quelqu'un d'aussi sûr que moi-même. Cela dit, nous nous embrassons comme deux écoliers qui vont en vacances. Je rallie mon bord, et, après deux heures d'un combat acharné, j'enlève *le Lively* à l'abordage ; et le pauvre diable de sir Georges, qui, déjà mortellement blessé, se défendait comme un lion, meurt d'un coup de sabre que lui adresse un mien lieutenant, véritable loup enragé (qui d'ailleurs vient de se faire chasser du corps pour avoir lâchement refusé un duel inévitable... Et pourtant ce misérable a fait vaillamment ses preuves devant l'ennemi... En vérité, on ne conçoit rien à ces espèces...).

« Pour en revenir à sir Georges, sur ma foi, Charles, dans le premier moment, sa mort m'affecta beaucoup, car c'était, en vérité, un intrépide et loyal gentilhomme, quoiqu'un peu trop grave et trop romanesque. Mais, comme tu le sais, je suis d'un caractère à me résigner facilement au malheur des autres ; aussi oubliai-je bientôt cet Anglais, qui, après tout, était autant mon obligé que moi le sien.

« Or, après un mois et demi de croisière, je rejoins, au cap Vert, la division de mon ancien et cher capitaine, M. le bailli de Suffren ; nous allons dans l'Inde, et, après quelques combats en escadre, nous venons mouiller à Gondelour, fort jolie ville de la côte de Coromandel, pour nous ravitailler, et avoir une entrevue avec Hyder-Aly, ennemi furieux des Anglais.

« Voici l'intéressant, mon cher Charles, et c'est ici qu'il faut admirer l'étoile de ton Oreste.

« Après la ruine de Pondichéry, beaucoup de riches négociants s'étaient retirés à Gondelour, et plusieurs d'entre eux y possédaient de délicieuses maisons de plaisance.

« Parmi ces nababs, un des plus étonnamment riches était le père de ma femme (ma femme me paraît fort singulier à dire), M. Horn-Praët, qui a plus de *vingt millions* de fortune bien et dûment placés en Europe.

« Or, la veille du jour, où l'entrevue d'Hyder-Aly devait avoir lieu, l'amiral, m'ayant désigné pour l'accompagner, me dit : — Ah çà, Henri, tu viendras à terre avec moi ; nous logerons chez un singulier corps, riche à millions, mynheer Horn-Praët, qui, avec cela, a la plus jolie de toutes les filles. — Ce nom de Horn-Praët me frappe ; je retourne à mon bord, je regarde le paquet que m'avait confié sir Georges en mourant ; c'était bien cela : *A monsieur Horn-Praët, pour remettre à mademoiselle Ina Horn-Praët, à Pondichéry.*

« Pardieu ! me dis-je (sans aucun but arrêté), il sera toujours bien temps d'annoncer une mauvaise nouvelle. Voyons d'abord mademoiselle Ina Horn-Praët. Nous allons à terre avec l'amiral, nous passons la nuit chez M. Horn-Praët, qui est un *être à peindre*. D'Ina, pas l'ombre d'apparence ; nous assistons à cette diable d'entrevue (cela dure cinq mortelles heures), nous revenons chez M. Horn-Praët, nous y couchons, nous y restons la journée du lendemain : d'Ina, pas davantage...

« Je l'avoue, Charles, je commençais à me piquer de l'indifférence, certainement affectée, de cette petite fille ; car mes gens avaient causé avec ceux du nabab, et, entre autres, mon coureur Almanzor, qui, déjà fort avant dans la confiance d'une jeune négresse, favorite d'Ina, s'était, comme d'habitude, répandu en éloges sur les qualités de son maître, ses succès à Versailles, sa position à la cour, etc. Mais rien de tout cela n'avait fait naître l'envie de me connaître. Je n'y tins plus ; je possédais un moyen infaillible de voir ma dédaigneuse : c'était de dire au père que j'avais à remettre à sa fille, et en mains propres, une lettre de sir Georges. C'est ce que je fis aussi ; mais le bonhomme me répondit que *cela ne regardait que sa fille*, et que *je n'avais donc qu'à m'arranger pour la voir, car lui ne s'en mêlait en rien*. Ceci est exactement vrai, ne crois pas que je plaisante, Charles.

« J'écris donc un petit billet, bien froid, bien respectueusement poli, à la jeune fille, pour lui apprendre que j'ai à lui remettre entre les mains un message de sir Georges... A ce nom, toutes les portes s'ouvrent ; et, un jeudi matin, sur les une heure de relevée, ton ami est introduit auprès de la charmante Ina.

« Rien n'a plus mauvaise grâce qu'un mari qui vante sa femme. Vous la verrez, je n'en dis donc rien ; seulement, ce que vous ne verrez pas, c'est le plus délicieux costume qu'on puisse imaginer, un costume tout oriental, bras, jambes et pieds nus : c'était une sultane des Mille et une Nuits, ou le diable m'emporte. Tu n'as surtout pas d'idée combien ses jolies jambes nues étaient gracieuses; et, sur ma foi, la seule compensation que puisse nous offrir la coquetterie européenne, ce sont les jarretières...

« Pour en revenir à mon récit, décidé à jouer mon jeu fort serré, j'observais avec toute la sagacité que la nature m'a donnée; car sitôt que je vis cette jolie fille, je me promis de faire tout au monde pour la posséder d'une façon ou d'une autre; je devais bien ça à la mémoire de sir Georges.

« Ina était fort pâle. Je la saluai, et brusquement, sans aucune préparation (j'avais mon projet); je lui remets les lettres, en lui annonçant crûment la mort de sir Georges, et tout cela avec cet air impassible et dédaigneusement poli que tu me connais.

« Ne t'alarme pas pour moi, Charles, j'agissais à coup sûr, et c'est l'A B C de notre métier (de votre métier de séducteur, dois-je dire). Vois-tu, Charles, j'ai acquis, par une assez longue expérience du monde, cette certitude : c'est qu'avant tout il faut *violemment frapper l'imagination d'une femme*. Or, l'imprévu est admirable pour cela; que cet imprévu soulève tout d'abord la *haine* ou l'*affection*, peu importe, l'essentiel étant d'émouvoir fortement une femme et de la forcer à penser à vous; or, lorsqu'il s'agit d'un message pareil à celui que j'apportais, l'*ambassadeur* chargé d'annoncer la fatale nouvelle fait d'ordinaire le navré, le sucré, le désolé; il s'y prend d'une lieue, parle du destin, du sort, du monde meilleur, du diable : moi, rien de tout cela; quelques mots froidement polis, et, comme je te l'ai dit, je remets les lettres.

« En voyant les cachets noirs, la pauvre fille devint tremblante ; puis, surmontant son émotion, elle rompt l'enveloppe, apprend la vérité, que je lui confirme, et s'évanouit. Tout cela était dans l'ordre. Sur ce, je sonnai ses femmes et me retirai. J'avais pris une maison à terre ; le lendemain et les jours suivants j'envoyai mon coureur savoir des nouvelles de la désolée, et mon valet de chambre m'écrire à sa porte ; mais, rien de plus... Encore une fois, j'avais mes projets *ultérieurs*, tu verras.

« Almanzor me tenait au courant de tout ce qu'il savait par sa négresse. Admire ton ami, Charles : j'avais calculé juste. L'affreux sang-froid avec lequel j'avais appris cette fatale nauvelle, moi, moi, presque l'auteur de la mort de sir Georges, puisque j'avais pris sa frégate à l'abordage ; cet affreux sang-froid, dis-je, avait presque autant frappé la pauvre enfant que la mort de son amant : aussi, depuis ce jour, ses pensées alternaient sans cesse entre ma cruauté et ses regrets pour sir Georges ; enfin, cela fut si fort, qu'un jour, me voyant dans le parc avec son père, elle se trouva mal de colère et d'effroi. De ce moment, Charles, je considérai mon amour comme en très-bon chemin ; car, tu le vois, je partageais déjà ses pensées avec le *défunt*...

« Pendant ce temps-là, d'assez étranges idées m'étaient venues ; je voyais en France, d'après tes lettres, le crédit s'éteindre, je ne sais quelle agitation sourde menacer nos priviléges et nos existences ; enfin, que te dirai-je? fut-ce instinct, folie ou sagesse, je ne me cabrai pas trop à la pensée de me voir marié, d'avoir un jour vingt millions de fortune en cas d'événements; et puis encore, je trouvais la chose si originale, et je me piquais au jeu... Aussi continuai-je sourdement ma *supe*, comme dirait Malebranche (où est-il?).

« Tu penses bien que je redoublai de surveillance. Almanzor continuait à m'instruire de tout; enfin il vint un jour me dire que la désolée pleurait toujours beaucoup son mort, mais qu'elle avait dit à sa négresse (qui ne lui parlait jamais de moi) que *j'avais bien fait de ne pas demander à la voir, parce qu'elle m'aurait fait refuser sa porte.* L'enfant trahissait ainsi son désir de me voir; sûr de cela, je pouvais me présenter; je fis pourtant le sourd, je ne voulus pas comprendre : aussi, quelques jours après, la négresse dit confidentiellement à mon coureur qu'elle était presque certaine que, *si M. le comte demandait à être présenté, on ne me refuserait pas une audience pour avoir le triste plaisir d'entendre parler du cher mort.* Point. Je restai insensible; je voulais une démarche éclatante, officielle. On la fit. Et un matin je reçois deux lignes par lesquelles *on me priait de passer chez M. Horn-Praët, mademoiselle Horn-Praët voulant me remercier*, etc.

« Je répondis respectueusement que j'irais, et j'y allai.

« Insensiblement je vis tous les jours ma charmante, et tous les jours à toute heure et à chaque minute je lui parlai tant et tant de son diable de mort, que je lui en donnai par-dessus les yeux; car mort ou absent, Charles, c'est la règle, c'est le seul et vrai moyen d'en finir avec ces souvenirs qui sont souvent horriblement tenaces, mais qui encore une fois ne sauraient tenir contre un perpétuel rabâchage aussi louangeur que monotone; aussi une fois qu'elle n'eut plus rien à entendre de son mort, je lui parlai d'elle.

« J'avais appris que Georges était sévère : je fus dur, presque brutal dans mes remontrances, et l'enfant, jugeant de l'amour par la rudesse, trouva que je l'adorais; mais remarque bien, je ne hasardais toujours pas un mot, un seul mot d'amour, et cela parce que je m'apercevais qu'elle tenait toujours beaucoup à son mort, sinon par amour, au moins par respect humain, et par suite d'une excessive noblesse et loyauté d'âme qui est un des traits saillants de son caractère.

« Il s'agissait donc ou de la détacher tout à fait du souvenir de sir Georges, ou de lui donner au moins un prétexte décent pour l'oublier; sans avoir encore complétement réussi, j'y tâchais par toutes sortes de moyens : parmi ceux que j'employai avec assez de fruit, il en est un que je te recommande dans l'occasion, Charles : c'est celui d'inventer et de raconter avec un sérieux incroyable de *beaux traits* du défunt ou de l'absent; de fort beaux traits, il est vrai, mais auxquels on donne toujours un côté niais ou ridicule, que l'on fait ressortir avec adresse, tout en paraissant les admirer du fond du cœur. Or, cela est surtout d'un effet sûr et perfide, quand il s'agit de gens comme sir Georges, de ces ennuyeux qu'on appelle en amour des *hommes sérieux*, des *hommes de cœur* ; comme ils n'ont ni grâces, ni charmes, ni vices, ni piquant pour racheter le ridicule de leurs *belles actions* supposées, ils meurent à la peine. Car, encore une fois, de toutes les médisances, la *médisance en bien* est la plus terrible. Souviens-toi bien de cela, Charles, si jamais tu t'occupes de madame de Vaudrey...

« Mais enfin, malgré mes *beaux traits*, mes affaires n'avançaient pas aussi vite que je l'aurais souhaité, lorsque, par un coup du ciel, dans un beau retour de tendresse pour son mort, Ina se mit à me raconter, avec explosion de sanglots et de larmes, l'histoire d'une *promesse* faite par Georges, promesse faite par serment, jurée sur son amour et par son amour, sous peine de passer pour infâme et parjure, de renoncer à Ina, etc., etc., s'il y manquait.

« Or... Charles... c'était une *promesse solennelle de ne plus jouer*, notre défunt Caton ayant, à ce qu'il paraît, cette passion développée au plus grand point. Je demandai avec indifférence, mais avec une horrible angoisse, de quelle *date* était cette promesse; l'enfant courut à un meuble donné par Georges, en tira un joli papier, sur lequel le beau serment était écrit, signé par sir Georges et scellé de ses armes.

« Juge de l'empire que j'ai sur moi-même, Charles; je n'ai pas bondi de joie en voyant que *ce serment avait été juré avant le jour où, à Paris, j'avais prêté à sir Georges ces bienheureux quatre mille louis pour acquitter une* DETTE DE JEU!!!

« Moi d'admirer beaucoup la force d'âme du défunt et de me récrier surtout sur la valeur de pareils serments, qui engagent irrévocablement un homme d'honneur... d'autant plus qu'il s'y soumet volontairement... *e tutti quanti*.

« Je laissai donc Ina dans un accès de retour pour

son mort ; ce fut alors que je compris toute la mélancolie du personnage à Versailles ; il pensait sans doute à son serment trahi, et, avant le combat, quand il me dit, *Si j'ai du malheur je le mérite, car j'ai été parjure*... c'était encore le damné serment.

« Ma foi, Charles, tu avoueras que quand on est assez bête pour faire de pareils serments on doit être assez bête pour les tenir, et que dans ces cas-là, comme dans bien d'autres, sottise est probité.

« Mais revenons à notre affaire ; il fallait faire savoir à Ina que le beau serment avait été parjuré, et que, moi, j'avais prêté quatre mille louis pour payer une dette de jeu. J'ordonnai donc à Almanzor de raconter à la négresse mon histoire avec sir Georges, mais dans quelque temps, et avec assez de ménagement.

« Le drôle me comprit à merveille ; tout alla comme d'habitude : je ne tarissais pas d'éloges sur le défunt... sans dire un mot d'amour ; lorsqu'environ quinze jours après la scène du serment, je reçois d'abord un billet très-laconique, qui me suppliait de passer à l'instant à l'hôtel Horn-Praët, quoiqu'il ne fût que dix heures du matin.

« Je m'attendais pardieu bien à la scène ; aussi je trouvai la charmante Ina, l'œil étincelant, l'air indigné :

« — Monsieur de Vaudrey, — me dit-elle d'un « petit ton, ma foi, fort imposant, — est-il vrai que « vous ayez prêté à sir Georges Gordon quatre mille « louis pour acquitter une dette de jeu dans l'année « 1780 ? »

« Tu me vois étonné, stupéfait, balbutiant, rougis- « sant même, Charles... « Mademoiselle, j'ignore... « je ne sais...

« — La vérité, monsieur le comte, au nom du « ciel, la vérité... »

« Tu me vois toujours... — « Mademoiselle... qui « a donc pu... »

« — Il est inutile de feindre, monsieur ; un de vos « gens a parlé, a tout dit, votre duel, tout enfin... « Par votre parole de gentilhomme, monsieur de Vau- « drey, je vous adjure ici de me dire la vérité... »

— « Tu me vois, alors, mon cher Charles, forcé d'avouer en balbutiant la vérité, mon admirable conduite, mon dévouement, etc., etc., et puis je me mets à défendre sir Georges avec force ; mais la charmante me ferme la bouche en me rapportant mes propres mots de la veille sur les parjures... et je suis obligé, Charles, de penser comme elle... que c'était indigne...

« De ce jour-là ce fut à peu près fini du souvenir de Georges, soit qu'Ina n'eût attendu qu'un prétexte favorable pour se livrer au sentiment que je lui inspirais peut-être, soit que, franche et loyale, elle fût réellement exaspérée par ce manque de foi du *Caton-Beverley*, d'autant plus que ce pauvre diable avait fait la sottise de reparler de la maudite promesse dans sa lettre mortuaire, et de se vanter de l'avoir tenue. C'est cela surtout qui irritait Ina, car une femme aussi confiante devient furieuse quand elle se croit dupe.

« Que te dire de plus, mon ami? de ce jour data la certitude de mon bonheur. Ce n'est pas que je fus assez maladroit pour parler encore tout à fait d'amour après cette déception qu'Ina venait d'éprouver... Non! et puis... quoique le manque de serment de sir Georges l'eût déliée... elle hésitait encore; ce fut alors que je frappai le grand moyen médité. Comme nous en étions aux confidences, un jour on me demanda naïvement *pourquoi j'avais été si cruel et si dur en apportant la nouvelle de la mort de sir Georges :* c'est là que j'attendais venir; après m'être fait bien presser je laissai supposer que ce pauvre mort *avait fait le* FAT, *et m'avait donné à entendre que...* De là mes regrets, de là ma froideur, de là ma colère, de là ma rage, disais-je avec ces fameux soupirs en soubresauts que je fais si bien ; *de là ma rage : car en voyant tant de charmes et tant de beauté dans une femme qui s'était oubliée jusqu'à être la maîtresse de sir Georges, je n'avais pu retenir mon indignation ; car je pressentais déjà que je devais l'aimer, etc.*

« Un homme qui a juré par l'amour d'une jolie femme de ne plus jouer et qui joue, et qui par là-dessus est mort, est capable de tout. Aussi cette dernière horreur détacha tout à fait Ina de Georges, et je crois, le diable m'emporte, qu'elle n'eut ensuite tellement hâte de voir notre mariage terminé que pour me prouver tout à son aise que le pauvre sir Georges *avait menti...* et il avait menti, Charles, délicieusement menti...

« Mais ce qu'il y a de plus curieux, ce fut la manière dont je lui proposai ma main ; et l'effet devait en être infaillible sur une petite tête aussi exaltée par la colère que lui causait la fatuité supposée du gentleman. « — Mademoiselle, — lui dis-je avec un in-
« croyable sérieux rempli de dignité, — mademoi-
« selle, j'ai trop de foi en votre *loyauté* et votre amour
« pour exiger un serment ou pour vous abaisser à

« une justification. Je vous offre mon nom, certain « que vous ne l'accepterez que si vous en êtes digne...»

« Je n'aurais pardieu pas fait cette belle proposition à toute autre qu'à elle ; j'étais *sûr* d'elle, et cela par les confidences véritables de sir Georges et aussi par le résultat de mes observations sur son caractère pur et délicat.

« Entre nous, je ne me suis pas fait scrupule de supposer sir Georges un peu fat... Qu'est-ce que cela faisait à un mort, après tout? et ça arrangeait fort les affaires d'un vivant.

« Une fois tout convenu, nous sommes venus ici, à l'île de France, le mariage aurait paru un peu prompt à Gondelour; et à propos de cela, vois donc comme j'ai bien fait de me faire relever de mes vœux à la mort de mon frère.

« Enfin, depuis six semaines, je suis marié. Du caractère dont tu me connais, je ne te dirai pas que j'aime ma femme comme un céladon : mais je suis convenable, et je l'aime presque autant que j'ai aimé mes maîtresses; je l'aime enfin comme on aime une position. Elle est de fort bonne maison du Languedoc, c'est une Saint-Perry par sa mère: son père tient aux anciens Horn-Praët de Hollande, dont un fut chef d'escadre sous Ruyter. Tout cela est fort bien né, fort bien allié, et, en outre, le père nous assure huit millions en biens-fonds à mon mariage, le reste à la mort du nabab; joins à cela mes cinquante mille écus de rente, et tu vois que la vie se peut supporter : aussi, plus j'y réfléchis, plus je crois avoir agi sagement. J'avais, ma foi, assez vécu ; cette existence ne changera, d'ailleurs, rien à mes habitudes de plaisir, seulement on est fixé pour son avenir; et puis, encore une fois, s'il arrive quelque chose par la suite, c'est une retraite. Par exemple, à toi, Charles, à toi, à qui je ne cache aucune de mes plus secrètes pensées, je puis te dire une chose : — Je sais le monde, et pourtant je serais d'assez mauvais goût pour trouver détestable qu'on me fît... ce que j'ai fait tant d'autres! c'est folie, c'est faiblesse, c'est tout ce que tu voudras, mais cela est... J'en prendrais par la suite tout aussi bravement mon parti que ce pauvre comte de ***, ou que ce cher président de ***, ou que cet excellent colonel ***; mais par cela même que je cacherais mon déplaisir, il n'en serait pas moins cuisant.

« Eh bien, Charles, autant qu'on peut présumer vrai d'une chose aussi incertaine, j'ai toutes les chances de croire que je ne partagerai pas le *sort commun*. Ne ris pas de cette présomption, voici pourquoi: — Ma femme a été à elle-même dès qu'elle a pu former deux idées, et exposée à tous les dangers qui entourent dans ce pays une aussi riche héritière. Eh bien! elle s'est conservée pure. Sais tu pourquoi? à cause même de cette excessive liberté. Car, je te le répète, le trait le plus saillant de son caractère, que j'ai profondément étudié, est une loyauté presque chevaleresque, une noble fierté qui lui ferait, je crois, tout sacrifier à la honte de faire moins encore une mauvaise action qu'une *lâcheté*; enfin, je ne manque pas, tu le sais, de bonne opinion de moi-même, eh bien! je suis sûr que le manque de foi et de parole de sir Georges a plus fait contre lui et en ma faveur que toutes mes séductions.

« Oui, mon ami, telle est madame de Vaudrey, et,

si cette précieuse qualité qui la distingue ne change pas, car cela est, je crois, trop naturel pour changer; en un mot, c'est à lui dire : *Madame, je mets mon honneur sous la sauvegarde de votre loyauté;* et, si je ne me trompe, cette excessive confiance qui perd tant de maris sera peut-être mon plus sûr garant.

« En voici bien long, Charles, mais c'est en vérité une si singulière phase dans ma destinée, que je n'aurais su trop te la détailler.

« On parle ici de paix; maintenant je la désire, car mon intention est de quitter la marine et d'user peut-être de mon crédit et de celui de mes amis pour obtenir une ambassade, si à toute force je veux m'occuper.

« Adieu, adieu, Charles; mille souvenirs à mes amis, pour lesquels je serai toujours le chevalier de Vaudrey, car je compte bien renouer çà et là notre joyeuse vie. Ne me réponds pas, car si ces bruits de paix prennent, comme on le dit, de la consistance, j'irai directement en Hollande, visiter nos propriétés, et, ma foi, de là continuer ma maison à l'hôtel de Vaudrey.

« Le comte H. de Vaudrey. »

LIII.

MARIAGE.

LA COMTESSE INA DE VAUDREY A MISS BETTY HAMONLEY, A MADRAS.

Ile de France.

« Ma bonne amie, ne méprisez pas Ina, ne l'accusez pas sans l'entendre. Apprenez d'abord, Betty, que M. Georges Gordon m'avait lâchement trompée... odieusement calomniée. — Et puis *il n'est plus*... Mon Dieu! mon Dieu! ce qui m'arrive doit bien vous étonner; car moi-même j'y crois à peine. — Pour en revenir à sir Georges... qui aurait jamais cru cela de lui? Mais vous allez tout savoir.

« Vous vous souvenez bien qu'un jour à Pondichéry, il y a environ trois ans de cela, je faisais sérieusement la guerre à sir Georges sur son affreuse passion du jeu, qu'il n'éprouvait, disait-il, que par désœuvrement, et quand il était loin de moi. Vous vous souvenez aussi, n'est-ce pas, mon amie, que, cédant à tout ce que je lui disais de raisonnable et de tendre à ce sujet, il voulut écrire de sa main, signer de son nom et sceller de ses armes, le *serment solennel et sacré de ne plus jamais jouer de sa vie, sous peine de passer pour infâme, pour parjure, et de se reconnaître indigne de mon amour et de moi?*... — Eh bien! ce serment, il l'a indignement faussé, trahi, profané... Ainsi, lui, que je croyais si loyal et si profondément homme d'honneur, il a commis une lâcheté... Vous me connaissez, mon amie... maintenant jugez si je pouvais pardonner une trahison aussi basse... Mais ce n'est pas tout encore... non, ce n'est pas tout... lui, que je croyais si au-dessus de ces fats imprudents et vulgaires dont nous nous moquions ensemble, Betty, lui, que je croyais d'une probité si noble et si délicate, il m'a horriblement calomniée aux yeux d'un homme d'honneur, de M. le comte de Vaudrey, de mon mari enfin. Oui... abusant des gages sacrés et presque religieux d'une affection aussi pure qu'elle était vraie, sir Georges s'en est méchamment, bassement servi, pour tramer la plus infâme calomnie... pour faire croire enfin à M. de Vaudrey... que *j'avais été sa maîtresse*. Moi! moi! Betty... moi! ô mon Dieu! je ne puis encore contenir mes larmes et mon indignation à cette affreuse pensée... Mais vous allez tout savoir... mon amie...

« Il y a environ cinq mois que M. l'amiral de Suffren vint passer quelques jours chez mon père. — Nous habitions alors notre campagne de Goudelour. — M. de Suffren avait avec lui son neveu et un autre officier, qui était M. le comte de Vaudrey.

« Absorbée comme je l'étais par le souvenir de sir Georges, dont j'attendais des lettres avec la plus mortelle impatience, je m'occupais fort peu des hôtes de mon père... malgré les folies de ma négresse, qui était émerveillée de ces étrangers.

« Mais un jour je reçois un billet fort poli de M. le comte de Vaudrey, qui me prie de lui accorder un moment d'entrevue, parce qu'il avait, disait-il, des papiers à me remettre de la part de sir Georges. A l'instant je prie M. de Vaudrey de vouloir bien passer chez moi, et c'est avec une horrible inquiétude que j'attends le moment de recevoir le comte.

« Je ne sais par quel pressentiment j'étais agitée, mais le cœur faillit me manquer deux fois quand je sus que M. de Vaudrey était dans mon salon ; enfin je pris courage et j'entrai.

« Je vis un jeune homme de taille moyenne, d'une tournure distinguée, vêtu en officier de marine. — Mais ce qui me frappa tout de suite, ce fut la froideur de son abord et l'inflexibilité de son regard.

« Il me salua gravement et me dit :

— « Mademoiselle, voici des papiers que sir Geor-
« ges m'a supplié de ne remettre qu'à vous-même.

« Vous avez vu sir Georges, monsieur? m'écriai-je malgré moi... Par grâce, où est-il maintenant?... Alors lui (je l'entends encore), alors lui, sans changer de visage, sans changer d'expression de voix, me dit ces mots cruels presque avec un air de sombre satisfaction :...

— « J'ai enlevé la frégate de sir Georges à l'abor-
« dage, mademoiselle ; il s'est défendu avec le plus
« grand courage, mais il a été tué dans l'action... »

« A ce mot *tué*, je tombai sans connaissance. Je ne revins à moi que longtemps après ; j'étais au milieu de mes femmes, M. de Vaudrey n'était plus là... Je m'en aperçus bien... car ce fut lui que mon regard furieux chercha d'abord... Oui, Betty, s'il eût été là, et si j'en avais eu la force, il me semble qu'en ce moment je l'aurais tué.

« Mais attendez avant de juger le comte, mon

amie; car je conçois que cette atroce indifférence ou plutôt que cette froide cruauté doit vous soulever contre lui, et pourtant...

« Je ne vous dirai pas mes larmes, mes chagrins, et l'espèce d'anéantissement pendant lequel je vécus durant un mois, n'ayant personne... vous savez, *personne au monde* avec qui pleurer, que ma pauvre Badj'y ! — Seulement une chose que je suis encore à concevoir, c'est que je ne pouvais isoler le souvenir de M. le comte de Vaudrey de celui de sir Georges. — Oui, c'était, pour ainsi dire, la cause et l'effet impitoyablement liés l'un à l'autre. — Car, enfin, si le comte m'eût appris cet horrible malheur avec ménagement et précaution, je n'aurais eu, pour ainsi dire, qu'à penser à mon chagrin, à mon désespoir; mais le comte venant, ainsi qu'il l'a fait, m'apporter cette fatale nouvelle avec rudesse et presque avec aigreur... venant enfin lui-même me dire qu'il était presque la cause indirecte de la mort de Georges, ô Betty ! je l'avoue, à chaque instant je m'arrêtais de pleurer pour maudire et charger d'imprécations cet inflexible messager, et vous verrez combien j'étais folle...

« Pour en revenir à sir Georges, il me renvoyait mes lettres, et mon portrait que je lui avais donné. — Il m'écrivait une dernière fois au moment de se battre, et jamais, Betty, homme n'a osé plus audacieusement mentir à une femme, mentir presque un pied dans la tombe... Comme alors je croyais encore en lui, je ne vous dirai pas non plus les larmes amères et les baisers dont je couvrais ces caractères chéris, qui, à chaque ligne (je le croyais du moins), révélaient cette âme si loyale et si généreuse... Mais ce qui me plongeait surtout dans un désespoir amer, et ce qui redoublait mes regrets déchirants, c'étaient quelques lignes dans lesquelles sir Georges me rappelait avec bonheur son *serment écrit de ne plus jouer... en me jurant qu'il l'avait tenu!!! et que cette conviction de mourir digne de moi adoucirait ses derniers moments, s'il devait ne plus me revoir...* — Me jurer cela, Betty... presque en face de l'éternité!... Infamie!... infamie!... Mais écoutez encore[1].

« Je ne vivais donc que de larmes, je ne sortais pas de mon pavillon, lorsqu'un jour en regardant machinalement par la croisée, j'aperçois M. de Vaudrey causant avec mon père; c'était la première fois que je le revoyais depuis la fatale nouvelle; ne pouvant surmonter mon émotion... je m'évanouis... et pourtant, tout en haïssant le comte à la mort, j'avais une irrésistible envie de l'entendre, car lui seul pouvait me parler de sir Georges, et me donner sur ses derniers moments de ces détails si cruels, et pourtant si avidement recherchés par ceux qui aiment comme j'aimais. Hélas!... mais j'avais alors de M. de Vau-

1 Il est facile de voir à la teinte d'acrimonie et de colère qui règne dans toute cette lettre, que mademoiselle Horn-Praët cherche peut-être à s'exagérer à elle-même et à son amie les torts vrais et supposés de sir Georges, pour faire excuser l'amour qu'elle éprouve pour M. de Vaudrey et l'infidélité qu'elle fait au souvenir du pauvre Anglais, bien innocent d'ailleurs de la fatuite qu'on lui prete, car son amour pour elle a toujours été aussi tendre que pur et respectueux. Mais nous retrouvons là un trait saillant du caractère d'Ina, qui, étant physiquement libre de son choix par la mort de sir Georges, veut encore constater la moralité, la loyauté de sa conduite aux yeux de son amie.

drey une insurmontable frayeur (combien j'avais tort, mon Dieu) ! et malgré les instances de ma négresse, je ne pouvais me résoudre à le recevoir, quoiqu'il fût souvent venu s'informer de ma santé. Enfin, je me décidai, et je lui écrivis que devant aller passer quelque temps à Madras, je désirais le remercier de la peine qu'il s'était si souvent donnée de passer chez moi ; il me répondit que le lendemain il serait à mes ordres. Quand il entra, je pouvais à peine me soutenir, j'avais quitté mon costume indien comme peu convenable, et j'étais habillée à l'européenne ; je reçus le comte : c'était toujours son ton froid, mais extrêmement poli ; il répondit avec une mesure parfaite à toutes mes questions sur sir Georges, mais avec sécheresse et roideur ; quand il fut parti, je ne pus m'empêcher de dire à Badj'y qu'avec une figure aussi douce, il était inconcevable que M. de Vaudrey parût aussi insensible à la douleur qu'il devait bien penser que j'éprouvais.

« Que vous dirai-je?... Entraînée par le triste bonheur d'entendre parler de Georges, je vis le comte plusieurs fois, et remis mon voyage à Madras. Je trouvais dans M. de Vaudrey un homme franc, généreux et bon, et surtout, je crois, d'un rare dévouement pour ses amis. Mais ce qui m'étonnait beaucoup dans un grand seigneur français (M. de Vaudrey est d'une des plus riches et des plus anciennes familles de France, et, à vingt-huit ans, il a déjà un grade supérieur dans la marine) ; ce qui m'étonnait, dis-je, c'était la sévérité de son langage et de ses manières, ayant entendu parler si souvent de l'étourderie et de la légèreté de ses compatriotes. Chez lui, au contraire, jamais un mot de galanterie ; une conversation sérieuse, quoique un peu romanesque, car il est impossible d'avoir une âme plus tendre et plus impressionnable que la sienne. Aussi m'a-t-il dit avoir beaucoup souffert à cause de cette excessive délicatesse de cœur qui le caractérise... délicatesse si rarement appréciée, et par cela même si souvent et si cruellement froissée. Peu à peu, le comte prit l'habitude de venir me voir plus souvent ; il me demandait quelquefois la permission de me donner des avis, des conseils, et cela comme malgré lui, avec une brusquerie qui contrastait avec la douceur de sa voix.

« Sans diminuer de force, ma douleur était plus calme, et j'entendais avec un plaisir mélancolique M. de Vaudrey me faire l'éloge de sir Georges, et me vanter continuellement sa bravoure et ses qualités, car il l'avait connu en France, quand il y était prisonnier de guerre ; c'était notre sujet favori de conversation, et chaque jour, chaque heure, chaque minute, ramenait sur les lèvres du comte l'éloge de sir Georges. — Il faut, à ce propos, Betty, que je vous fasse une confidence : je suis encore à comprendre pourquoi ces éloges sans cesse répétés m'irritaient presque, quoique j'en sentisse toute la justesse... je ne sais encore si la douleur s'use à force de parler de ce qui la cause... mais au bout de deux mois de ces éternelles conversations sur sir Georges... je me sentis, je l'avoue en rougissant, je me sentis moins vivement affectée, oui, je me trouvai plus sensible aux objets extérieurs, et je remarquai la figure du comte que je n'avais pas examinée jusque-là, et qui me parut gracieuse et distinguée... Non, vous ne sauriez croire combien je fus effrayée de ce changement en moi... car, je vous le jure sur ma mère et sur Dieu... je voulais mourir fidèle à Georges... Tel cruel même que m'eût semblé ce sacrifice plus tard... j'aurais tenu à la promesse que je m'étais faite... Pauvre Georges, pensais-je, il n'est plus là pour se rappeler à moi !... Il a tenu fidèlement ses promesses, lui... il les a tenues jusqu'à la mort : ce serait donc une lâcheté que de le sacrifier quand je puis le faire aussi impunément.

« Ce fut alors, Betty, en sentant cette froideur qui me gagnait comme malgré moi, que je voulus me retremper à une source pure et sacrée, et que je cherchai ce que nous appelions mon *talisman*, cette *promesse* qui me paraissait si belle, parce que je savais tout ce qu'elle avait dû lui coûter à tenir.

« Ce jour-là, Betty, M. de Vaudrey était près de moi, et il venait de me raconter un trait de Georges que j'ignorais et que le comte exaltait selon son habitude, car sir Georges avait en lui un ami profondément dévoué, croyez-moi. Voici ce qui exaltait si fort l'admiration du comte, et ce que sans doute par modestie sir Georges m'avait toujours caché :

« Il paraît qu'une des parentes de sir Georges, fort âgée, fort quinteuse et fort originale, avait la manie, sur la fin de ses jours (quoiqu'elle eût une maison parfaitement montée), de ne vouloir rien manger qui n'eût été pour ainsi dire apprêté sous ses yeux par sir Georges, qu'elle aimait à l'adoration. Or, sir Georges, avec une complaisance angélique, préparait lui-même les repas de sa vieille parente... Sans doute cela est bien beau et bien dévoué, Betty, c'est une chose touchante que de voir un jeune gentilhomme sacrifier les plaisirs du monde pour satisfaire les caprices d'une femme âgée qu'il aime et respecte... oui, cela est bien beau, et l'admiration qu'en témoignait M. de Vaudrey était sans doute très-concevable; mais enfin j'avoue encore à ma honte que, malgré moi, ce qui me frappa le plus dans le récit de ce dévouement, ce fut le côté qui touchait presque au ridicule. Et pourtant il était impossible de mieux faire valoir que M. de Vaudrey tout ce qu'il y avait de touchant dans ce beau trait... ses yeux étaient mouillés de larmes... son émotion profonde... Eh! c'est qu'aussi... il est si bon, il est si sensible à tout ce qui révèle une belle âme... lui!...

« Enfin, Betty, pour en revenir à cette promesse, me sentant, vous dis-je, moins désespérée de la mort de sir Georges, et voulant retremper mes souvenirs et rester digne de lui, je courus à mon *talisman;* et montrant ce papier sacré à M. de Vaudrey, je ne pus m'empêcher de lui dire : S'il était bon et dévoué, voyez qu'il était aussi noble et fort,... voyez quelle puissance il avait sur lui-même; et alors je racontai au comte l'histoire du serment. Comme moi, plus encore que moi peut-être, il admira la résolution de Georges; seulement, je ne remarquai pas alors ce dont je me souviens parfaitement maintenant, c'est que, tout en appuyant sur la sainteté irrévocable de ces serments sacrés pour un homme d'honneur, le comte avait un air embarrassé que je m'explique aisément aujourd'hui; car, apprenez enfin cet horrible secret, Betty, par le plus grand des hasards, je suis instruite, quelque temps après, que, *malgré son serment solennel, sir Georges a joué, a perdu*, et que *c'est M. le comte de Vaudrey lui-même qui a payé cette dette*... Non, non, Betty, je ne pouvais le croire. J'écris à M. le comte de Vaudrey de passer chez moi ; il vient, il veut nier, mais je le somme sur l'honneur de dire la vérité... C'était vrai... Betty, c'était vrai ; sir Georges avait joué malgré son serment sacré, j'avais été indignement abusée, trahie...

« De ce moment, je ne saurais vous peindre, mon amie, la froideur qui me glaça pour le souvenir de M. Georges Gordon ; car ce serment résumait pour ainsi dire l'espèce grave et sérieuse de son amour, et voir ainsi cette promesse solennelle foulée aux pieds par lui qui brillait surtout à mes yeux par sa qualité de loyal et honnête homme, c'était me sentir bien près de l'oublier, et de me croire libre comme je l'étais réellement. On eût dit aussi que, par cet aveu, M. Henri de Vaudrey se trouvait dégagé d'un fardeau qui l'oppressait, et je le conçois : lui si vrai, lui si sincère, devait souffrir de me voir aussi indignement trompée. Depuis même il me l'a avoué. Je continuai de voir le comte, et je le trouvai comme toujours, bon, aimable et sensé, mais ne me disant jamais un mot qui pût me faire soupçonner qu'il m'aimât, et pourtant cette pensée, qui avant la trahison de M. Gordon m'eût épouvantée, je l'accueillais avec plaisir : n'étais-je pas libre de fait et de droit par cette perfidie?

« Peu à peu je retrouvais mon ancienne gaieté, je paraissais plus à mon avantage ; mais à mesure que je redevenais plus calme, que je me montrais plus avenante pour Henri de Vaudrey, lui paraissait de plus en plus sombre; enfin cette froideur de sa part me navrait, car je sentais, et cela sans remords, qu'il me plaisait... Or, franche comme je l'étais, je lui dis naïvement que son chagrin me faisait mal... il ne me répondit rien... j'insistai, même silence... Enfin, je ne reconnaissais plus Henri, il était redevenu triste comme devant, comme dans les premiers temps qu'il m'avait connue. Enfin, le croirez-vous, Betty! j'apprends, par son amiral, qu'il sollicite une mission fort dangereuse; les pleurs me suffoquent, et je le prie, j'exige même, je crois (je l'aimais tant déjà!), qu'il me confie la cause de son chagrin : c'est alors qu'après mille hésitations il m'apprit, en rougissant... Betty... que, grâce à une infâme calomnie, je passais à ses yeux pour avoir été.... la *maîtresse de M. Gordon*.

« Cette calomnie avait seule causé l'espèce de joie funeste avec laquelle Henri m'avait appris la mort de M. Gordon, et le chagrin amer et profond qu'il avait ressenti en s'apercevant qu'il m'aimait, moi qu'il croyait *déshonorée*.

« Vous concevez ma douleur, ma colère, Betty. A peine M. de Vaudrey eut-il prononcé ces mots affreux, que je me renfermai chez moi... Je fus pendant quinze jours horriblement souffrante, je voulais mourir...

« Henri finit par vaincre ma répugnance à voir qui que ce fût... et je le reçus... Vous allez le connaître, vous allez apprécier tout ce qu'il y a de généreux et de chevaleresque dans cette âme qu'on peut appeler sublime.

— « Mademoiselle, — me dit-il, — j'ai trop foi

« en votre loyauté et en votre amour pour exiger un « serment, ou vous abaisser à une justification ; je « vous offre mon nom, certain que vous ne l'accep- « terez que si vous en êtes digne. »

« Est-il possible, dites-le?... est-il possible de rencontrer plus de grandeur, plus de noblesse, plus de cette haute et délicate confiance qui prouve seule combien on est digne d'en inspirer une pareille?

« Que vous dirai-je de plus, mon amie !... de ce jour data pour moi la vie, le bonheur, l'amour;... tout le reste de mon existence n'est plus qu'un songe : je ne conserve que du mépris pour M. Gordon ; car il n'est pas même digne d'inspirer de la haine. L'amour de mon mari me dédommage de ses odieuses calomnies, que je lui pardonne, après tout, car je suis trop heureuse pour avoir la moindre mauvaise pensée dans le cœur.

« Enfin, il y a quinze jours, Betty, que je suis mariée, quinze jours que je prévois l'avenir le plus heureux.

« Henri parle de retourner en Europe aussitôt après la paix signée ; car on ne croit plus beaucoup à la continuation de la guerre ; avant ce départ je vous écrirai, vous y comptez bien, n'est-ce pas? Mais voyez donc enfin quelle singulière destinée,... et qui m'eût dit cela il y a dix-huit mois, quand vous vîntes m'embrasser à Gondelour.

« Rappelez-moi au souvenir de lord et de lady Hamonley, et pensez quelquefois à l'heureuse Ina de Vaudrey, etc. »

LIV.

Tandis que Saül fut fidèle, il n'eut pas besoin d'aller consulter la Pythonisse sur ce qu'il devait faire... La loi de Dieu le lui apprenait assez. Ce ne fut qu'après son crime, que, pour calmer les inquiétudes d'une conscience troublée, et allier ses faiblesses passées avec la loi de Dieu, il s'avisa d'aller chercher dans les reponses d'un oracle trompeur quelque autorité favorable à ses passions.

Aimez la vérité et vous l'aurez bientôt connue. Une conscience droite et simple est le meilleur de tous les docteurs. *Beati pauperes spiritu.*

(MASSILLON. *Sermon pour le mardi de la Passion, sur le Salut.*)

Tempus meum nondùm advenit; tempus autem vestrum semper est paratum.

(JOAN., VII, 6.)

VANITÉ.

SCÈNES DIALOGUÉES.

—

PERSONNAGES.

L'abbé DE CILLY.
LE LOSOPHE ivre.
RUMPHIUS fou.
Le lieutenant JEAN THOMAS.
CHAEB l'assassin.
M. le comte et madame la comtesse DE VAUDREY dans leur carrosse.

Le bord de la mer à l'île de France : à droite, la grille d'un parc; à gauche, l'entrée d'un bois épais. — Le soleil se couche. — Solitude profonde.

L'ABBÉ DE CILLY (*Il marche pensif, la tête baissée, puis s'arrête parfois avec de brusques tressaillements*). — Rien,... rien,... toujours l'obscurité,... le néant,... je ne perçois pas;... je vois bien la nature, les astres, les éléments,... tout cela me prouve un moteur, un agent, un créateur mystérieux ; mais où est-il?... quel est-il?... nous voit-il?... Nous voir,... *lui!*... Orgueil incurable de l'homme!... te révéleras-tu donc jusqu'au sein des croyances dont l'humilité doit être la base! Dieu, te *voir!* Dieu s'occuper d'atomes perdus sur la terre, comme la terre est elle-même perdue dans l'immensité! Dieu nous *voir!*... Infirmité de notre intelligence!... ne pouvoir prêter à Dieu que les relations matérielles de nos sens grossiers!... Dieu *voir* comme nous, *entendre* comme nous, *parler* comme nous; cela est en vérité un insolent blasphème, car cela est faire Dieu à notre image :... et pourquoi non?... Ne croyons-nous pas aussi, dans notre misérable et fol orgueil, que les autres merveilles de la création ne sont que les *accessoires* de notre imperceptible planète! Oui, n'est-ce pas, homme privilégié! le soleil n'a été tiré du chaos que pour mûrir les fruits de ton jardin!... la lune, pour argenter tes nuits amoureuses! et les étoiles ne scintillent sur le bleu du ciel que pour récréer tes yeux ou inspirer tes poëtes! Dérision!!! Toujours le même orgueil, qui rapporte tout à l'homme. Oui, c'est pour toi que les mondes sont sortis du néant; c'est *pour toi*,... crois-le, *demi-dieu*, crois-le : et pourquoi non? Alors le mendiant, qui secoue ses haillons aux clartés éblouissantes d'une joyeuse fête, pourra croire aussi que c'est *pour lui* que flamboyent les mille bougies des lustres d'or; alors l'hyène errante, qui ronge les os du cheval mort qu'on a jeté à la voirie, pourra croire aussi que c'est *pour elle* que le noble animal a été égorgé.

(*Après un long silence, Arthur reprend avec abattement :*) En vérité, c'est un abîme,... un abîme... Je m'épuise en hypothèses, je me concentre tout au fond de ma pensée, je ferme pour ainsi dire les yeux de l'esprit,... comme on ferme les yeux du corps afin de se profondément recueillir,... et rien .. rien que ténèbres... (*Une pause.*) Étant laïque, j'ai cru que le rideau sacré du tabernacle me cachait, à moi profane, la lumière divine ; je me suis fait prêtre, et je m'aperçois que je n'ai fait que passer de l'autre côté du rideau, sans voir pour cela plus de lumière. Eh quoi !... toujours l'obscurité,... toujours !... C'est horrible !... Et cela est horrible parce que j'ai souvent fait moi-même goûter aux autres les douceurs ineffables de cette foi, à laquelle j'aspire de toutes les forces de mon être et de mon intelligence,... de cette foi que j'ai voulu acheter par tous les sacrifices possibles à l'homme ;... de cette foi que je veux et que je ne puis imposer à mon esprit désolé ; de cette foi dont je ne puis percevoir les mystérieuses relations ; de cette foi qui, je le sens, et par instinct et par la puissance du raisonnement, saurait seule satisfaire ces désirs ardents qui me torturent. Oh ! oui... cela est bien cruel à se dire : Moi, sans croyances décidées, j'ai souvent inspiré, sans pouvoir, hélas ! les partager... de ravissantes extases, de sublimes et saintes espérances, de splendides visions de l'éternité... qui faisaient oublier aux malheureux les terreurs de la mort ou les angoisses de la vie !!!... Oui, cela est cruel de se dire : On bénit la douce et religieuse influence de mes paroles, qui éveillent de si consolantes et de si profondes convictions ; tandis que moi, qui donne tant, je n'ai rien... rien que néant et désespoir!... tandis que moi je paierais par une vie de souffrances une heure, une seconde de cette félicité radieuse que je prodigue sans la ressentir. Malédiction sur moi!... car cette pensée que les autres me doivent le bonheur ne me console pas dans mes regrets déchirants. . . . .

. . . .

Et pourtant une telle abnégation serait et noble et généreuse, et grande et chrétienne!!! Mais cela n'est pas, non, en vérité, cela n'est pas;... et ceci est odieux à avouer... Mais, dévoré par une incurable envie... j'ai même été quelquefois tenté... de flétrir les germes de cette foi que l'influence vivifiante de ma parole venait de faire épanouir chez *mes frères*... (*Une pause.*) Après tout, cela est peut-être aussi une juste punition de Dieu; parce que j'aurai cherché la foi avec un odieux égoïsme... non d'abord pour faire triompher la vérité sainte, mais pour remplir le vide qu'avaient laissé dans mon âme les tristes et les honteuses passions de la terre, mais parce que j'aurai voulu croire par désœuvrement et par ennui,... et que j'ai demandé à Dieu ma part de *grace* et de *foi*, comme on demande au monde une frivole distraction... Et pourtant n'en suis-je pas digne? Enfin, depuis trois ans, n'ai-je pas vécu de privations, de sacrifices et d'humilité? n'ai-je pas rempli avec une exactitude scrupuleuse mes devoirs de prêtre? En quoi ai-je failli, Dieu clément,... Dieu juste,... Dieu souverainement bon?... Mon immense fortune... on la distribue aux pauvres! moi, grand seigneur, habitué aux recherches du luxe... j'ai vécu misérable en aspirant la fièvre des mourants, et priant sur des cadavres. Je n'ai pas eu une seule pensée impure ; car mes sens blasés sont depuis longtemps éteints. Que pouvez-vous donc me reprocher, Dieu rémunérateur? Ma vocation est de l'égoïsme, et ma vertu de la satiété. Cela est vrai, vous le savez, puisque vous lisez dans les âmes... Eh bien! est-ce donc un mal, cela? est-ce un mal de sentir enfin... que vous, que vous seul, vous pouvez contenter l'insatiabilité de l'âme... En un mot, mérité-je votre colère ou votre indifférence, parce que je vous dis, avec une profonde et douloureuse conviction (*l'abbé se jette à genoux, les yeux humides*) : Mon Dieu ! je suis bien malheureux !!! les biens de la terre ne m'ont pas suffi, et je suis venu à vous, repentant et résigné ;... j'ai prodigué l'or aux pauvres, j'ai consolé les mourants, j'ai pieusement clos les paupières des morts, j'ai oublié les vanités de la science et de la jeunesse, j'ai vécu de larmes bien amères, je me suis couvert de cendres, j'ai étouffé l'orgueil du rang et de la naissance;... tout cela n'est rien, je le sais, mon Dieu !... tout cela n'est rien au prix de ce que vous avez souffert pour les hommes;... mais vous qui êtes si grand, vous qui êtes *Dieu*,... enfin, vous savez aussi que moi je suis *homme !*... seulement un homme qui n'ose croire que d'aussi haut vous jetiez un regard sur lui,... sur une aveugle créature qui a pourtant besoin d'être guidée à travers l'obscurité où est encore ensevelie son âme ! Tirez-moi de ce gouffre sans fond, d'où je vous invoque, mon Dieu !... illuminez-moi d'un seul rayon de votre grâce ! que je voie une lueur, un signe qui me dise seulement : *Espère... Dieu t'entend* ; cela, mon Dieu, oh ! cela, dussé-je

l'acheter par les tourments du martyre! cela, mon Dieu, pour votre indigne créature, cela seulement! Qu'elle sache qu'elle ne marche pas au hasard et abandonnée, et sans but et sans appui : cela... et alors cette intelligence dont vous m'avez doué cessera de vaciller dans l'ombre, comme la flamme d'une lampe qui s'éteint; alors, fort de votre secours, j'imposerai ma croyance au monde. (*Avec enthousiasme :*) Cette société corrompue, égarée, cède à ma voix, que vous rendez toute-puissante, je la ramène à vos pieds; je... Mais non, non, mon Dieu, cela est encore un misérable orgueil,... faites seulement que je croie, ou que je sente que je croirai un jour; que j'espère, mon Dieu, que j'espère; éveillez l'espoir en mon âme désolée,... l'espoir, oh! l'espoir, seulement l'espoir;... ne me désespérez pas;... un signe, mon Dieu,... un signe! ne soyez pas inexorable;... je ne suis pas un criminel, après tout, moi!... j'ai tant aimé mon père! Pitié,... oh! pitié, pitié, mon Dieu... (*Après être resté quelque temps à genoux, l'abbé se relève, et dit, avec une froide amertume :*) Et rien, rien, rien, sourd ou implacable;... tout ceci n'est-il donc que chimère, mensonge et stupide imposture? . . . .
. . . .

Une voix joyeuse dans le lointain.

Quand j'ai bu, croyez-moi,
Je suis roi;
Je bois encore un peu,
Je suis Dieu.

Entre le Losophe, ivre, en chantant.

Quand j'ai bu, croyez-moi,
Je suis...

Apercevant l'abbé, il s'arrête et salue.

— Pardon, mon abbé! c'est la surabondance de l'arack, ou eau-de-vie de l'endroit, dont je me soupçonne d'avoir extrêmement abusé, dans l'intention fortement bachique de me soutenir, pour arriver chez notre commandant, M. le comte de Vaudrey, dont l'habitation est dans la chose des alentours... d'ici, à ce que l'on m'a dit; le sauriez-vous, mon abbé? C'est une lettre que j'apporte à M. le comte!... et que même j'ai laissé Saint-Médard à terre, chez mon hôtesse, et que la pauvre bête... (pas mon hôtesse, l'autre) en geint à fendre l'âme.

L'ABBÉ. Vous êtes ivre, misérable, passez votre chemin.

LE LOSOPHE. Je suis ivre! oui, vertubleu, je suis ivre, mon abbé! et je m'en vante. Mais, révérence parler, mon abbé, c'est justement parce que je suis ivre que je ne suis pas un misérable; non, non, si vous saviez ce que c'est, allez!!! Tenez, mon abbé, je suppose, on est marié, n'est-ce pas? on a femme, enfants, et pas de pain pour tout ça; bon! ça crie famine,... que ça vous désole; bon! parce que, quoique marié, on est très-tendre père tout de même; eh bien! comme vous êtes très-tendre père, et que vous ne voulez pas voir votre famille malheureuse, au contraire, qu'est-ce que vous faites? vous buvez bouteille, bon;... et du coup, voilà que vous vous croyez millionnaire; vous ne voyez plus que des chandelles romaines, et vous vous figurez que votre famille se fait de délicieux festins, et roule carrosse, vous vous figurez tout ça, jusqu'à ce que vous soyez dégrisé, s'entend;... bon! Et, pour lors, comme vous voulez continuer plus que jamais à être très-tendre père,...

vous vous regrisez tout de suite, pour la chose de rendre le bonheur à une famille adorée, et lui faire *rerouler* carrosse,... et ainsi de suite, mon prêtre; de sorte que, tant plus vous vous grisez, tant plus vous voyez votre famille heureuse... Et par conséquent, tant plus vous êtes très-tendre père; ce qui me fait l'effet d'être crânement le but du *conjungo*, mon abbé. Aussi, allez, mon prêtre, ceux qui disent du mal du vin, c'est des sang-goût, des vrais monstres, voyez-vous, des monstres affreux, des monstres... enfin, des monstres aquatiques; car l'ivresse, voyez-vous, mon prêtre, c'est la richesse du pauvre, c'est la consolation du malheureux! Mais, pardon, excuse, mon prêtre, je suis là à vous faire causer, tandis que j'ai une commission à remplir, et que... (*Reconnaissant la grille du parc :*) Mais, vertubleu! voilà bien la grille que l'on m'a enseignée; pardon, excuse, mon abbé...

Le Losophe salue l'abbé, entre par la grille du parc, et s'éloigne en chantant :

Quand j'ai bu, croyez-moi,
Je suis roi;
Je bois encore un peu,
Je suis Dieu.

L'ABBÉ, *après un long silence.* Après tout, cette misérable brute a raison! dans son ignoble ivresse, il est roi, il est Dieu, tant qu'il le croit du moins; et c'est au moins une *foi*, cela, une conviction... et celle-là se trouve, à coup sûr, au fond d'une coupe; tandis que l'autre,... l'autre... (*Une pause.*) Mais c'est, en vérité, quelque chose d'étrange à penser que la croyance des martyrs a résisté aux tortures les plus épouvantables, aux séductions les plus voluptueuses, et qu'une coupe de vin, prise de gré ou de force, peu importe, oui, qu'une coupe de vin... aurait anéanti, pendant quelques heures, l'inspiration divine de ces héros de la foi, qui souriaient sur des charbons ardents, en chantant gloire au Seigneur... (*Avec ironie* :) Allons, demi-dieu!... allons, créature qui ne pourris pas tout entière dans la tombe, parle donc d'éternité!... et voilà cette partie éthérée de toi-même, cette émanation si immortelle, qui se peut noyer dans une brutale ivresse, et voilà que, par la seule influence physique d'un produit inerte et matériel,... un saint pourrait blasphémer Dieu! Voilà la foi vaincue par l'ivresse. Et tu n'as pas d'autels, toi!!! ivresse! ivresse sainte,... ivresse bénie,... toi qui peux si sûrement effacer, sous tes flots riants et vermeils, les sombres et funestes pensées. (*Avec amertume* :) Allons, courage, abbé!... courage, saint homme! envie l'ivresse stupide d'un matelot...

. . . .

On entend du bruit.

— Qui vient là?...

L'abbé se retire à l'écart.

La nuit est presque complète. — Rumphius entre en courant, en faisant des contorsions ridicules. — Il est FOU de chagrin d'avoir perdu son manuscrit; IL CROIT ÊTRE LUI-MÊME CE MANUSCRIT, et vient de s'échapper de l'hospice de l'île de France où le comte de Vaudrey l'avait fait enfermer. — Rumphius est grotesquement couvert de feuilles de papier cousues sur ses habits; son œil est éteint; mais sa figure, autrefois hâve et maigre, est grasse et colorée : de décharné qu'il était, il est devenu presque obèse [1]. — L'abbé, toujours à l'écart, regarde Rumphius en silence et avec tristesse.

RUMPHIUS *faisant une cabriole.* Bst... Enfin j'ai pu descendre de ce maudit rayon de bibliothèque... où ils me tenaient pressé entre deux grands coquins de traités in-folio sur la... sur le... bst... j'ai oublié de grossiers livres, sur ma foi! deux gros butors de livres imprimés. (*Avec fureur :*) Des livres imprimés!... (*Il rit aux éclats.*) Ah!... ah!... ah!... m'accoler à des livres imprimés,... quelle société vulgaire pour moi *manuscrit*, et surtout manuscrit du célèbre... du fameux... du renommé... bst, j'ai oublié, j'ai oublié... (*Il tâche de regarder derrière son dos.*) Et malheureusement je ne puis pas lire mon titre que j'ai là sur le dos de ma couverture... Oh! oh! mais voici la rosée du soir qui tombe; diable, je me sens le papier tout humide. Eh mais! si j'allais m'effacer... si j'allais devenir illisible! Diable! m'effacer et n'être pas à l'abri des injures de l'air, dans une bonne et chaude reliure! moi, moi, le manuscrit du fameux,... du grand,... du célèbre,... bst... j'ai oublié... oublié...

L'ABBÉ *joignant les mains avec horreur.* Son nom... son nom... jusqu'à son nom!!!

RUMPHIUS. J'ai froid, j'ai froid,... j'ai faim aussi... Faim! et de quoi? Un manuscrit comme moi doit-il avoir faim? Ne suis-je pas bourré de science? gorgé de savoir? n'ai-je pas été nourri, élevé, choyé, dorloté, comme un enfant chéri de sa mère, par le célèbre... le fameux... j'ai oublié... oublié...

[1] Ce phénomène physiologique se retrouve dans presque tous les cas d'aliénation mentale.

L'ABBÉ *regardant Rumphius.* Tête puissante, qui devinais la marche des astres... savant illustre qui évoquais le passé devant toi, comme un magicien évoque une ombre, où est ta science? où est le fruit de tes longues années d'étude opiniâtre et abstraite? où est ce génie ardent qui, suspendu au-dessus de l'abîme sans fond de l'immensité, suivait les planètes dans leurs courbes effrayantes?... Où es-tu maintenant, toi qui vivais dans le ciel; toi qui, élevé dans les régions les plus éthérées de l'intelligence, n'entendais plus le cri du sang?... toi qui croyais assez en la science pour lui sacrifier le bonheur de la famille, toi qui rêvais un nom immortel, un nom salué avec respect dans le monde du savoir, où es-tu? où es-tu? L'exaltation de la science t'avait déjà presque fait fratricide, par l'épouvantable égoïsme dont elle t'avait bronzé le cœur, et voilà que maintenant elle te fait idiot. C'est beau, la science!... n'est-ce pas, Rumphius?... Et puis maintenant ton âme... où est ton âme, Rumphius?

RUMPHIUS, *croyant cacher son titre en mettant ses deux mains sur son dos.* Il y a quelqu'un là,... prenons garde,... cachons mon titre... On me lirait ou on m'imprimerait, ce qui serait affreux,... affreux... Car, au lieu d'être unique, je serais multiplié à l'infini!... je serais peut-être dix mille fois moi-même... et je ne veux pas être dix mille fois moi-même. Est-ce que je pourrais y suffire, moi, le manuscrit unique du célèbre... Ah!... ah! bst... j'ai oublié,... oublié.

L'ABBÉ *d'une voix forte à Rumphius.* Et Sulpice... Sulpice... aussi oublié Sulpice?

RUMPHIUS *à l'abbé avec terreur.* Ne me lis pas... ne

m'imprime pas... je n'ai que des pages blanches!... Et d'ailleurs... je suis un manuscrit précieux du célèbre... oublié... oublié...

L'ABBÉ *avec épouvante.* Plus rien!... plus rien!... Il ne reste pas une corde dans cette âme... tout est brisé à jamais... tout!... (*Il prend le bras de Rumphius et lui dit encore avec force :*) Et Sulpice,... qui t'a laissé voler ton manuscrit?... Entends-tu?... Ton frère Sulpice, qui est mort! où est-il, Sulpice?...

RUMPHIUS *riant du rire sardonique et hébété des fous.* Sulpice!... ah! ah!... Saint-Sulpice... oui, oui... je sais, une belle église... une belle église : mais que diable veux-tu que je fasse sur un lutrin... que je fasse à l'église? Je ne suis pas un livre de messe,... moi! Je suis un manuscrit qui augmente chaque jour. Car, vois-tu (*d'un air de mystère*), quand on m'a renfermé dans la bibliothèque j'étais tout mince, et maintenant je ne tiens plus dans ma pauvre vieille couverture tout usée. Vois... vois comme je suis devenu volumineux; mais il me faudrait une bonne reliure bien chaude, car le manuscrit a bien froid, a bien froid...

L'ABBÉ *examinant Rumphius.* Ce fou dit vrai... jamais sa santé n'avait été aussi vigoureuse, aussi florissante... non... car l'âme usait le corps... L'âme est morte, et le corps est devenu frais et dispos... Après tout, ce fou est bien heureux,... il est stupide, il engraisse; pour lui plus de ces désirs insatiables que la science allume, mais qu'elle ne satisfait jamais... plus de doutes cruels sur l'avenir... Oui, en vérité, ce fou est bienheureux. ÉTERNITÉ... DIEU... pour lui que sont ces mots? un bruit creux et sonore qui n'éveille en son âme aucune de ces questions que l'on sait insolubles, insaisissables, et que la pensée poursuit pourtant jusqu'au vertige. — Pour toi ces paroles sont vides, n'est-ce pas, fou?... (*Avec force à Rumphius.*) Pour toi, qu'est-ce que ce mot : ÉTERNITÉ..., ÉTERNITÉ?...

RUMPHIUS, *regardant l'abbé d'un air stupide.* J'ai faim, j'ai bien faim...

L'ABBÉ, *avec un rire amer.* Par le ciel! ce fou n'est-il pas heureux!!! lui qui peut répondre par l'expression d'un appétit physique à une de ces paroles fatales qui soulèvent en moi tout un orage de pensées accablantes?... Mais, dis-moi, fou, et cet autre mot t'épouvante-t-il : DIEU... DIEU?...

RUMPHIUS, *toujours stupide.* J'ai froid, j'ai bien froid.

L'ABBÉ. Allons, allons, tu es bien béni du ciel, heureux fou, toi qui peux OUBLIER, toi qui n'es plus soumis qu'à des désirs matériels, faciles à satisfaire. Maintenant, avec un toit, de l'eau et du pain, tu vivras heureux et longtemps... et plus heureux et plus longtemps que tu n'aurais vécu sans ta folie, car ton manuscrit t'eût-il été rendu... le monde eût-il été rempli de ta gloire et de ton nom, tu n'en aurais pas moins senti un jour le néant de la science, et le gouffre de ton âme s'agrandir. — Oui... car on dirait que, suivant les lois de la nature physique, plus vous creusez cette âme, plus vous jetez en dehors ses facultés les plus brillantes, plus vous la sentez au dedans vide, sombre et desséchée.

On entend des hommes et des enfants qui cherchent le fou à grands cris; ils paraissent. L'abbé se met à l'écart.

LES ENFANTS. Le fou! le fou! où est le fou?

LE GARDIEN DES FOUS, *s'emparant de Rumphius.* Ah! ah! te voici, gredin, te voici... vieille brute! à l'hôpital... Ah! tu t'échappes... eh bien! on rivera tes chaînes, vieux chien.

RUMPHIUS, *joyeux, reconnaissant son gardien, fait des gestes qui expriment son contentement.* Ah! ah! gai! le manuscrit va avoir chaud! gai! le manuscrit va n'avoir plus faim, plus faim ni soif! gai! le manuscrit va avoir à boire et à manger... gai! gai! le manuscrit, le vieux manuscrit veut bien rentrer à la bibliothèque, mais qu'on ne le batte pas... qu'on ne lui fasse pas de mal... Gai! gai! il va boire et manger. Gai!...

LE GARDIEN, *enchaînant Rumphius.* Oui, oui, gai! sans compter les coups de fouet et la camisole, vieil âne.

Il emmène brutalement Rumphius, et les enfants le suivent en le couvrant de huées et déchirant ses habits de papiers.

LES ENFANTS. Au fou! au fou! oh! le vilain fou! au fou! le vieux fou!

Rumphius sort, grave et content, au milieu des injures et des cris des moqueurs.

L'ABBÉ, *toujours à l'écart.* Et que t'importent ces huées et ces injures, heureux fou? tu ne les comprends pas. Les coups, tu les oublieras! Tu es tout joyeux, car tu vas retrouver un toit et du pain... Alors que désireras-tu? rien... l'avenir sera clos pour toi... car l'avenir pour toi, c'est l'heure où tu dors, l'heure où tu manges; et tandis que pour moi, pour moi... (*Long silence.*) Aussi envier le fou! envier le fou! comme j'ai envié l'homme ivre... Dieu sans merci, tu te railles bien cruellement de ta créature. . . . .

La nuit est tout à fait venue. — Peu de temps après le départ de Rumphius, entrent le lieutenant Jean Thomas et Craëb le Malais. — Tous deux sont enveloppés de manteaux et marchent avec précaution. — L'abbé reste caché par un épais massif d'aloès.

CRAEB, *à voix basse, au lieutenant*. Holà! par ici! par ici!

THOMAS. N'arriverons-nous donc jamais dans ce bois maudit?

CRAEB. Ne le maudis pas; nous y sommes. Tiens, tu en vois d'ici la lisière. Mais arrêtons-nous un moment avant de continuer notre route. Ah çà! dis-moi donc un peu qui tu es. Je t'ai promis de te conduire hors de l'île, et de te mettre sur la côte de Coromandel, au moyen d'un Mahypraw qui m'attend à la pointe nord. Mais, encore une fois, qui es-tu?

THOMAS. Que t'importe?... je veux quitter cette île. Je t'ai promis pour salaire cinquante louis d'or, et tu les auras. Tiens, d'ailleurs, les voici d'avance.

Il lui donne une bourse.

CRAEB, *la prenant*. Oui, oui, mais qui es-tu? de qui reçois-je cet argent?

THOMAS. Mais, toi-même... qui es-tu?

CRAEB. Allons, je vois qu'il faut te donner l'exemple d'une noble confiance... Eh bien! moi, je suis çà et là, Craëb le contrebandier, Craëb le pirate, ou même Craëb l'assassin... Car je t'avouerai franchement qu'aujourd'hui tu es en compagnie de Craëb l'assassin, et que, comme toi, je fuis la ville; oui, un coup de poignard, une affaire de jalousie, un rival préféré, un coup de tête, que sais-je, une misère. Ainsi, décide-toi à me suivre ou à rester, maintenant que tu me connais... comme si tu m'avais pendu.

THOMAS. Ainsi, toi, tu es Craëb l'assassin?

CRAEB, *affirmativement.* Craëb l'assassin!... mais toi? mais toi?...

THOMAS[1]. Oh! moi... je suis Jean Thomas... Jean Thomas... *l'honnête homme.*

CRAEB. L'honnête homme!!! Par la sang-Dieu, voilà qui est étrange!... moi l'assassin, toi l'honnête homme;... et nous sommes réunis, et nous fuyons ensemble!...

THOMAS. Étrange, en vérité, fort étrange; mais dis-moi, frère Craëb, les hommes t'abhorrent?

CRAEB. Je crois bien qu'ils m'exècrent.

THOMAS. Ils m'exècrent aussi, frère;... mais toi, pourquoi t'abhorrent-ils?

CRAEB. Moi!... eh! mais, pardieu, à cause de mes crimes, je pense...

THOMAS. Et moi à cause de mes vertus...

CRAEB. Toujours étrange!

THOMAS. Dis-moi encore, frère, crois-tu en Dieu, toi?

CRAEB, *avec un éclat de rire sauvage.* En Dieu?

THOMAS. Oui,... en Dieu?...

CRAEB. Frère... je crois en la divine Trinité de la Potence, de la Roue et du Fer chaud! et en tous ses Saints, Nosseigneurs les cavaliers de la Maréchaussée. Et toi, l'homme aux vertus... y crois-tu, en Dieu?...

1 Pendant toute cette scène, Thomas conserve une expression de poignante ironie; Craëb, lui, est insouciant et railleur.

THOMAS, *riant comme Craëb*. Frère, je crois aux vers qui feront chère lie de mon cadavre.

CRAEB. En vérité, tu ne crois en rien de plus?

THOMAS. Non, à rien de plus.

CRAEB. Ah çà! mais alors pourquoi diable es-tu donc vertueux, imbécile?...

THOMAS. Franchement... pourquoi je suis vertueux?

CRAEB. Oui, oui, franchement...

THOMAS. Ma foi,... s'il faut parler franchement,... je crois assez que c'est par haine des hommes, car la vertu les blesse et les irrite,... tandis que le vice les flatte et les caresse.

CRAEB. Mais moi, je ne les flatte ni ne les caresse...

THOMAS. Mais toi, frère, tu es le crime,... et le crime, comme l'extrême vertu, sont toujours maudits; mais le vice... oh! le vice est en honneur et crédit.

CRAEB. Ainsi nous sommes tous deux athées; ainsi nous arrivons tous deux au même but, mais par divers chemins... toi par la vertu, moi par le crime... Toujours étrange.

THOMAS. Sans doute, frère; et, avoue-le, n'est-ce pas bouffon?... Nous voilà tous deux abhorrés, craints et maudits des hommes... toi pour tes crimes, moi pour mes vertus;... oui, par l'enfer, cela est bouffon. (*Tendant la main à Craëb :*) Touche donc là, frère...

CRAEB, *se reculant*. Tu railles tristement, frère l'honnête homme... et je ne sais... mais ta vertu m'épouvante plus que mes crimes.

THOMAS. Et pourquoi ne pas railler, frère?... La vie est si follement moqueuse;... ma vie surtout à moi! ma vie! paradoxe en action, bouffonnerie lugubre, à faire éclater un damné. Tiens, il faut que je t'en amuse, mais n'aie pas peur;... figure-toi, frère Craëb, qu'entre autres résultats de ma vertu poussée à l'excès, j'ai été maudit par ma mère, parce que j'ai dit la vérité en homme d'honneur et de loyauté! Oui, et non-seulement à cause de cela, ma mère, une sainte et religieuse femme, a été obligée de commettre un horrible sacrilége pour protéger le vice, mais encore ma mère est morte,... morte, en détournant ses yeux de son fils... — Et ce n'est pas tout, frère. — Aussi, à cause de cette vérité dite, j'ai passé, aux yeux du seul homme qui m'ait jamais tendu une main amie,... pour le plus infâme des calomniateurs; et pourtant je n'étais ni infâme ni calomniateur,... j'étais rigoureusement honnête homme;... j'avais fait mon devoir d'honnête homme... Que dis-tu de cela, frère Craëb?...

CRAEB, *passant de la crainte au mépris.* Je dis, sang-Dieu, que tu n'as que ce que tu mérites, pour être resté si sot jusqu'à ton âge.

THOMAS. Et tu dis bien vrai, honnête Craëb, tu dis bien vrai...

CRAEB. Mais, voyons, frère l'honnête homme, dis un peu, aujourd'hui, à quel beau dévouement doistu l'avantage de te sauver avec un meurtrier?...

THOMAS. Aujourd'hui,... frère?...

CRAEB. Oui, oui, aujourd'hui, puisque tu es obligé de fuir, cette fois.

THOMAS. Oh oui! forcé, irrésistiblement forcé de fuir,... car, jusqu'à présent, vois-tu, frère Craëb, j'avais bien été haï, honni, moqué, mais pas ouvertement méprisé,... non, pas ouvertement;... tandis qu'à cette heure, c'est bien au grand jour qu'on m'a craché à la face... C'est en plein soleil, cette fois, qu'on a écrit en lettres sanglantes sur mon front, déshonoré, *lâche et infâme*;... car, vois-tu, j'étais officier de la marine du roi de France.

CRAEB. Eh bien, on t'a sans doute condamné à mort, ou dégradé, pour avoir sauvé la vie de ton amiral, ou gagné une bataille?...

THOMAS. On a fait pis que cela, Craëb, pis que me condamner à mort : on m'a chassé, ignominieusement chassé, chassé comme un voleur, chassé comme un espion,... parce que je n'ai pas voulu assassiner un enfant de dix-huit ans, mon pauvre Craëb...

CRAEB. Toujours étrange! Nous sommes tous deux infâmes, nous fuyons tous deux la colère et le mépris de shommes, toi, parce que tu n'as pas voulu tuer, et moi parce que j'ai tué... C'est étrange, frère l'honnête homme, c'est étrange.

THOMAS. Sans compter, frère l'assassin, qu'il est moins honteux encore d'inspirer la haine que le mépris, et que tu as cet avantage sur moi, car, toi, tu es un meurtrier et l'on te hait; tandis que moi, je ne suis qu'un lâche, et on me méprise; et pourtant, frère,... se dire que si j'avais accepté le cartel qui m'était offert, que si j'avais tué cet enfant, — et cela m'était aussi facile, vois-tu, que de briser cette branche; — et se dire, frère, que si j'avais assassiné cet enfant,... à l'heure qu'il est je passerais pourtant pour un galant homme, pour un homme d'honneur!

CRAEB, *se reculant*. Comment?... tu fuis parce que tu as refusé de te battre en duel! toi, toi, un officier du roi,... comment, cela est vrai? tu as refusé de te battre en duel?...

THOMAS. Oui, mais écoute-moi avant de me juger, frère Craëb,... je ne suis pas non plus tout à fait un lâche, vois-tu,... car j'ai cinq blessures reçues au feu de l'ennemi, là, bien en pleine poitrine.

CRAEB. Mais ce duel,... ce duel...

THOMAS, *avec ironie.* M'y voici, frère, m'y voici;... seulement c'est que je tiens à te prouver, à *toi*, que vraiment je ne suis pas tout à fait un lâche, car j'ai vu aussi, sans pâlir, bien des tempêtes, frère,... bien d'effrayantes tempêtes, qui mugissaient si haut, que l'immense cri d'angoisse de tout un équipage à l'agonie ne s'entendait pas plus que le faible murmure de l'alcyon!

CRAEB, *avec impatience.* Mais ce duel!... ce duel!... ce duel!

THOMAS. M'y voici, frère, m'y voici : figure-toi donc qu'un jeune Créole, un enfant de dix-huit ans, te dis-je, battait cruellement un vieux nègre sur la place; je lui fis honte de sa cruauté,... il me répondit avec insolence, je me modérai; mon calme l'exaspéra, et enfin cet enfant me frappa, oui, il me frappa, il me donna un soufflet sur la joue.

CRAEB, *stupéfait.* A toi? il t'a donné un soufflet sur la joue, et tu ne t'es pas battu contre ce bourgeois, toi,... un officier du roi?...

THOMAS. J'ai juré, à ma mère mourante, de ne jamais tirer l'épée pour une vengeance personnelle,... et je n'ai jamais de ma vie manqué à une parole jurée...

CRAEB. Répète-moi encore une fois que tu as tenu

la parole jurée à ta mère, et que tu ne t'es pas battu, malgré ce soufflet,... malgré ce soufflet sur ta joue...

THOMAS. Non, je ne me suis pas battu...

CRAEB, *avec mépris*. Va-t'en, lâche,... va-t'en,... cherche un autre guide,... voilà ton or...

Il jette la bourse aux pieds de Thomas et disparaît dans le bois.

THOMAS, *avec un horrible éclat de rire*. Ah! ah!!... méprisé aussi par lui,... méprisé par Craëb l'assassin!...

A ce moment, le ciel s'illumine au loin des lueurs de plusieurs torches; on entend résonner le pas des chevaux et le retentissement d'une voiture. — Le bruit approche. — Thomas se jette à l'écart, du côté opposé à celui où l'abbé s'est tenu pendant cette scène.

Paraît un piqueur à cheval; il tient un flambeau. Ce laquais porte un couteau de chasse, veste et culottes rouges, bottes fortes, chapeau bordé, large habit vert, galonné d'argent sur toutes les tailles. Il entre au galop dans l'avenue terminée par la grille, en annonçant à haute voix : M. le comte! M. le comte!

Peu après, on voit arriver avec rapidité une magnifique voiture dorée, à quatre chevaux, à quatre lanternes et à grandes glaces. Un énorme cocher à moustaches sur le siége, un enfant en postillon, et trois valets de pied derrière, tenant des flambeaux, tous ces gens à la livrée d'Henri.

A travers les glaces, et à la lueur des lanternes qui répandent une vive clarté dans la voiture doublée de satin blanc, on voit Henri, toujours beau, calme, épanoui, vêtu d'un splendide habit de velours bleu, semé de paillettes d'or. Il sourit gracieusement à sa femme, dont il serre les mains avec tendresse. Ina est resplendissante de diamants, d'amour et de bonheur. La voiture entre par la grille et disparaît.

Cette voiture dorée, ces laquais couverts d'argent et d'écarlate, ces jeunes gens amoureux, souriants, brodés, tout cela a passé comme une vision lumineuse et fantastique, au milieu des ténèbres noires et silencieuses qui entourent la porte de ce parc, au fond duquel est l'habitation que le comte a louée pendant son séjour à l'Ile-de-France. A la vue du comte, Thomas s'est enfoncé précipitamment dans la forêt.

L'Abbé, *après avoir regardé longtemps du côté où la voiture a disparu; il semble se recueillir. Sa voix est brève et stridente, son ton glacial et résigné.* Et j'ai rencontré sur mon passage un être abruti, encore dégradé par l'ivresse... et j'ai envié l'ivresse et l'abrutissement de cet homme. — Et j'ai rencontré sur mon passage un homme, autrefois l'admiration des savants, aujourd'hui la risée et la victime de ses stupides gardiens, et j'ai envié le sort de ce fou. — Et j'ai rencontré sur mon passage deux athées... les deux extrémités opposées de la chaîne du bien et du mal, fuyant tous deux la société irritée, parce que l'un faisait le mal, et que l'autre voulait empêcher le mal. — Et j'ai envié le sort de ces deux athées, qui ont au moins une foi matérielle : l'un au bien, l'autre au mal, mais au bien et au mal en action, et dégagés des nuages obscurs d'une vaine métaphysique... oui, j'ai envié le positif des pensées de ces deux hommes. — Et j'ai rencontré sur mon passage un homme dont le caractère corrompu, vain et personnel, ne valait pas même la franche brutalité du matelot, — le passé studieux et odieusement égoïste du fou, — l'effrayante énergie du meurtrier, — ou la vertu farouche de l'athée, — en un mot, un orgueilleux seigneur, véritable type de la médiocrité d'esprit, qui s'arrête aux surfaces mobiles et brillantes; véritable type du vice insolent et lâche qui, sachant à fond son code social, calcule jusqu'à quel point il pourra se montrer impunément infâme, et qu'on appelle héros de courage et d'honneur, parce que, dix fois par an, il conservera, en face d'un canon ou d'une épée, l'insouciance facile et passive d'un soldat. — Et j'ai envié aussi ce type de honte, de sottise et de lâcheté... qui, par cela même qu'il est égoïste et médiocre, réunit en lui tous les germes de ce que la masse des hommes appelle *le bonheur* sur la terre.

Oui, cela est vrai, pourtant!!! cela est vrai! cet homme est heureux... le seul véritablement heureux... car, — après son ivresse, le matelot se réveillera, — le fou sentira le fouet, — le meurtrier craindra la potence, — l'athée sera banni du monde, parce qu'il n'aura voulu être ni homicide, ni parjure. Tandis que ce seigneur sera heureux... heureux! parce que lui n'aura rien poussé à l'excès,... ni science, ni ivresse, ni meurtre, ni parjure, ni vertu, ni athéisme, ni croyance; parce que de tout il aura usé un peu et à point...

Et aussi, lui, est-il le *sage* qui jouit placidement du parfum des fleurs. Tandis que moi, je suis le *fou* qui creuse la racine amère que la nature elle-même dérobe à nos yeux. Oui... oui... il est le sage... car il JOUIT!

Ainsi donc... MOI!!! j'envie ce misérable et vulgaire don Juan, comme j'ai envié l'homme ivre, l'assassin et l'athée! parce qu'au moins l'homme ivre croit à *l'ivresse*, le fou à sa *folie*, le meurtrier au *meurtre*, l'athée à *l'athéisme*, le don Juan au *donjuanisme*... et qu'une *foi*, telle qu'elle soit, donne un but à la vie... Tandis que moi, je n'ai plus de but dans le monde... Tandis que moi, je n'en aurai jamais... puisque Dieu se retire de moi... puisque je ne puis parvenir à le comprendre tel que la foi l'enseigne, OCCUPÉ DE SA CRÉATURE; puisqu'enfin je suis trop haut placé par l'intelligence et par le cœur pour essayer encore de ces existences matérielles ou honteuses qui viennent de s'étaler à mes yeux, et dont j'ai autrefois reconnu la vanité. O toi! Dieu qui m'entends peut-être... ce n'est point ici un blasphème... une impiété... car, ainsi que tu le disais, ô mon père! la foi est, je le vois, un *sens* réservé aux seuls élus... Tu ne peux donc être irrité, mon Dieu... si ce sens me manque, puisque c'est toi seul qui peux le donner, et que tu me le refuses...

Oui, en vérité, si j'avais en moi le moindre germe de ce sens, il se serait révélé pendant ces trois années d'une vie religieuse, humble, sainte, dévouée et irréprochable. . Tu le sais, ô mon Dieu!... mais je n'ai rien senti... mais je ne sens rien... mais rien, rien,... même en ce moment suprême où je prends la résolution calme et raisonnée de mettre fin à ma vie. (*Il s'agenouille... Long silence... Il se relève.*)

Tu le vois bien, mon Dieu, tu le vois bien, si tu t'intéressais à ta créature; par un signe, par une impression que tu éveillerais en elle, tu l'empêcherais de commettre ce crime peut-être grand à tes yeux. Mais non, rien, rien... Allons, décidément, l'homme est ici-bas dans le monde... ce que le monde est lui-même dans le monde des mondes... tout et rien... Tout, si l'on regarde au-dessous de lui;... rien, si l'on regarde au-dessus... Oui, l'homme est un anneau collectivement nécessaire de cette grande chaîne qui commence aux êtres animés et finit aux matières inertes, aussi nécessaire pour l'harmonie générale de notre globe qu'un polype ou qu'un moucheron,... et aussi imperceptible, aussi indifférent aux yeux du *moteur mystérieux*, qu'un ciron ou qu'une planète...

Allons, allons, tout est fini... tout est bien fini... oui, bien fini... J'ai essayé de tout, j'ai vu et retourné la vie sous toutes ses faces : depuis la spéculation de la science jusqu'aux plaisirs grossiers, depuis la poésie jusqu'à l'algèbre, depuis l'espoir jusqu'au désespoir, depuis le doute jusqu'à la volonté de croire... Je ne trouve rien... rien... encore une fois rien... Dieu se retire de moi... Eh bien donc! c'est à moi d'aller à lui ou au néant. O mon père!...

Il sort à pas lents.

LIVRE VIII.

LV.

L'ENTREVUE.

(1793.)

La scène que nous allons décrire se passait dans les derniers jours du mois d'octobre 1793, à Seringapatnam, capitale du royaume de Mysore, un des plus vastes empires des Indes-Orientales, alors sous la domination du sultan Tippoo-Saëb, qui succédait à son père Hyder-Aly, mort en 1782.

Dans la partie basse de la ville, et située sur les bords riants d'un des bras de la rivière qui l'entoure, on voyait s'élever, au bout d'une rue déserte, une assez jolie maison, peinte de couleurs jaune et rouge, avec de grandes fenêtres de bois d'arak, et leurs stores de joncs verts qui remplaçaient les vitres. Au dehors d'une de ces croisées flottait un énorme drapeau *tricolore*, dont la hampe était surmontée d'un *bonnet rouge*.

L'intérieur de cette habitation offrait un coup d'œil fort animé; quatre esclaves occupés sous les yeux de leur patron à mettre en ordre la plus commode, la plus fraîche et la plus spacieuse pièce de cette demeure, allaient et venaient d'un air très-affairé. Ces esclaves au teint cuivré, coiffés d'un petit turban bleu, étaient vêtus d'une tunique de coton blanc très-courte, serrée aux hanches par une ceinture, de sorte qu'on voyait nus leurs bras, leurs jambes et leurs pieds bruns, qu'ils avaient couverts d'anneaux d'argent ou de corail, selon la mode indoue. Le maître stimulait la paresse tout indienne de ses domestiques, et se donnait lui-même beaucoup de peine pour faire apporter ici son meilleur divan, là son lit le plus moelleux avec sa légère moustiquière, ou serrait lui-même les stores des croisées, afin que le moindre rayon de soleil ne pénétrât pas dans cet appartement.

Cet homme (je voulais dire ce *citoyen*) portait une simple *carmagnole* ou veste bleue, un large pantalon blanc et un immense bonnet rouge, orné d'une non moins immense cocarde tricolore.

Ce citoyen n'était pas poudré; ses cheveux gris, assez longs par derrière, flottaient sur ses épaules et laissaient à découvert un crâne lisse, blanc, mais fort étroit; somme toute, l'extérieur de ce citoyen offrait un singulier mélange de sottise, de suffisance et de bonhomie; ce citoyen était en un mot notre ancien compagnon, le docteur Gédéon, alors *président du club des Jacobins et Amis de la liberté*, qui florissait à Seringapatnam [1], au centre et au cœur d'un empire régi par le despotisme le plus brutal et le plus iniquement absolu.

Après la paix de 1782, le docteur avait quitté la marine royale et s'était établi chirurgien, d'abord à l'île de France, puis, plus tard, à Seringapatnam. Lors des années 90, 91 et 92, son influence *politique* sur les Français qui habitaient cette ville avait été assez puissante pour le porter à la présidence de ce club qui, heureusement, ne rivalisait que de ridicule et d'absurdité avec les assemblées les plus démocratiques de France.

L'hôte que le docteur attendait avec tant d'impatience, et pour lequel il déployait ce luxe de prévenantes attentions, n'était autre que son ami, l'ex-lieutenant Jean Thomas, alors *représentant du peuple de l'île de France*, et envoyé près du sultan par le gouverneur de cette possession.

Quoique l'attention de l'excellent docteur fût partagée entre les soins qu'il donnait à la *confortabilité* de l'appartement de son ami et la rédaction d'un discours qu'il devait prononcer le lendemain en offrant au sultan Tippoo-Saëb le titre de *citoyen* et de *membre honoraire de la société des Jacobins et Amis de la liberté* [2]; malgré ces graves préoccupations, dis-je, le docteur trouvait encore le moyen, en allant et venant, de donner à son esclave favori Mah'é les détails les plus circonstanciés sur l'hôte qu'il attendait; et Mah'é, avec son calme et son impassibilité indienne, se contentait de baisser la tête en manière d'assentiment à tout ce que disait son maître, de façon que ce dialogue pouvait passer pour un monologue.

—Tu vas voir, Mah'é, — disait donc le docteur, — tu vas voir ce qu'on appelle un fier homme dans mon ami Thomas... Diable de Thomas!... Je vais le trouver vieilli, changé, cassé, car voilà bientôt onze ans que nous ne nous sommes vus... et le temps ne nous rajeunit pas... Eh! eh!... ça lui fait quelque part ses quarante à quarante-cinq ans ;... mais il ne sera pas changé quant au moral,... toujours le même, j'en suis sûr... Figure-toi, Mah'é, que tu vas voir aussi dans mon ami Thomas un lion déchaîné contre les rois, un furieux contre les aristocrates et contre le luxe;... c'est, en un mot, ce que nous appelons, nous autres Européens civilisés, un véritable *sans-culotte*, un pur sans-culotte; d'autant plus, Mah'é, qu'on ne pouvait pas lui refuser, à ce cher ami, d'être déjà extrêmement malpropre avant que la malpropreté ne fût devenue civique et politique... C'est la vérité, Mah'é, il y a quinze ou seize ans que cet homme-là sentait déjà furieusement la révolution;... aussi, au jour d'aujourd'hui,... sarpéjeu, Mahé! ça doit faire un fameux patriote;... mais je ne sais pourquoi il m'impose toujours, et c'est une bêtise, car enfin maintenant nous voilà tous égaux, c'est-à-dire,... tous égaux, bien entendu que je ne parle pas de vous autres esclaves, mais de nous autres hommes; enfin, voilà les hommes tous égaux, à cette heure. Eh bien! c'est égal, Thomas me trouble; c'est qu'aussi il est si rigoriste, si brutal, si attaché à ses promesses: témoin ce duel qu'il a refusé dans le temps, et pour lequel il a été obligé de quitter son corps... Diable de Thomas! voilà un fameux Brutus!... Vois-tu, Mah'é, nous autres Européens civilisés, nous appelons un Brutus... un enragé qui étranglerait père, mère, enfants, famille, pays, tout enfin, tout, pour la gloire de faire triompher la *liberté*, l'*égalité* ou la *mort* (l'excellent et inoffensif docteur ne séparait jamais ces trois mots les uns des autres). Oui, oui, va, c'est un *sans-peur* que Thomas; aussi, entre nous, Mah'é, je serais bien aise qu'il m'accompagnât demain chez le sultan, et que nous pussions faire notre présentation du même coup. Ce n'est pas que j'aie peur du sultan, non, Mah'é, je n'ai pas peur.

— Il faut avoir peur du tigre, maître, — dit cette fois Mah'é à voix basse et craintive, — le tigre a griffes et dents.

— A la bonne heure; mais tu sais bien que tous les hommes étant maintenant égaux, ce n'est pardieu pas le président du club des Jacobins qui aura peur des griffes de ce que tu appelles le tigre, d'autant plus qu'au contraire, dans ces sortes de réceptions, le roi ou le sultan donne quelquefois une superbe tabatière à l'orateur; et tu conçois, Mah'é, qui...

Ici le monologue du docteur fut interrompu par l'arrivée d'un riche palanquin porté par des *péons* (ou porteurs) en *livrée*, qui s'arrêtèrent devant la porte.

Gédéon descendit à la hâte et arriva comme Jean Thomas sautait fort lestement de cette douce et moelleuse litière.

Les deux amis s'embrassèrent d'abord avec effusion ; mais lorsque après ces premiers épanchements de tendresse le docteur eut le loisir d'examiner son hôte, il ne put revenir de la surprise presque stupéfiante qu'il éprouvait, lui qui s'attendait à trouver dans Thomas un vrai type de ces démocrates cyniques qui étalaient vaniteusement leur saleté.

C'était un fait purement physique, et rien pourtant n'était plus moralement significatif que l'incroyable changement survenu dans l'extérieur de Jean Thomas.

En effet, je ne sais quel air de recherche et de fête brillait maintenant dans la toilette autrefois si sordide et si négligée de l'ex-lieutenant de *la Sylphide*.

Jean Thomas ne paraissait pas avoir vieilli, seulement ses traits semblaient beaucoup plus bruns ; car ses cheveux, que jadis il couvrait à peine d'une légère et indispensable couche de poudre, étaient surchargés de cette parure aristocratique, quoique alors on la proscrivît en France. Jean Thomas portait un élégant habit bleu richement galonné, avec un chapeau brodé, surmonté d'un ondoyant panache tricolore ; puis une large écharpe, tricolore aussi, supportait un sabre magnifique dont le fourreau d'or ciselé ressortait sur un pantalon de tricot de soie blanche à demi caché par les revers jaunes de ses bottes noires et luisantes, qui lui venaient à peine au mollet, selon la mode du temps.

Ses mains rudes et calleuses, jadis toujours nues, étaient couvertes de gants de peau de daim très-étroits, et un col de batiste de la plus éblouissante blancheur faisait ressortir les tons bruns de la figure orgueilleuse et satisfaite du nouveau *représentant du peuple*.

Mais, pendant que le docteur et son ami s'accoudent à une table fort convenablement servie, nous allons tâcher d'expliquer cette nouvelle phase de la vie de l'ex-lieutenant des vaisseaux du roi.

On se souvient qu'après avoir refusé de se battre en duel avec un garde-marine, Jean Thomas fut abandonné de Craëb l'assassin, qui, par une singulière religion de point d'honneur, ne voulut pas même, à prix d'argent, conduire l'ex-lieutenant hors de l'île de France.

Mais Jean Thomas, trouvant facilement un guide moins scrupuleux que Craëb, quitta l'île, et, une fois arrivé sur la côte de Coromandel, il acheta une case, deux esclaves, et se mit à vivre en solitaire.

Dès qu'il fut seul et séparé du monde, du monde qu'il continuait à exécrer de toutes les forces de son envie haineuse et concentrée ; dès qu'il fut seul, Thomas se prit à profondément réfléchir sur les derniers temps de sa vie.

Car le souvenir de sa bizarre aventure avec Craëb l'impressionnait d'autant plus que, dans ce jour fatal, l'étrange arrivée d'Henri avait, par un contraste éclatant, résumé, pour ainsi dire, les résultats vivement tranchés de l'existence du comte et de la sienne.

En effet, d'un côté, lui, Jean Thomas, pur, loyal, rigoureusement irréprochable, et pourtant chassé de son corps avec ignominie, et pourtant méprisé, même par un assassin, parce que lui, Thomas, est resté fidèle à une promesse jurée à sa mère, et n'a pas voulu commettre lâchement un homicide...

Et de l'autre, le comte de Vaudrey, égoïste, corrompu, menteur, vicieux, et pourtant toujours heureux, et pourtant toujours entouré de respect, d'honneurs et d'éclat ; le comte de Vaudrey, enfin, devant au vice tout le bonheur que la vertu semblait promettre à Jean Thomas :

N'est-ce pas une de ces leçons frappantes que le sort donne si souvent aux hommes, comme pour leur montrer, par les amères et décevantes pensées qu'elles soulèvent, tout ce qu'on peut attendre de consolation d'une croyance à un monde meilleur?

Mais, au lieu de penser à un autre monde auquel il ne croyait pas, Jean Thomas en vint, lui, à se demander à quoi lui avait servi ici-bas, et pour son propre bonheur, cette affection d'une implacable vertu poussée à l'excès, et se répondit : *A rien.* — Mais il se demanda aussi vainement ce qu'il avait perdu à ce rigorisme outré, lui, plébéien, que sa naissance refoulait de toute façon dans une classe obscure ; lui qui, d'ailleurs, à cause de son extérieur et de ses habitudes, et des exigences sociales de cette époque si élégante et si polie, n'aurait pas même pu *placer* et utiliser ses vices, s'il était parvenu à en avoir ; car ils eussent certainement été aussi insociables que ses vertus.

Au résumé, si Jean Thomas, dans la solitude, ne résolut pas ici ces questions d'une manière fort concluante pour sa position actuelle, il les avait soulevées, et c'était déjà beaucoup; car ces pensées préparaient, pour ainsi dire, le sol où devaient germer les principes d'une vie toute nouvelle pour lui.

Par le plus grand des hasards, en 90, il apprit la révolution de 89 et ses suites, les prétentions réalisées du tiers-état, l'anéantissement des priviléges de la noblesse, et la proclamation des *droits du peuple souverain*.

Or, du moment où Jean Thomas s'aperçut que la société s'était rapetissée à sa taille, et que, vicieux ou vertueux, il pourrait y jouer un rôle avantageux, son rigorisme s'affaiblit singulièrement, il se sentit tout disposé à faire des concessions, et sa misanthropie cessa tout à coup.

Et en cela, Jean Thomas ressemblait fort à ces femmes acariâtres, qui, n'ayant pas d'autre vertu que leur laideur, sont très-disposées à faire bon marché de leurs *principes*, si elles rencontrent un malheureux assez dévoué à Satan pour lui gagner de pareilles âmes.

Aussi, du moment où Jean Thomas se vit membre de cette souveraineté populaire qui, à son tour, se faisait la tête de la nation, qui s'attribuait les prérogatives de la noblesse et de la royauté, il se sentit doucement chatouillé par des idées toutes patriciennes, et prit rang dans cette aristocratie en haillons avec autant d'orgueil et de vanité qu'un nouveau pair revêt son premier manteau d'hermine.

De ce moment donc, Jean Thomas vit clair dans son âme... de ce moment, il s'aperçut enfin que sa *haine* violente des priviléges n'était autre chose que son *envie* démesurée des priviléges. Aussi, une fois que son ambition trouva jour à percer parmi les débris de cette grande société, cette ambition florit, vivace et drue... comme ces plantes parasites et grimpantes qui poussent sur les ruines des vieux monuments.

Il s'aperçut aussi que ce rigorisme implacable et farouche, que cette intolérance cruelle, qui est à la vertu ce que la superstition fanatique est à la religion; que ce rigorisme outré, dis-je, avait encore sa source dans l'âcreté de sa haine envieuse contre tout ce qui lui était supérieur, de sa haine qui avait aigri et vicié ce qu'il y avait même de pur dans son caractère droit, quoique brutal; et qu'enfin il défendait les bonnes mœurs, peut-être plus par dépit, par orgueil, par colère et par *nécessité*, que dans le but touchant de rendre les hommes meilleurs et plus heureux.

Lorsque Jean Thomas fut positivement instruit de la marche des affaires politiques en Europe, il vendit sa case, ses deux esclaves, et revint à l'île de France, qui, ayant suivi le mouvement de la métropole, était alors soumise aux lois révolutionnaires.

Il fut facile à Jean Thomas de s'offrir comme une victime de l'*ancien régime*, et de réclamer son grade;... mais comme il craignait qu'on ne lui rappelât son refus de duel avec le jeune créole, — afin de se réhabiliter dans l'opinion, il chercha de mauvaises querelles à de pauvres diables qui n'en pouvaient *mais*, tua ou blessa quelques-uns de ces malheureux en combat singulier, et effaça ainsi la fâcheuse impression de son ancienne aventure.

Il est vrai qu'ainsi Jean Thomas parjurait un peu la promesse solennelle faite à sa mère; mais, nous l'avons dit, une nouvelle existence commençait pour le *petit-fils du vendeur de poisson sur le port*; il avait bien pû sacrifier à une foi jurée à sa mère le point d'honneur, son grade, son repos; mais c'est folie ou ignorance du cœur de l'homme de penser qu'il y sacrifierait son *ambition*, et l'espoir presque certain de jouir de ces priviléges qu'il avait autrefois enviés avec tant d'amertume,... et d'être grand seigneur à son tour,... courtisan à son tour.

Oui, grand seigneur! oui, courtisan,... puisque le peuple se faisait patricien, et que, pour compter les degrés de cette noblesse, il fallait descendre au lieu de monter, puisqu'il y avait alors autant de profitable orgueil à se dire petit-fils d'un marchand de poisson qu'il y en avait eu devant à se dire petit-fils d'un duc et pair. — Thomas n'était-il donc pas très-haut et très-puissant seigneur dans cette aristocratie de roture, puisque, suivant la parole du MAITRE, *les derniers* étaient *les premiers?* Thomas n'était-il pas aussi représentant du peuple, ambassadeur, courtisan du peuple, enfin, puisqu'il disait: — *Le peuple, mon maître!* avec autant de fierté qu'un Montmorency aurait dit: — *Le roi, mon maître.*

Encore une fois, c'était tout un; aussi Jean Thomas, qui ne manquait ni de sens, ni d'adresse, ni de ruse, s'étant fait nommer représentant du peuple à l'île de France, fut en outre envoyé près du sultan Tippoo-Saëb, pour porter des dépêches du gouverneur de la colonie au sujet d'une alliance offensive et défensive contre les Anglais.

Outre ces avantages qui satisfaisaient son orgueil, Thomas, s'étant fait adjuger à vil prix quelques propriétés confisquées, avait jeté les premiers fondements d'une fort jolie fortune.

Or, dès que Thomas se vit représentant, envoyé du peuple, cette soif d'honneurs, cette ambition sourde, qui l'avait si longtemps consumé, se développa en lui avec une violence incroyable. Il voulut alors tenir son *rang*, son *état*, non pour lui, le digne homme, mais pour ses *mandataires*. — *Il s'obligea* de convenir lui-même que Jean Thomas, obscur lieutenant de vaisseau, pouvait bien être d'un cynisme sordide; mais que le citoyen Jean Thomas, envoyé du *peuple-roi*, devait donner une haute et noble idée du *souverain* qu'il représentait : aussi se fit-il largement payer de ses fonctions, et commença-t-il par afficher une espèce de luxe qui contrastait singulièrement avec son ancien mépris pour toutes les vanités de l'orgueil.

Après tout, la conduite de Jean Thomas était logique et conséquente avec l'organisation morale de l'homme qui, surtout en fait de priviléges, de titres et d'honneurs, ne déprise presque jamais que ce qu'il meurt d'envie de posséder. C'est d'ailleurs, en raccourci, l'histoire passée, présente et future de tous ceux qui font ou profitent des révolutions. A une aristocratie effacée succédera toujours une aristocratie. Les plus implacables niveleurs de tous les temps n'ont jamais pensé au peuple que comme levier pour détruire, car ces honnêtes gens n'ont voulu abattre et faire table rase des priviléges et des sommités existantes, que pour bâtir à leur tour et à leur profit, sur ce plan libre et nivelé, leur petit édifice aristocratique, qui, à son tour, subit le sort commun, que l'édifice s'appelle empire, république, directoire, royaume ou consulat. Tout ce que la masse *payante* et *sensée* de la nation gagne à ces *belles et grandes réédifications sur de larges bases* (comme ils disent sans rire), c'est de penser avec effroi que chacun, à son tour, a le droit de vouloir jouer à l'architecte, — c'est de payer la main-d'œuvre, — c'est de redorer chaque couronne, — d'habiller à neuf quelques gredins en guenilles, — et de soûler la canaille pour *pendre la crémaillère* du nouvel édifice social à larges bases, comme disent les bonnes gens.

Jean Thomas avait donc en lui ce que l'innombrable majorité des hommes ont en eux, un profond sentiment d'orgueil et de platitude, joint à un instinct tout aussi profond d'insolence et de servilité. — A ces espèces, il faut un souverain à flatter lâchement, PEUPLE ou ROI, peu importe, mais il faut aussi des inférieurs à crosser. Il faut pouvoir dire, *mon maître*, mais aussi, *mes créatures*; recevoir une gourmade d'en haut, mais en rendre dix en bas. Alors on vit joyeux, gonflé, content, et l'on fait fièrement *sonner ses sonnettes*.

Nous avons parlé de l'étonnement du bon docteur à l'aspect de Jean Thomas, presque transformé en *muscadin*. Ce fut bien autre chose après deux heures d'entretien, car la conversation n'avait pas un instant langui entre les deux compagnons.

Leur repas terminé, ils en étaient alors au houka, et chacun d'eux, renversé sur un divan moelleux, fumait avec délices ce tabac doux et parfumé...

Quelques bouteilles d'un très-excellent et très-vieux vin de Bordeaux soigneusement conservé par le docteur avaient de plus monté l'entretien sur le ton de franchise et de naïveté qui devait d'ailleurs exister entre d'aussi anciens amis.

— Parfait... Il est parfait, ton bordeaux, — dit Thomas en savourant avec une sensualité peut-être politique le bouquet de ce vin couleur de rubis, — il est parfait, et je ne me rappelle en avoir bu d'aussi bon que chez notre ancien commandant le...

— Ah ! chez le *monstre*, — interrompit le docteur qui, on le voit, se souvenait du temps jadis.

— Chez *M. le comte de Vaudrey*, — répondit Thomas en prononçant presque avec complaisance ce titre aristocratique qui autrefois l'exaspérait si fort.

A ces mots de *M. le comte*, le citoyen Gédéon, craignant de se voir compromis dans sa réputation de patriote, dit à voix basse :

— Allons donc, farceur de Thomas ! c'est du citoyen Vaudrey que tu veux parler? de cet infâme aristocrate... de...

Mais Thomas haussant les épaules d'un air de dédain :

— Gédeon, mon ami, vous ne serez jamais qu'une bête ! Vous prononcez ce mot *aristocrate* comme si vous disiez goujat, et c'est tout le contraire... Clabauder contre les aristocrates, c'est bon au club ou sur la borne ; mais, après tout, un titre est un titre, et ma foi, puisque je tiens bien à ce qu'on m'appelle *citoyen envoyé* ou *ambassadeur*, on peut bien appeler M. de Vaudrey *M. le comte*... Il faut l'égalité pour tous, Gédéon, c'est la loi, l'égalité pour les titres comme pour le reste.

Gédéon était confondu ; aussi, pour tâcher de se

fixer tout à fait sur le nouvel *être* de son ami, il lui dit :

— Ah çà ! tiens, je t'avouerai encore une chose, Thomas, c'est que j'ai été furieusement étonné de te voir arriver dans un beau palanquin, toi qui autrefois te moquais tant de la voiture du comte de Vaudrey, puisque tu crois qu'on peut dire le comte.

Jean Thomas, prenant alors un air d'importance mystérieuse et de componction, répondit au docteur :

— Entre nous, je t'avouerai que ce luxe me pèse, que ce luxe m'est odieux... Aussi, crois-moi, Gédéon, il faut que je sois soumis à de bien hautes considérations politiques, toutes dans l'intérêt du pays, pour que je consente à me laisser ainsi nonchalamment porter, *honteusement porter* par des hommes comme par des bêtes de somme... Car enfin les *péons* qui me portent sont des hommes, Gédéon, ce sont des hommes comme nous.

— C'est-à-dire ce sont des esclaves, puisqu'on les achète, — reprit Gédéon.

— Sans doute, physiquement parlant, Gédéon, ce sont des esclaves, puisqu'on les achète pour servir et qu'ils servent, je le sais bien, puisque j'en ai cinq; mais moralement, mais politiquement, Gédéon, ce sont toujours des hommes, il ne faut pas s'écarter de là,... c'est un caractère indélébile, politique et sacré, qu'il est impossible de leur ôter. Il est vrai que ça ne les empêche pas de porter les palanquins et de recevoir le fouet; mais c'est égal, politiquement ce sont toujours des hommes.

— Oh! alors, Thomas, je suis de ton avis; si ça ne les empêche pas d'être tout de même esclaves, à la bonne heure, parce qu'un esclave vous revient encore à quinze cents livres. Mais, dis moi donc, Thomas, ta place d'envoyé auprès du sultan ne te rapporte rien? tes fonctions sont gratuites comme les miennes, je suppose? car, comme tu disais autrefois, *tout pour le pays, rien pour moi.*

— Mon *ambassade*, Gédéon, mon *ambassade* me rapporte dix mille livres (ancienne monnaie), sans compter les frais de voyage.

— Ah çà! mais autrefois tu criais tant contre ce que nous appelons les *salariés qui dévoraient la substance du peuple.*

— Mais est-ce que tu crois, Gédéon, que comme citoyen je ne gémis pas aujourd'hui bien plus que toi de me voir dans la dure nécessité *politique* de recevoir une somme aussi énorme? Mais dans les circonstances où nous sommes, mais dans la position toute spéciale, toute particulière où se trouve le pays, *ce-la-ne-peut-être-au-tre-ment*, — dit Thomas en scandant ces mots. Puis prenant un air extraordinairement diplomatique, il répéta encore : — *Ce-la-ne-pou-vait-être-au-tre-ment.*

De sorte que le docteur, supposant que le salut de la France se trouvait étroitement lié aux appointements de son ami, n'insista pas, et lui dit :

— Tiens, entre nous, Thomas, ce qui m'étonne encore le plus dans tout ça, par exemple, c'est de te voir si bien mis, si bien attifé, toi qui te moquais tant de notre ancien commandant, que tu appelais une *demoiselle.*

— Quant à cette vaine parure, Gédéon, tu m'en vois honteux, et j'en rougis, ma parole d'honneur, j'en rougis; mais cette même nécessité *politique* qui m'impose déjà tant de sacrifices, m'impose encore celui-ci, et je le subis, Gédéon, je le subis : plains-moi, mon pauvre Gédéon.

— Eh bien! Thomas, que je sois pendu si je me doutais qu'il y eût de la politique jusque dans les revers de tes bottes.

— Et c'est comme cela, Gédéon, et il n'y a rien à négliger en politique, rien à négliger; c'est comme à l'île de France, j'ai une assez bonne maison, et même, si tu veux, j'ai ce qu'on appelle les douceurs de la vie; car, étant fonctionnaire public, et pour donner l'exemple, j'ai dû acheter presque pour rien les terres de quelques colons émigrés... Eh bien! crois-tu donc que tout ça soit pour moi... que j'aie cela pour ma satisfaction à moi, à moi Jean Thomas... l'*officier bleu?*... mais pas du tout... je suis toujours le même, moi, haïssant le luxe et la vanité du rang; mais je suis forcé de m'avouer une chose, c'est qu'aujourd'hui c'est le tour du peuple, n'est-ce pas, à avoir la prééminence partout?... Eh bien! si ceux qui représentent ce peuple ont l'air de gueux et de misérables, quelle diable d'idée veux-tu qu'on ait du peuple?... Encore une fois, Gédéon, crois-moi, je suis plus à plaindre qu'à envier, mais je sais me sacrifier aux exigences *politiques* du moment.

On voit que ce mot *politique* était, comme d'habitude, un mot magique, un talisman, qui changeait en dévouement au pays tout ce qu'il y avait de lâche et de misérable dans l'apostasie morale de Jean Thomas. Ce mot *politique* masquait, pour ainsi dire, la transition d'un caractère jadis haineux, farouche et brutal, mais au moins d'une pureté et d'une franchise rares, à un caractère ambitieux, plat, vulgaire et vaniteux.

Le naïf docteur tomba aussi sous le charme du mot magique, et considéra son ami comme une victime des exigences *politiques* du moment.

— Ah çà, — reprit Thomas, — c'est demain que je dois remettre au sultan mes lettres du gouverneur de l'île de France ; et je voudrais bien m'arranger une petite suite un peu convenable. Voyons J'ai d'abord mes péons, auxquels j'ai fait faire une espèce de livrée de fantaisie.

— Une livrée ! Thomas, une livrée ! — s'écria le docteur stupéfait en joignant les mains.

— Oui, une livrée, — dit Thomas en souriant d'un air mystérieux, — cela t'étonne ?... mais tu n'es pas dans le secret de mes instructions, et je ne puis t'en dire davantage ; j'ai donc mes péons, puis mon secrétaire que j'ai laissé en bas.

— Ah ! mon Dieu ! et moi qui n'y pensais pas, Thomas, à ton secrétaire, moi qui ai oublié de le faire monter ici pour dîner avec nous !

— Mon secrétaire... dîner avec nous ! — dit Thomas avec suffisance, — allons donc, tu n'y songes pas, mon cher ;... mais pour en revenir à ma suite, ce secrétaire passera pour mon aide-de-camp... et puis après...

— Eh bien ! après, — reprit Gédéon saisissant avec empressement l'occasion qui s'offrait à lui, — je dois présenter demain au sultan les membres de notre club, et lui offrir le titre de citoyen, avec un bonnet rouge, comme emblème de liberté, d'égalité ou la mort.

— Au sultan, le titre de citoyen et un bonnet rouge! — s'écria Thomas qui croyait avoir mal entendu.

— Sans doute, sans doute ; vois-tu, Thomas, c'est une idée que nous avons eue au club, ou plutôt que j'ai eue ; ça donne du relief et ça ne fait pas de mal, quand on lit sur le procès-verbal de nos séances : *Société des Jacobins et amis de la liberté; mort aux tyrans, etc. Le citoyen sultan Tippoo-Saëb a été élu membre à l'unanimité, etc...* Tu sens bien que c'est toujours flatteur d'avoir un prince qui a le rang d'empereur dans une société d'égalité et de fraternité comme la nôtre. Et puis, comme c'est moi qui, en qualité de président, porterai la parole, le sultan me donnera peut-être une tabatière enrichie de diamants... et...

— Mais qu'est-ce que ça peut avoir de commun avec ma présentation? — demanda Thomas, qui sentait toute l'absurdité de la démarche du docteur, mais qui ne voulait pas l'en détourner avant de savoir si elle ne lui serait pas profitable.

— Cela peut avoir de commun, — reprit Gédéon, — que si tu voulais, nous ferions d'une pierre deux coups; que notre club et moi nous te servirions comme qui dirait de cortége, et que ça te donnerait un certain air.

— Mais j'approuve assez ton idée. Ah çà! mais comment t'habilleras-tu ?

— En carmagnole, comme me voilà.

— Mais tu auras l'air d'un pleutre.

— Thomas, la carmagnole est le costume de tout bon citoyen, de tout bon patriote, et même, à la rigueur, le pantalon est de trop, car les sans-culottes...

— Allons, tais-toi donc, Gédéon, ne parle pas ainsi; fais plutôt comme moi un sacrifice tout politique. N'as-tu pas ton ancien uniforme de la marine?

— Ah! pardieu, il est là dans un coin, oublié, ma foi, depuis bien longtemps...

— Ce sera parfait. Vous serez tous deux en uniforme, toi et mon secrétaire, car il a aussi un uniforme de fantaisie. Vous vous tiendrez derrière moi, et derrière vous se tiendront les membres de ton club. C'est convenu.

— Mais, Thomas, moi qui suis le président, si je me mets derrière toi, — dit Gédéon, — le sultan ne fera pas attention à moi, et je n'aurai peut-être pas de tabatière, et, alors...

— Tu te tiendras derrière moi, ou tu te présenteras de ton côté et moi du mien, — dit durement Thomas, qui, avec son nouvel extérieur mielleux et hypocrite, avait conservé un fond de despotisme brutal et militaire.

Le pauvre docteur, qui aimait encore mieux aller en *second* chez le sultan que de s'y présenter seul, ou de n'y pas aller du tout, se soumit à la volonté de Thomas, et les deux amis employèrent la journée à faire leurs préparatifs pour l'entrevue du lendemain.

LVI.

TIPPOO-SAEB.

(1795.)

Ce jour-là, le docteur Gédéon et Jean Thomas devaient être présentés au sultan.

Le soleil était dans toute sa force, et pourtant la plus délicieuse fraîcheur régnait dans une assez longue galerie dont les fenêtres ouvraient sur les bords du Cauvery, rivière limpide qui entoure d'une ceinture argentée l'île délicieuse et verte où s'élève la ville de Seringapatnam, splendide comme un diadème oriental.

Cette galerie résumait, pour ainsi dire, la magnificence et la bizarrerie de cette profusion d'ornements de toutes formes et de toutes nuances qui caractérisent l'architecture hindoue. L'œil était ébloui de cette incroyable quantité d'arabesques bleues, de figures symboliques rouges et de colonnettes grêles à arêtes d'or et à campanile d'or qui servaient de cadre à ce réseau de mille couleurs éclatantes.

Le parquet, de bois d'Aléry rose, était incrusté de précieux petits carreaux de porcelaine du Japon, couverts de fleurs peintes, dont les couleurs variées ressortaient richement sur une noire marqueterie d'ébène à filets de cuivre et de nacre.

Au fond de cette galerie, deux soldats indiens se tenaient droits et immobiles auprès d'une portière d'étoffe perse, brochée d'argent et de soie verte. Ces Indiens, vêtus d'un manteau de cachemire blanc, étaient coiffés d'un turban écarlate, à large mentonnière aussi écarlate, qui leur serrait étroitement les joues et le menton. Pour armes, ils portaient à la main un léger sabre dont la lame aiguë et effilée était d'un gris mat, et au bras ils avaient un petit bouclier de peau de caïman, recouvert de velours écarlate, sur lequel on voyait une tête de tigre richement brodée en or.

Ces deux soldats, avec leurs yeux baissés, leur respiration presque automatique, et leur visage sombre qui se découpait si brun sur leurs vêtements blancs, avaient un air singulièrement grave et impassible.

Un troisième personnage, vêtu de même, mais ne portant pas de bouclier, et ayant, au lieu de sabre, un large poignard et une longue dague pendus à sa ceinture, se tenait nonchalamment accoudé sur une des fenêtres à demi ouvertes, et semblait contempler avec ravissement le magnifique paysage qui se déroulait au-dessous du palais des sultans de Mysore.

La figure de cet homme respirait un calme imperturbable. Ses traits étaient assez réguliers, ses yeux noirs et vifs; et, quoiqu'il fût de taille moyenne, ses membres secs et nerveux annonçaient une vigueur peu commune dans ce climat accablant.

Cet homme, c'est notre ancien compagnon, Craeb le Malais, qui, depuis neuf ans, s'est mis au service du sultan, comme *cipaye* d'intérieur, et occupe, ainsi qu'on va le voir, un poste tout de confiance.

Rassasié sans doute du spectacle que lui offrait le

site merveilleux qu'il semblait admirer, Craëb se retourna donc, et, après avoir jeté un coup d'œil perçant sur la galerie et sur les deux soldats, il se mit à murmurer, à voix basse, un chant doux et mélancolique, comme tous les chants de ce pays, mais surtout en harmonie avec le profond silence qui régnait dans cette galerie tranquille et solitaire. Ce chant le voici :

Le soleil s'abaisse derrière la pagode de Bia-asy,
Les oiseaux sortent des touffes de palmiers verts,
L'onde du Mah'hy est fraiche et pure,
La gazelle y vient faire boire ses petits,
Le calme est grand, le calme est grand,
Voici la nuit étoilée,
Voici...

Mais à un certain mouvement que fit la portière de soie près de laquelle étaient les deux soldats, le chanteur se tut, se leva droit, et resta immobile comme une statue.

Puis, au bout de quelques minutes, la draperie s'écarta, et un homme d'environ soixante ans, à barbe blanche, et à figure souriante et courtisanesque, sortit à reculons, en réitérant jusqu'à terre de nombreux et respectueux salems.

Ce vieillard, vêtu d'une splendide robe de soie nacarat, brodée d'argent, venait à peine de répondre à son tour aux révérencieuses salutations de Craëb, lorsque tout à coup un sifflement bref, rauque et guttural, retentit derrière la portière de soie, à trois reprises différentes et bien distinctes.

C'était un sifilement particulier au fils d'Hyder-Aly, en un mot, à Tippoo-Saëb, sultan de Mysore.

Il fallait que ce sifflement eût une signification bien positive et bien terrible, car il produisit un effet épouvantable sur le vieillard à barbe blanche, qui se redressa comme s'il avait été mordu par un serpent.

Sa figure olivâtre, d'orgueilleusement épanouie qu'elle était en sortant de chez le sultan, devint couleur de cendre, et sa pupille se dilata d'une si effrayante façon, qu'on vit sa prunelle noire s'entourer d'un cercle blanc, tant la terreur contractait et relevait ses paupières.

Puis il porta, comme par un instinct de défense, ses deux mains à son cou.

Mais à peine le vieillard avait-il eu le temps de faire ce geste, que les deux Indiens de la porte s'étaient gravement emparés de ses bras, qu'ils croisèrent derrière son dos, pendant qu'ils enlaçaient et fixaient ses jambes tremblantes entre les leurs...

Mais tout cela avec un calme mécanique mille fois plus effrayant que les transports de la colère... On eût dit deux de ces sanglantes idoles des druides, qui, au moyen de certains rouages, égorgeaient des victimes humaines.

L'horrible étonnement du vieillard était si grand, qu'il ne pouvait ni parler ni jeter un cri ; ses dents claquaient l'une contre l'autre, et il n'articulait que des sons inintelligibles.

Alors Craëb s'approcha du vieillard (qu'on me pardonne ces détails tout historiques) ; et, introduisant sa main gauche dans la bouche de ce malheureux, il lui tordit la langue pour étouffer ses cris, pendant que de la main droite il tirait tranquillement sa longue dague, mince et ronde comme un tuyau de plume, et effilée comme une aiguille...

A un signe qu'il fit, les deux soldats écartèrent les vêtements du patient, mirent sa poitrine bien à nu, et le cambrèrent fortement sur ses reins... Alors Craëb choisit sa place, puis il enfonça et retira sa dague avec tant de justesse et de précision, que le vieillard mourut sans convulsion, et que pas une goutte de sang ne coula au dehors.

Après quoi les habits du mort furent soigneusement rajustés sur sa poitrine.

En vérité, le plus adroit matador n'eût pas mieux tué un taureau d'Aragon. . .

Cela fait, Craëb laissa le cadavre entre les bras des deux soldats, et alla s'agenouiller près du rideau qui masquait la porte; puis il frappa trois légers coups sur le seuil avec le pommeau de sa dague, pour annoncer que l'exécution était terminée d'une façon satisfaisante.

— *Aux chiens le traître!* — dit alors une voix assez grêle, qui sortit de cette chambre mystérieuse...

A ces mots Craëb se releva et fit un signe aux deux soldats, qui le suivirent en emportant le corps dans leurs bras.

Arrivés à la porte qui formait l'autre extrémité de la galerie, Craëb leva le rideau qui la voilait, et l'on vit une innombrable quantité de sircars, de courtisans, d'officiers, de chefs de tribus, qui formaient la cour de Tippoo-Saëb, mais qui, pour leur audience, n'arrivaient jamais près de lui que *un à un*, en traversant cette galerie solitaire qui séparait la retraite du sultan de ces vastes pièces où se tenait cette cour d'une magnificence tout asiatique.

Nous l'avons dit, Craëb leva le rideau ; puis d'une voix haute et sonore, il jeta au milieu de cette foule brillante et attentive les mots de son maître : *Aux chiens le traître!* afin que, de galerie en galerie, le cadavre et l'ordre fussent transmis à l'entrée extérieure du palais par les cipayes.

Là, les parias devaient être chargés de porter le corps à la voirie.

Les deux soldats ayant donc déposé le mort à la porte de la première galerie, baissèrent le rideau, en laissant les familiers du palais plus curieux de connaître la cause de cette disgrâce que surpris d'un événement aussi ordinaire.

Puis les cipayes, ayant repris leurs sabres et leurs boucliers, se remirent à leur poste avec la plus parfaite impassibilité. Craëb se remit aussi à sa chère fenêtre, et recommença sa chanson de la même voix nonchalante et mélancolique.

> Le soleil s'abaisse derrière la pagode de Bia-asy,
> Les oiseaux sortent des touffes de palmiers verts,
> L'onde du Mah'hy est fraiche et pure,
> Le calme est grand, le calme est grand, etc.

Et tout retomba dans le silence et la solitude que ce tragique événement n'avait pas un instant troublés.

. . . .

Maintenant disons que ce malheureux vieillard qu'on venait d'assassiner si froidement, avait été longtemps favori du sultan Tippoo-Saëb. C'était en un mot, *Mohamed Osman-Kan*, un ancien ambassadeur du sultan près la cour de France, celui qui fut reçu à Versailles, le 3 août 1788, avec tant de splendeur, par Louis XVI. Le but de la mission de Mohamed avait été de solliciter, auprès du roi, quelques secours contre l'oppression des Anglais, mais l'inopportunité du moment fit que cette demande ne put être accueillie et qu'on ne répondit à la supplique du sultan que par des protestations d'une amitié toute diplomatique.

Or, la cause de la mort de Mohamed est, à mon avis, extrêmement curieuse, en ce sens qu'elle peint à merveille un des traits les plus saillants du caractère des Orientaux, je veux dire leur susceptibilité orgueilleuse, farouche, et leur jalousie stupide et brutale de *nation* à *nation*. — Cette cause, tout historique d'ailleurs, la voici :

Voyant l'issue négative de son ambassade, Mohamed avait quitté la France en 89; mais, depuis cette époque jusqu'en 93, il avait parcouru l'Égypte, puis la Perse, par ordre de son maître; de sorte qu'il arriva dans l'Inde riche de souvenirs et de comparaisons; mais à ses yeux rien ne valait la France; aussi le malheureux Mohamed, toujours sous le charme du passé (EN 93!!!), encore ébloui de l'éclat de la cour de France, encore enthousiasmé de l'affabilité du roi, encore ravi de Paris, de notre civilisation, de nos arts, de notre industrie, de nos théâtres, ne sut pas dissimuler cette admiration qui blessa profondément Tippoo-Saëb, qui le blessa au vif dans son intraitable amour-propre de chef absolu, qui met toute sa fierté, tout son orgueil dans *son* empire, et qui ne souffre pas qu'on exalte devant lui un autre empire que le sien, un autre trône que le sien. Aussi, en entendant son favori vanter continuellement la France, cette *merveille des merveilles,* et le roi de France, le *meilleur d'entre les rois,* le sultan fut aussi irrité que si Mohamed eût insulté à chaque minute à la magnificence de l'incomparable royaume de Mysore, et à la tyrannie du souverain qui gouvernait cette contrée.

Or, un jour que Mohamed, entouré d'un auditoire transporté, faisait, avec toute la pompe et toute l'exagération du langage oriental, une emphatique description de la *cour de France* et de Versailles, ce *palais enchanté*... Tippoo-Saëb l'interrompit, et le prévint doucement, avec cette naïveté despotique, à la fois si bouffonne et si terrible, le prévint, dis-je, — que *s'il lui arrivait encore de faire d'aussi impudents mensonges sur ce* COIN DE TERRE POURRIE, *appelé la France, ou seulement d'en parler,* IL LE PRIVERAIT DU RAYON DE SES BONNES GRACES...

Ce langage hyperbolique était clair pour quiconque connaissait les habitudes du sultan ; aussi Mohamed se le tint pour dit, et se tut pendant quelque temps,... surtout en présence de Tippoo-Saëb ; mais il ne put empêcher un de ses bons amis de cour de rapporter au sultan certaine conversation entre intimes, dans laquelle l'enthousiasme immodéré de l'ex-ambassadeur avait de nouveau pris carrière.

Aussi, comme on l'a vu, le lendemain de cette conversation, le sultan fit venir Mohamed, lui parla avec autant de confiance et de tendre amitié qu'aux plus beaux jours de sa faveur, vanta la France, se moqua lui-même fort spirituellement des ridicules préventions qu'il avait si longtemps nourries contre elle, et dont il revenait enfin, disait-il. L'infortuné courtisan fut dupe de cette férocité sournoise... ne vit pas le piége, s'abandonna à ses chers souvenirs, ne contint plus son admiration ; le sultan, ayant l'air de la partager, l'exalta encore ; Mohamed se livra tout entier ; son maître le laissa dire, l'écouta en souriant, puis il le congédia avec les plus doucereuses paroles... que la dague de Craëb devait si cruellement démentir. .

. . . .

Mais nous avons laissé nos deux soldats indiens et le mélancolique Craëb dans la galerie qui précédait le *retrait* du sultan.

Un nouveau personnage entra bientôt dans cette galerie, avec l'air d'assurance et de dédain que donne la conviction d'être *bien en cour*.

C'était un homme de quarante ans environ, grand, robuste, très-corpulent, haut en couleur, vêtu avec plus de magnificence que de goût, et portant un turban vert d'une grandeur ridicule. Somme toute, il avait l'air commun et grossier ; mais le sultan était si capricieux dans le choix de ses créatures et de ses favoris, qu'on ne s'étonnait plus, à Séringapatnam, de l'élévation subite de certaines gens.

Aussi Craëb, avec son flegme accoutumé, fit-il à ce personnage les mêmes salutations qu'il avait faites au défunt Mohamed. Après quoi, il alla s'agenouiller près du rideau vert et argent, en disant ce seul mot :

— *Shaikl.*

— Qu'il entre ; l'ours peut entrer, le tigre le permet. Allons, fais entrer l'ours, — cria une petite voix d'enfant, fraîche et argentine, avec de grands éclats de rire.

Le gros homme involontairement fronça le sourcil ; mais il réprima bien vite cette expression de mécontentement, et fit signe à Craëb de l'annoncer de nouveau, en souriant d'un air stupide.

Craëb, toujours agenouillé, répéta donc : — *Shaikl*.

— N'as-tu pas entendu l'ordre de mon fils, chien maudit? — cria cette fois une voix rauque et colère. Craëb pâlit affreusement, car il craignait d'entendre bientôt *siffler* le maître ; mais le sultan ne siffla pas.

La voix d'enfant appela encore l'*ours Shaikl* avec de grands éclats de rire.

Et Shaikl l'ours, soulevant la portière, entra chez Tippoo-Saëb.

LVII.

Alors le tigre se couche sur le dos et supporte avec patience les morsures que lui fait son petit en se jouant.

(BUFFON. *Histoire naturelle.*)

SCÈNE DE FAMILLE.

La pièce dans laquelle entra ce nouveau venu était vaste et circulaire ; une étoffe chinoise verte, à large feuillage d'argent en relief, couvrait ses murailles, et plusieurs trophées d'armures d'or ornées de pierreries brillaient suspendus çà et là à des cordons tressés d'argent que des têtes de tigre, de même métal, paraissaient serrer entre leurs dents formées de magnifiques saphirs.

Au fond de cette salle, se dressait un large et profond sofa de soie verte fort élevé. Deux tigres, aussi d'argent, et de grandeur naturelle[1], en formaient les supports; les yeux de ces animaux étaient figurés par d'énormes topazes, au milieu desquelles on avait enchâssé un rubis.

Six marches, aussi d'argent, et dont les plinthes étaient couvertes de bas-reliefs en ronde bosse, représentant le couronnement d'Hyder-Aly, entouraient la base de cette espèce de trône.

Au-dessus, un *humai* (oiseau du paradis), de grandeur colossale et d'or massif, étendait ses ailes; mais ces ailes, couvertes d'opales, de rubis et d'émeraudes, étaient si admirablement travaillées, qu'on retrouvait dans cette imitation jusqu'aux nuances les plus délicates de ce plumage éblouissant. Enfin, des serres d'or de ce magnifique oiseau s'échappait une espèce de rideau d'étoffe verte et argent, frangé de perles, qui retombait en plis longs et pesants sur les marches du sofa.

1 *Tippoo-Saëb* avait adopté le tigre pour emblème de son empire, et comme une espèce d'armoiries parlantes. Le nom arabe ASSUD, qui a été traduit dans nos livres européens par le mot *lion*, signifie, dans l'Indostan, SCHEER ou tigre, car les habitants de l'Indostan ne font pas de distinction entre le tigre et le lion, ce dernier quadrupède n'existant pas aux Indes-Orientales. Le mot HYDER, qui signifie aussi *lion*, n'est interprété par les Indiens que par le mot *tigre*. C'était le surnom du père de *Tippoo-Saëb*, HYDER-ALY, fondateur de l'empire de Mysore, et mort le 9 décembre 1782. Après la paix conclue avec l'Angleterre, la devise de Tippoo était : ASSUD OOLLA GHALIB, *Le lion de Dieu est le conquérant.*

Dans un des angles de ce meuble, et presque caché par ses énormes coussins, on voyait blotti un enfant d'environ cinq ans, habillé de mousseline blanche, tout rose et tout frais, avec de longs cheveux noirs et de grands yeux bleus, pleins de malice et de gaieté. Cet enfant était Abdul, le plus jeune des trois fils de Tippoo-Saëb, l'objet de sa plus folle adoration.

A ce moment, Abdul riait aux éclats en voyant son père agenouillé, se donner une peine infinie pour atteindre un beau *krik* à fourreau de velours rouge, que l'enfant avait jeté par espièglerie sous un grand coffre d'argent marqueté.

Or, le sultan, étendu sur les peaux de tigre qui couvraient le plancher, se prêtait aux caprices de son fils avec une incroyable bonhomie; il se courbait, s'allongeait, faisait de vains efforts pour atteindre le *krik;* et dès qu'il semblait vouloir interrompre ce pénible exercice, un — *je le veux!* — crié de la voix impatiente et mutine d'Abdul, suffisait pour ranimer l'ardeur expirante du bon sultan.

Tippoo-Saëb avait alors quarante-cinq ans; sa taille était fort élevée, son cou gros et musculeux, ses épaules larges, ses yeux noirs et pénétrants, son teint cuivré, son nez fin et recourbé en bec d'aigle, et ses lèvres minces étaient toujours pâles et blafardes.

Ce jour-là il portait simplement une longue robe de soie orange, rayée de bleu, qui, lui serrant assez étroitement le buste et les bras, allait en s'élargissant jusqu'à ses pieds. Un cachemire de couleur variée retenait ce vêtement sur ses reins, et un petit turban de mousseline blanche, sans autre ornement qu'un énorme saphir, couvrait la tête du sultan, qui paraissait beaucoup trop grosse, même pour sa taille athlétique.

L'arrivée de Shaikl le favori n'interrompit pas l'occupation de Tippoo-Saëb, qui, après d'incroyables efforts, finit, à la grande joie d'Abdul, par retirer le krik de dessous le coffre, à l'aide d'un djérik qu'il prit à un des trophées d'armes.

Si le favori eût été un observateur, il aurait pu méditer sur ce contraste de cruauté froide et d'affection paternelle; un de ces contrastes si frappants, et pourtant si communs chez les hommes... et chez les bêtes féroces; il aurait pu méditer en pensant que ce despote, si soumis aux caprices d'un enfant, venait de faire égorger un ancien et fidèle serviteur, parce qu'il lui avait trop vanté la France.

Mais le favori Shaikl observait fort peu, si ce n'est le visage de son maître, pour tâcher d'y lire l'impression du moment, afin de se monter, pour ainsi dire, à son *diapason*, et de combiner alors les effets de sa flatterie grossière et brutale.

Abdul, content d'avoir son krik, sauta du divan, embrassa son père, fit une grimace à Shaikl, en l'appelant vilain ours, et disparut en courant par une des portes latérales de cette pièce.

Tippoo-Saëb, qui s'était étendu sur le sofa, suivit son fils des yeux avec un ravissement d'amour et d'orgueil, et regarda longtemps encore la porte, après que l'enfant eut disparu...

Shaikl regardait nécessairement du même côté, en tâchant de *modeler* l'expression de son visage sur celui de son maître.

— Heureux âge !... — dit enfin le sultan, après un

assez long silence, avec un accent tout plein de tendresse et de douceur.

— Heureux âge! — répéta Shaikl, — mais plus heureux encore est l'âge où l'homme peut faire sentir son pouvoir et sa force aux autres hommes. Plus heureux est donc l'âge de Votre Hautesse.

— Mon âge est peut-être aussi heureux, Shaikl, aussi heureux, mais pas plus heureux, car, après tout, Abdul a voulu ce krik, comme j'ai voulu le silence de cet ennuyeux bavard de Mohamed. Eh bien! nos deux désirs ont été accomplis; mais, pour cela, je ne suis pas plus heureux qu'Abdul, mon pauvre Shaikl.

— Puis-je demander à Votre Hautesse pourquoi elle a daigné toucher du glaive de sa justice cet infâme Mohamed?

— Toujours les mêmes louanges sur cette misérable France, Shaikl... toujours... Et puis, Kibleeh du monde[1]! Mohamed professait une ridicule et dangereuse admiration pour ce que là ils appellent le *roi*[2]. Figure-toi, Shaikl, que le moindre sircar de mon empire a plus de pouvoir sur la province que je lui confie que ce roi n'en a sur son royaume. Ses sujets lui font des remontrances, ses sujets veulent ou ne veulent pas, ses sujets possèdent ceci, donnent cela, ou le refusent. Le roi est soumis aux lois comme le dernier des parias. Enfin, Shaikl, je serais roi de France que je ne pourrais pas te faire étrangler demain, si tel était mon désir. Kibleeh du monde! c'est

1 Exclamation favorite du sultan.

2 Quoique ce fût en 93, Tippoo-Saëb ignorait encore l'attentat du 21 janvier et l'abolition radicale de la royauté en France.

un misérable pays, un pays de boue que cette France, n'est-ce pas, Shaikl?

— Mais si Votre Hautesse ne pouvait pas me faire étrangler dans cet infâme pays, sur un signe de Votre Hautesse je m'étranglerais moi-même à ses pieds, — dit le grossier courtisan.

— Nous penserons à cela, Shaikl, — reprit gaiement Tippoo, — nous penserons à cela, mon brave cipaye, car je t'aime depuis que je t'ai vu si vaillamment combattre un de mes tigres de chasse. Mais, dis-moi, si nous allions voir mes aigles?

— Votre Hautesse daigne peut-être oublier que voici bientôt l'heure à laquelle elle veut bien voir se prosterner à ses genoux ces deux Francs, dont l'un est envoyé du sircar de l'île Mauritius; et l'autre, député vers vous par ce qu'ils appellent les *Jacobins*; cette réunion de Francs que vous avez laissé établir à Séringapatnam.

— Cela est vrai, Shaikl, je l'oubliais; et pourtant j'attends avec une grande impatience la réponse du sircar de cette île, car je lui ai demandé quelques bons officiers européens. Mais est-ce que ces deux Français viennent ensemble et avec une nombreuse suite[1]?

— La volonté de Votre Hautesse daignera décider ce qu'elle voudra à ce sujet.

— Eh bien! — dit le sultan après un moment de réflexion, — je recevrai ces deux Francs comme je reçois toujours, je veux dire séparément, et tu ne

[1] Nous éviterons au lecteur l'emphase et la *couleur* orientale dans les discours du sultan, qui rappelaient peut-être un peu la *prudence du lion* et la *force du serpent del signor Giordani*.

laisseras pas même entrer leur suite dans le palais ; je crains les traîtres, Shaikl. Ainsi, tu me comprends, qu'on les sépare dès qu'ils auront passé le seuil...

Puis le tyran soupçonneux ajouta :

— On fouillera leurs vêtements avant que de les laisser approcher de moi, Shaikl.. d'ailleurs, tu resteras là, et tu préviendras Craëb d'être prêt au moindre signal avec ses deux compagnons à turban rouge. Maintenant fais-moi apporter mon houka, Shaikl, va donner des ordres relatifs à ces deux hommes, et surtout *n'oublie rien*, — ajouta le sultan avec une singulière expression.

Quand le favori fut sorti, Tippoo-Saëb se leva et alla prendre à un des trophées d'armes un riche pistolet turc, à crosse d'or couverte de pierreries ; il visita l'amorce et le plaça sous un des coussins ; il mit encore à côté un long et large krik, bien pointu et bien empoisonné, puis il s'étendit négligemment sur le sofa.

Deux nègres apportèrent le houka et son fourneau d'or. Tippo-Saëb prit le bout d'ambre et se mit à fumer.

Les nègres se retirèrent, et Shaikl rentra bientôt suivi du malheureux docteur tout seul.

LVIII.

J'ai du bon tabac dans ma tabatière.
Chanson populaire.

Il ne s'agit que de s'entendre.
Proverbe populaire.

RÉCEPTION.

En séparant ainsi les deux amis, la défiance de Tippoo-Saëb dérangeait cruellement les plans du pauvre Gédéon, qui comptait puiser dans la présence de Jean Thomas un calme et une fermeté plus que jamais nécessaires à son entrevue avec le sultan.

Et cela, parce qu'au moment où le citoyen Gédéon venait de quitter son ami dans une des cours extérieures du palais, il avait parfaitement distingué la forme d'un cadavre, placé sur une espèce de civière que deux parias emportaient en se balançant avec leur nonchalance habituelle (c'était le corps du malheureux Mohamed); et ce fait était d'autant plus présent à la pensée du docteur, qu'un des parias lui avait montré le cadavre d'un coup d'œil significatif, sans lui dire autre chose que ces mots : *Un traître!*

Or, quoique l'honorable président du club n'eût d'autre félonie à se reprocher que l'espérance enracinée de se voir peut-être doué d'une royale tabatière par Tippoo-Saëb, il savait le sultan si ombrageux et si habitué à calmer ses doutes par la mort de celui qu'il soupçonnait, que le souvenir de la damnée civière lui pesait fort, et luttait avec avantage contre l'espoir de la tabatière, qu'il effaçait même parfois. Aussi, lorsqu'à ce lugubre incident vint se joindre la nécessité de se présenter seul à Tippoo-Saëb, le docteur maudit cent fois la sotte vanité qui l'avait engagé dans un si cruel embarras.

Ainsi que nous l'avons dit, lorsqu'il reçut Gédéon, le sultan, couché sur un divan, fumait son houka, ayant Shaikl accroupi à ses pieds.

La physionomie du souverain de Mysore était empreinte de cette inquiétude sournoise qui le caractérisait, et depuis sa présentation il attachait sur le président du club un regard clair et fixe d'une ténacité extraordinaire; car les historiens s'accordent à dire qu'à son âge, Tippoo-Saëb avait conservé cette faculté, seulement particulière aux enfants, de regarder sans clore par instants les paupières.

Quant au favori, il paraissait s'occuper exclusivement du houka de son maître, sans lever les yeux sur le Franc, et pourtant il les tenait incessamment attachés sur le malheureux docteur avec l'attention sourde et continue du chat qui épie sa victime.

En voyant la figure de Tippoo-Saëb, cette grande figure bronzée, calme et froide, qui attachait opiniâtrément sur lui ses deux gros yeux ronds et immobiles, le docteur sentit sa langue se coller à son palais, et il fit, pour se donner le temps de se remettre, cinq ou six salems des plus humbles et des plus prolongés, sans arrière-pensée de tabatière, nous osons l'affirmer.

Le sultan, impatienté de ces révérences, et fatigué de ne voir que le crâne chauve du citoyen, qui semblait s'élever et s'abaisser par un mécanisme de bascule, lui demanda brusquement : *Que nous veux-tu?*

En entendant cette question, faite avec dureté, d'une voix grêle et gutturale, le docteur eut, pour ainsi dire, le courage de la peur; et, voyant, après tout, que son silence irritait le sultan, il fit un dernier et profond salem, puis, toujours humblement incliné, il prononça, en assez bon hindou, le discours suivant, dont l'expression hautaine et farouche contrastait assez plaisamment avec la contenance, plus que soumise, du citoyen-président.

« Liberté, égalité ou la mort! haine éternelle et mortelle aux rois, aux tyrans, aux despotes, aux prêtres et aux aristocrates, qui sont révoltés contre le souverain de la terre, qui est le genre humain, et contre le législateur de l'univers, qui est la nature! »

— *Que veux-tu?* — répéta de nouveau le sultan, qui, malgré quelques lettres, ne comprenait rien du tout à ces belles choses.

Mais le citoyen-président, entraîné par l'audace républicaine qui éclatait dans ce discours, ravi par l'espoir de sa tabatière, ne s'intimida pas, et tira de sa poche un papier gris où était fort proprement enveloppé un bonnet rouge tout neuf avec sa cocarde.

Alors, faisant deux pas en avant et présentant l'emblème républicain à Tippoo-Saëb, Gédéon continua fièrement :

« Sultan Tippoo, le Victorieux, la réunion des Français patriotes, réunis dans la capitale de ton empire, dans le but républicain d'anéantir les tyrans et les despotes, m'envoie vers toi au nom de la liberté, de l'égalité et de la mort, pour te prier d'accepter ce bonnet rouge, cet emblème sacré, cet insigne national, et te supplie de le porter en recevant, *avec*, le titre de *citoyen*, comme gage de la fraternité et de l'égalité profondément respectueuse avec laquelle nous avons l'honneur d'être, de ta Hautesse, les très-dévoués, très-fidèles, très-obéissants et très-humbles serviteurs, les amis de la liberté, de l'égalité ou la mort. »

Après quoi le citoyen-président, flairant déjà sa tabatière, s'approcha des degrés du sofa et offrit respectueusement le bonnet rouge à Sa Hautesse.

Mais Sa Hautesse, d'un coup de sa royale babouche, repoussa l'emblème républicain, en disant à Gédéon :

— Qu'entends-tu par despote, chien?

Alors, insensible aux injures, stoïque comme un Romain, et emporté par son érudition patriote, Gédéon se mit à faire, presque machinalement et malgré lui, la définition qu'on lui demandait.

J'entends par despote, — répondit Gédéon d'une voix de tête aiguë et perçante, — j'entends par despote un tigre altéré de sang, qui se désaltère avec les larmes de ses sujets, mange leur chair et boit leur sueur avec délices ; en un mot, un monstre déchaîné qui ose flétrir du nom de ses sujets des hommes nés libres, des hommes indépendants qui ne doivent compte de leurs actions qu'au genre humain dont ils sont frères, et à la nature dont ils sont fils.

— Mais, — dit le sultan, qui, après tout, était bon homme et aimait à rire tout comme un autre, — mais que veux-tu donc faire aux despotes, toi et ceux de ta société?

— Au nom de l'égalité et de la liberté, mort aux

despotes! — s'écria frénétiquement Gédéon entraîné par la puissance de sa logique républicaine.

— Mais alors tu viens donc me demander ma mort, à moi! car, Kibleeh du monde, je suis un vrai despote; despote comme l'a été mon père, le glorieux Hyder-Aly; despote comme le sera (le veuille le Prophète!), comme le sera mon fils, le gracieux Abdul.

Le docteur était atterré de sa bévue, la tabatière s'effaçait de nouveau de sa pensée, et c'est à la civière qu'il songeait derechef. Il fit pourtant un effort désespéré, et dit résolument :

— La preuve que Votre Hautesse n'est pas un despote, c'est que ses sujets lui ont donné le glorieux surnom de Khoodabaud [1], et que je viens, au nom des amis de la liberté, mettre à ses pieds le titre de citoyen.

Et Gédéon respirant à peine, suant à grosses gouttes, pensait toujours à la civière.

— Et qu'est-ce que veut dire ce mot-là, *citoyen!* — dit Tippoo.

— *Citoyen* veut dire patriote, magnanime sultan, — reprit Gédéon un peu rassuré.

— Et patriote... qu'est-ce qu'un patriote?

— Un patriote, sublime sultan, — dit Gédéon cette fois, avouons-le, avec arrière-pensée de tabatière, — un patriote est l'ami de la nature; il est plus que les rois; il porte un bonnet rouge, pas de culottes; il veut le bonheur et la liberté de tout le monde, et il détruit enfin le tyran, le prêtre et l'aristocrate, partout où il le peut trouver.

[1] Khoodabaud, littéralement *Dieudonné*. Tippoo-Saëb prit ce titre en 1792.

— Et qu'est-ce qu'un tyran? — demanda Tippoo, qui était dans un jour de singulière mansuétude.

— Un tyran, magnanime sultan, — reprit Gédéon se laissant cette fois tout à fait aller à l'espoir... de la tabatière, — un tyran est toujours un roi, de même qu'un roi est toujours un tyran. On reconnaît facilement le tyran au tic qu'il a de tyranniser ses sujets, pour ce que le monstre appelle son *bon plaisir*. Oui, magnanime sultan, le *bon plaisir* est le mot consacré par les tyrans, pour opprimer et cacher, sous une apparence de bonhomie, l'épouvantable machiavélisme de leur gouvernement. Aussi, nous autres Européens civilisés, avons-nous flétri à jamais le règne des tyrans, en l'attachant au pilori de la honte de l'histoire, sous le nom de RÉGIME DU BON PLAISIR! — s'écria enfin le citoyen-président avec autant de mâle éloquence que de vertueuse conviction.

— Mais alors, Kibleeh du monde! je suis donc un tyran?... — dit enfin le sultan en éclatant de rire; — car, demande à Shaikl si à l'instant... d'un signe, d'un mot, je ne puis pas faire ce qui me passe par la tête, tout ce qui me fait plaisir, selon mon bon plaisir!...

En voyant le sultan si joyeux, le citoyen se dit à part lui :

— Certainement, dans un pareil instant il doit lui passer par la tête l'idée de me donner une tabatière; aussi Gédéon, souriant, épanouissant sa grosse figure bête, attachant sur Tippoo-Saëb des yeux écarquillés par l'espoir et la stupidité, lui répondit : — Sans aucun doute, Votre Hautesse peut faire non-seulement ce qui lui fait plaisir, mais encore ce qui ferait plaisir aux autres; car, d'après le précepte sacré de la sainte religion du Prophète : *Faites-vous des présents les uns aux autres*... on a vu quelquefois la munificence des souverains se manifester envers l'orateur indigne par une tabatière... et votre...

Mais le sultan interrompit le docteur par un Kibleeh du monde des plus énergiques, après quoi il ajouta : Et si mon plaisir était de te faire étrangler net... cela te ferait-il aussi plaisir à toi?

— Sublime Khoodabaud, magnanime sultan, — murmura Gédéon anéanti, et se prosternant aux pieds de Tippoo, — je vous déclare incapable d'une telle monstruosité.

Et le citoyen se voyait déjà dans la civière.

— Comment! tu viendras impunément, misérable fou! — reprit le sultan avec dignité, — m'offrir le titre de citoyen, de tueur de tyrans et de despotes!... à moi qui suis tyran et despote! Tu viendras abuser du nom de la France, que je révère, pour nous faire perdre un temps précieux que nous devons aux soins de notre empire! — Puis, se tournant vers Shaikl, Tippoo-Saëb ajouta : — Qu'on fasse fouetter ce chien, qui est venu se jouer de nous, après quoi on lui rasera un côté de la tête et on lui fera faire cinq fois le tour de la ville, vêtu de jaune et assis à reculons sur le dos d'un pourceau; après quoi il paiera une amende de cinq cents roupies au profit des brahmes. J'ai dit.

Et Gédéon, étourdi, se croyant sous l'influence d'un horrible cauchemar, passa des mains de Shaikl dans celles de Craëb, de celles de Craëb dans celles des autres cipayes, de sorte que de main en main il arriva jusqu'à la porte extérieure du palais, où il fut livré aux parias, qui exécutèrent à la lettre la sentence prononcée par le sultan.

— Ce fou n'est pas très-divertissant, Shaikl, — dit le sultan; — ranime un peu le houka, et introduis cet envoyé du gouverneur de l'île de France.

Et Jean Thomas fut introduit par une autre porte.

Jean Thomas, toujours intrépide, le front élevé, la tête haute, salua militairement Tippoo-Saëb, lui remit les dépêches du gouverneur de l'île de France; et, pendant que Tippoo-Saëb les lisait en examinant l'envoyé du coin de l'œil, Jean Thomas regarda autour de lui avec une respectueuse assurance : son aspect plut tout d'abord au sultan; mais la physionomie de Tippoo resta impénétrable, et, après avoir lu les lettres, il dit seulement à Thomas :

— Le sircar de l'île de Mauritius [1] t'envoie auprès de moi, sans doute au nom du roi de France... J'aime le roi de France, il a bien accueilli mes ambassadeurs, l'an Hérazut 1234 de la naissance de Mohamed! et, tant que le soleil, la lune et la sainte religion dureront, le roi de France peut compter sur l'amitié du fils d'Hyder-Aly [2].

— Le roi de France est mort, — dit gravement Thomas.

— Mais, par la grâce du Tout-Miséricordieux, le roi de France ne meurt jamais... il y a toujours un roi en France, — répondit le sultan.

1 Le gouverneur de l'île de France.

2 On se rappelle qu'on est en 93, et que le sultan ignore l'attentat du 21 janvier.

— Aujourd'hui il n'y a plus de roi en France, — dit Thomas.

— Plus de roi... en France! — s'écria le sultan; et au nom de quel souverain viens-tu donc vers moi?

— Au nom du souverain qui remplace le roi en France... au nom... au nom... du PEUPLE, — dit Thomas en français, après avoir hésité. — Car, quoiqu'il parlât fort bien la langue hindoue, il ne connaissait pas, dans ce dialecte, de terme qui signifiât littéralement le PEUPLE, la nation indienne se composant, d'ailleurs, d'éléments et de classes si distinctes et si hétérogènes, qu'il n'existait peut-être pas d'expression capable de rendre l'idée de ce pouvoir politique, collectif, que le mot *peuple* représentait alors en France.

De sorte que Tippoo prit ce mot, le PEUPLE, pour un nom d'homme, pour le nom patronymique du souverain qui remplaçait le roi de France.

— Oui, c'est le PEUPLE souverain qui m'envoie vers toi, victorieux sultan, — répéta donc Jean Thomas.

LE SULTAN. Et qu'est-ce que ce PEUPLE a fait du roi de France?

THOMAS. Le PEUPLE a ordonné au roi de France de venir rendre compte de sa conduite devant un tribunal composé de juges choisis par lui, le PEUPLE; puis le PEUPLE a dit à ces juges de condamner le roi de France à mort. Les juges ont écouté la grande voix du PEUPLE, et le roi de France a été mis à mort : et maintenant le PEUPLE est seul souverain.

LE SULTAN. Et la reine de France, qui avait daigné accepter de moi un coffret brodé de pierreries par ma mère;... la reine, cette jeune et belle et douce créature?...

THOMAS. La hache du bourreau est aveugle, elle frappe qui nuit au PEUPLE.

LE SULTAN, *effrayé*. Aussi la reine... tué la reine... une femme! la reine! Kibleeh du monde... A Mysore, FRANC! le glaive du bourreau s'émousse sur le cou d'une femme... Et de quel droit le PEUPLE a-t-il usurpé le trône de son roi, et tué son roi et sa reine?

THOMAS. Parce qu'il a paru au PEUPLE que les crimes du roi et de la reine avaient passé toute mesure, et puis que le PEUPLE était las du joug.

LE SULTAN. Et ce peuple, est-il d'obscure origine?...

THOMAS. Aux yeux du roi, le PEUPLE était né pour être esclave; aux yeux de la nature, le PEUPLE était l'égal du roi. Aujourd'hui le PEUPLE est au-dessus du roi puisqu'il a mis le roi à mort.

LE SULTAN, *à Shaikl*. Après tout, j'aime assez ce peuple, Shaikl... et quoique assez féroce, il me rappelle mon glorieux père, Hyder-Aly, qui n'était que simple officier du rajah de Mysore, lorsqu'il le déposséda de son royaume de Mysore comme le PEUPLE dépossède aujourd'hui le roi de France de son royaume de France. (*A Thomas :*) Allons, allons, ton nouveau souverain est un usurpateur comme mon glorieux père;... je me sens disposé à aimer ton PEUPLE... parce qu'il a usurpé comme mon père.

THOMAS. Le PEUPLE n'a pas usurpé le trône, il a repris ce qui lui appartenait d'après le vœu de la nature, qui l'a fait libre, grand sultan.

LE SULTAN, *souriant*. Oui, oui, c'est aussi ce que mon glorieux père disait au rajah de Mysore : La preuve que je suis libre de prendre ton trône, c'est que je le prends. Mais enfin, Kibleeh du monde! ton nouveau souverain a bien agi. L'ancien roi de France était d'un dangereux exemple pour les autres rois ou empereurs, car, disait Mohamed, ce faible roi écoutait ses sujets, qui, par les saints versets du Coran!! lui faisaient des remontrances; et puis aussi ses grands l'influençaient trop, disait encore Mohamed. Et ton nouveau souverain est-il aussi influencé par les grands de son royaume?...

THOMAS. Où le PEUPLE règne, il n'y a plus de grands, il n'y a plus de classes; hormis le PEUPLE, néant, parce que le PEUPLE est tout.

LE SULTAN. Un de tes anciens rois a dit cela avant ton PEUPLE; il a dit: *L'État, c'est moi*... C'est un homme d'Occident qui m'a traduit cette sage maxime, que j'aime d'ailleurs... Car c'est dire qu'on ne peut faire mal à son empire, sans se blesser soi-même. Mais c'est dire aussi qu'on est seul juge de la marche qu'il convient de donner à son empire.

THOMAS. Et cela est juste, car le PEUPLE doit à lui seul compte de son gouvernement, tout pouvoir est à lui, vient de lui, et retourne à lui.

LE SULTAN. Par le divin paradis promis aux croyants! allons, je vois avec joie et orgueil que ton PEUPLE gouverne la France comme moi, le sultan Tippoo-Saëb, je gouverne mon empire de Mysore. Tu appelleras donc le *peuple souverain*, mon frère de France, car il est digne de ce titre. Mais, dis-moi, la volonté de ton PEUPLE est-elle aussi toute-puissante, absolue, irrévocable, sans appel, sans censure, ni recours, ainsi que la mienne... à moi... sultan de Mysore?

THOMAS. La volonté du peuple est tout, la volonté du peuple est une et indivisible ; quand le peuple a parlé, la nation se tait ; quand le peuple veut, la nation exécute. Il y avait en France une ville appelée Marseille, qui refusa d'obéir aux délégués du peuple. Le peuple envoya ses représentants pour faire raser cette ville impie, décimer ses habitants, et donna l'ordre que, désormais, ses ruines s'appelleraient la *Ville sans nom*, voulant effacer jusqu'au souvenir de cette cité rebelle !

LE SULTAN. Le PEUPLE a fait cela ! Et la nation?

THOMAS. La nation tremble sous un regard du peuple.

LE SULTAN, *enthousiasmé*. Par le Tout-Miséricordieux ! Et moi qui pensais quelquefois, dans mes humeurs noires, au sac de Négapatnam, qui s'appelle encore Négapatnam !... Voici que mes remords s'en vont. Kibleeh du monde ! je vois que ton souverain sait user du fer et de la flamme, et qu'il n'a pas peur de se couper au tranchant du glaive ! Je veux donc écrire à mon frère le souverain de France... un firman de ma main impériale, et scellé du sceau de mon glorieux père, pour le féliciter, au nom de la tyrannie, d'avoir renversé le roi faible et timide que cet insolent Mohamed osait vanter à ma cour... Kibleeh du monde ! oser comparer l'élan craintif au tigre royal ! J'aime ton PEUPLE, *Franc*, parce que le chacal rugit comme le tigre... Mais, dis-moi, et les grands, les seigneurs qui formaient la suite, la cour de l'ancien roi... ont-ils fléchi les genoux devant le nouveau souverain?

THOMAS. Non, les grands n'ont pas voulu fléchir les genoux devant le *peuple* souverain... Alors le *peuple* a parlé, et les têtes des grands sont tombées à sa voix, et les richesses des grands sont devenues son domaine...

LE SULTAN *stupéfait d'admiration*. Par la miraculeuse naissance de Mahomet! mon frère le PEUPLE sait mieux régner que moi, sultan d'Asie! Car, pour moi, le sang reste sang; et pour lui, le sang devient or. Kibleeh du monde! mon frère a raison; et moi... qui pensais, Shaikl, qu'il valait mieux ôter la vie que les trésors, parce qu'ainsi les héritiers du mort se dévouaient à vous par reconnaissance... d'héritage! Je vois qu'il vaut mieux être soi-même l'héritier du mort comme mon frère le souverain de France... Tu ordonneras donc au sircar *Effy'hs* de faire entrer dans la *chambre à clef d'or* les richesses de Mohamed... Mais, dis-moi, Franc, les enfants des grands... qu'est-ce que le PEUPLE en a fait?...

THOMAS. Je te l'ai dit, quand le peuple met son large pied sur un nid de vipères,... il écrase toute la couvée, rien n'échappe.

LE SULTAN *pensif*. Aussi les femmes! aussi les vieillards! aussi les enfants!... les enfants!... O mon gracieux Abdul!... mon pauvre enfant! (*A Thomas avec une certaine horreur :*) Mais sais-tu que ton maître a fait couler bien du sang, sans compter le sang royal; et que pendant les nombreuses années du règne de mon père et du mien, le sabre ou le poignard du bourreau ne s'est pas rougi deux cents fois? Et, Kibleeh du monde! ce sont des familles entières, des villes entières que ton souverain immole à son empire d'un jour, sans compter le sang royal; encore une fois, c'est bien du sang!

THOMAS. Le sang royal est la pourpre du bandeau souverain qui ceint le front du peuple; le sang des seigneurs est la pourpre de son long manteau.

LE SULTAN. (*A part*). Mon frère, le PEUPLE souverain de France est Eblis [1] lui-même, et je ne trouverais peut-être pas dans mon empire un esclave aussi dévoué et aussi sanguinaire que son envoyé. (*Haut à Thomas.*) Mais les derviches de ta religion, les prêtres de ton culte, ont-ils invoqué leur dieu pour le nouveau souverain?

THOMAS. Le peuple ne reconnaît pas l'existence de Dieu.

LE SULTAN. Tu ne me comprends pas. Ici les prêtres revêtent mes lois d'une sanction divine; car je ne suis, moi, que le serviteur du Prophète. Tes prêtres ont-ils sanctionné la souveraineté, l'usurpation de ce PEUPLE?

THOMAS. Je te le répète, victorieux sultan, le peuple ne reconnaît aucun pouvoir, ni humain, ni divin, au-dessus du sien.

LE SULTAN *avec terreur*. Aucun?... pas même celui de Dieu? (*A part.*) Il faut que ce PEUPLE soit bien fort ou bien stupide. (*A Thomas.*) Et toi, Franc, tu es dévoué à ce PEUPLE, tu aimes ton souverain?

THOMAS. Je suis dévoué au peuple à la vie, à la mort, corps et âme, cœur et sang.

LE SULTAN. Mais dévoué dans toute circonstance?

THOMAS. Dans toute circonstance.

LE SULTAN. Quoi qu'il t'ordonne?

THOMAS *affirmativement*. Quoi qu'il m'ordonne.

1 Eblis, le diable, ou esprit fatal.

LE SULTAN *stupéfait.* Pour conserver sa faveur tu ferais tout ce qu'il est possible à un homme de faire?

THOMAS *affirmativement.* Tout.

LE SULTAN. Le PEUPLE te dirait : Tue...

THOMAS *affirmativement.* Je tuerais.

LE SULTAN. Le PEUPLE te dirait de lui sacrifier ton ami... de le tuer...

THOMAS. L'ennemi du peuple ne pourrait pas être mon ami,... je tuerais....

LE SULTAN *de plus en plus étonné.* Et ta mère; lui sacrifierais-tu ta mère, à ce PEUPLE?

THOMAS *gravement.* Je n'ai plus ma mère... ne parlez pas de ma mère.

LE SULTAN. Et si tu avais un fils, lui sacrifierais-tu ton fils, à ce peuple?

THOMAS. Brutus l'a fait, je le ferais.

LE SULTAN *ne peut vaincre un mouvement d'effroi et dit à part :* Il tuerait son fils!!! Allons, c'est une hyène aveugle qu'on peut lâcher sur une proie et qui ne pense qu'au sang qui l'enivre; c'est bien là l'homme qu'il me faudrait!... Kibleeh du monde! quels serviteurs a mon frère le souverain de France! ce n'est pas l'autre roi qui en eût trouvé de tels! Quelle soif d'or et de sang! Et l'on me reproche, à moi... Allons, les hommes d'Occident commencent à nous comprendre, puisque pareil souverain trouve un serviteur pareil à celui-ci. Le sircar de l'île Mauritius me fait beaucoup d'éloges de lui dans ses lettres. Si je pouvais m'attacher ce *Franc*... Kibleeh du monde! à un pareil homme qu'importe le souverain! (*A Thomas.*) Écoute-moi, Franc, je vais bientôt me remettre en guerre contre l'Anglais; mais, en paix ou en guerre, j'ai besoin d'un homme aussi inflexible que le fer, aussi pur que le feu, pour exécuter mes ordres, quels qu'ils soient. J'ai besoin d'un homme à moi, tout à moi; qui connaisse aussi les usages, les armes et la manière de combattre des Européens. C'est pour lui demander un pareil homme que j'avais écrit au sircar de l'île de Mauritius, mon allié. Veux-tu être cet homme, toi?

THOMAS *étourdi de cette proposition.* Magnanime sultan...

LE SULTAN. Pourquoi hésiter? maître pour maître, qu'il s'appelle *Peuple* ou *Tippoo-Saëb*, que t'importe? volonté pour volonté, que t'importe? Et d'ailleurs, moi, je serai peut-être encore plus magnifique que ton *souverain*.

THOMAS *ébranlé*. Hautesse...

LE SULTAN. J'ai lu les dépêches du gouverneur; il me dit que tu as été capitaine de mer. Eh bien! décide-toi... je te fais mon premier sircar de mer, ce que vous autres Européens vous appelez, je crois, amiral.

THOMAS *séduit*. Victorieux sultan, la faveur est grande; mais j'ai des biens à l'île Mauritius, et je ne puis...

LE SULTAN. J'enverrai un homme d'Occident veiller à tes biens de l'île Mauritius; je te donne trois mille roupies par mois, et je t'élève à la dignité de bell'awh qui te fait marcher de pair avec les premiers seigneurs de mon empire et du monde!

THOMAS *ravi*. Ce titre de bell'awh anoblit?

LE SULTAN. Il anoblit le présent, l'avenir et le passé, toi, la tombe de ton père et le berceau de ton enfant.

THOMAS. Ce titre anoblit aussi... en Europe?

LE SULTAN. Aussi en Europe ; Mohamed marchait l'égal des premiers seigneurs de la cour du roi de France. Acceptes-tu?

THOMAS. Magnanime sultan, il faut que le gouverneur pour le peuple m'autorise...

LE SULTAN, *avec anxiété.* Et si ton gouverneur te le permet, tu entres à mon service, tu es à moi?

THOMAS. Si le peuple a parlé par la voix de son représentant, j'obéirai à la voix du peuple.

LE SULTAN *passe au cou de Thomas un magnifique collier de pierreries en lui disant :* Je te salue donc, ô toi mon premier sircar de mer ! ô toi, noble bell'awh, un des premiers de mon empire, car le gouverneur m'autorise à te garder près de moi si tu y consens. (*Donnant les dépêches à Jean Thomas.*) Lis d'ailleurs toi-même.

THOMAS, *ayant lu.* Je suis à vous, victorieux sultan ! à vous dévoué comme j'étais dévoué au peuple, puisque vous êtes l'ami et l'allié du peuple.

LE SULTAN, *lui donnant le saphir de son turban.* Kibleeh du monde ! prends encore ceci, et tu verras que tu n'as pas fait un marché de chrétien à juif en prenant pour maître le fils de mon glorieux père.

A ce moment, Shaikl, témoin impassible de cette scène, fait un mouvement de colère qui révèle sa jalousie. Le sultan s'en aperçoit et lui dit :

— Oh là ! tu regrettes nos bonnes grâces, mon pauvre Shaikl !...

SHAIKL, *se prosternant aux pieds du sultan.* Magnanime et victorieux sultan, il me serait impossible de vivre sans cela.

LE SULTAN, *sifflant Craëb.* Que ta volonté soit donc faite, car elles te sont retirées [1].

Craëb entre, se saisit de Shaikl et l'emmène sans voir Thomas, qui ne le reconnaît pas; Thomas reste impassible, car il ne comprend pas la signification des trois sifflements. Le sultan se lève et lui dit :

— Tu es à moi, Franc; mais souviens-toi, mon noble bell'awh, que tu es aussi sous la sauvegarde de ma foi jurée à la France et à son souverain : que le Tout-Miséricordieux te conduise, noble bell'awh, nous t'enverrons tout à l'heure nos ordres dans cette galerie.

THOMAS *salue profondément et sort en disant avec orgueil :* Premier sircar de mer! premier seigneur de la cour de Mysore... Et cela anoblit le passé!!! Courage, courage, petit-fils de Thomas *le vendeur de poisson*, tu laves ta souillure originelle. Adieu, peuple brutal... Tippoo-Saëb est magnifique, et qui sait où je puis atteindre?

En entrant dans la galerie, Thomas se trouve face à face avec Craëb, qui, en chantonnant, essuie sa dague. — Il vient d'en finir avec Shaikl.

CRAEB, *reconnaissant Thomas, laisse tomber sa dague.* Par la sang-dieu! c'est mon frère Thomas l'honnête homme!

THOMAS, *reconnaissant Craëb, est confus.* Qui êtes-vous? je ne vous connais pas.

CRAEB. Tu ne connais pas Craëb! par la sang-dieu, c'est mal! tu ne reconnais pas Craëb l'assassin? tu ne me reconnais pas sous ce turban de cipaye? mais c'est moi, frère, c'est moi, Craëb, toujours assassin

[1] Historique.

comme à l'Ile-de-France, et mieux ou pis qu'à l'Ile-de-France; car ici on me paye. Mais, par le turban que je porte! en vérité, depuis six ans jamais je n'avais eu autant de besogne en un jour. Mais toi, voyons, frère! toi, es-tu toujours Thomas l'honnête homme?

Thomas éprouve une inexprimable angoisse, et ne répond rien; Craëb continue :

— Ah, j'entends, tu te souviens du mot lâche. Bah! bah! ne crains rien, j'ai oublié ton refus de duel; et puis, vois-tu, frère, maintenant que je ne tue plus par jalousie, mais pour de l'argent, je ne vaux guère mieux que toi : car enfin toi... tu es toujours Jean Thomas l'honnête homme, n'est-ce pas! l'homme qui tient la foi jurée à sa mère, au risque de son honneur?

THOMAS, *avec rage*. Non, non, non, va-t'en, laisse-moi, maudit meurtrier!

CRAEB, *riant*. Comment, vrai, tu ne serais plus mon frère l'honnête homme!

Entre un officier du sultan qui remet un sabre magnifique à Thomas en s'inclinant et le saluant du titre de premier sircar, et sort; Craëb, fort sérieux, regarde Thomas avec étonnement.

— Comment! maintenant, tu es le favori du sultan; tu remplaces Shaikl, ce pauvre Shaikl que je viens de...

Il fait le geste de poignarder quelqu'un.

THOMAS, *pâlissant*. Quoi, quel homme, que veux-tu dire?

CRAEB. Par la sang-dieu! je veux dire que, d'après l'ordre de *notre maître*, à toi et à moi, je viens d'occire ce gros homme au turban vert, et que défunt ce gros homme était ce que tu vas être, l'âme damnée du sultan. Il paraît que c'est à ta nouvelle faveur qu'il doit d'avoir été recommandé si promptement à ma dague.

THOMAS, *reculant d'horreur*. Comment! tu as tué cet homme... à l'instant... tout à l'heure... là... ici?...

CRAEB. Oui... à l'instant... là... ici... à cette place... c'est le second de la journée. Eh bien, après?

THOMAS, *frémissant*. Cela est horrible! et je suis au service de cet homme!

CRAEB, *avec un éclat de rire*. Étrange! toujours étrange, frère l'honnête homme! Autrefois tu ne voulais pas tuer; tu fuyais les hommes courroucés contre toi. Mais aujourd'hui que tu fais tuer les hommes et que tu vends ton âme au diable ou à Tippoo, car c'est tout un, tu es accueilli avec faveur comme ton frère Craëb l'assassin; c'est singulier! toujours le même sort nous réunit tous les deux : proscrits ou favoris, toujours; fiers ou dégradés, toujours; et je dis comme toi jadis : Le sort est bouffon aussi. Maintenant, frère, *je t'estime*.. Mais ceci est le dernier mot du cipaye au seigneur.

Il salue Thomas avec respect.

THOMAS, *avec amertume*. Maintenant estimé de Craëb l'assassin, comme autrefois j'étais méprisé par Craëb l'assassin. C'est justice... (*Long silence*.) Bah! après tout, je suis, en vérité, bien stupide de songer à de pareilles misères quand le sort m'est aussi favorable.

Otant la dragonne du sabre enrichie de pierreries, il la jette fièrement à Craëb en lui disant :

— Tiens, cipaye, vive l'arack, et gai les bayadères! voilà de quoi boire au noble sircar de l'empire de Mysore!

CRAEB, *prenant la dragonne.* Par la sang-dieu, mon noble seigneur! je vais donc boire ma part du prix de votre âme... Toujours étrange!

Thomas sort sans lui répondre.

LIX.

25 FÉVRIER 1801.

LA COMTESSE INA DE VAUDREY A LA MARQUISE DE BELLOW (MISS BETTY HAMONLEY), A LONDRES.

« Château de Horn-Praët, près Amsterdam.

« Partagez ma joie, mon bonheur, mon ravissement, je ne serai plus triste, mon amie, je ne vous écrirai plus de ces lettres qui vous font pleurer; car j'ai une fille; mon Dieu oui, une fille, un joli petit ange que j'appelle Marie, et que je dévore de baisers, un peu aux regrets de son frère Alfred, qui, malgré ses dix ans, est jaloux au possible de toutes mes tendresses, et me boude quand j'embrasse Marie, ce qui fait que, lui, je l'embrasse bien davantage encore; car je crois, mon amie, que chez moi la coquetterie féminine s'est tournée en coquetterie maternelle, tant je suis heureuse de la jalousie de mon fils... et tant je me plais délicieusement à l'exciter.

« Ma jolie Marie a bientôt six grandes semaines, et je ne saurais vous dire toutes mes folies, mes extases, mes adorations, combien ses cheveux blonds sont fins et dorés, combien ses yeux sont doux et bleus, combien sa bouche est vermeille et ronde, combien son cou est blanc, ses joues roses... et ses petits pieds, et ses petites mains! En vérité, ce serait à devenir folle, si ce n'était pas si bon de se sentir mère et d'admirer son enfant.

« J'ai une fille!... j'ai une fille!... vous ririez avec des larmes, mon amie, si vous m'entendiez me répéter à moi-même ces mots charmants à chaque minutes du jour ; c'est qu'aussi il y a tant de choses, tant d'avenir, tant d'espérances dans ces mots!

« J'ai une fille ! c'est dire : Je ne serai plus seule, je serai comprise, je serai aimée comme j'aimerai, nous penserons à deux ; elle ne me sera ôtée que bien tard, et jusque-là, moi, moi seule, je la dirigerai, moi seule j'aurai sa confiance, moi seule je formerai son goût et son cœur, moi seule je la consolerai, moi seule, toujours moi seule...

« Mais si je vous parle tant de Marie, n'allez pas croire que pour cela j'aime moins Alfred ; non, mon Dieu ! mais vous concevez qu'une fille... enfin qu'une fille c'est bien plus à nous, à nous autres mères, voilà tout; car j'aime autant Alfred : il est si vif, si beau, si intrépide... Si vous le voyiez monter son poney! il me ravit, tout en me faisant mourir de frayeur cent fois par jour ; et puis je crois qu'il se corrige un peu de cette sécheresse d'âme, de cette tendance à la personnalité qui m'effrayait tant; maintenant le seul défaut que je combatte en vain chez lui de toute la force de mon amour de mère, c'est un orgueil intraitable et enraciné qui me confond dans un enfant aussi jeune; mais cela, entre nous, est aussi un peu de la faute de M. de Vaudrey, qui lui parle sans cesse de l'éclat de son nom, de son origine et de l'immense fortune qu'il possédera un jour; mais peut-être que, voyant les futures prétentions de son fils diminuées de moitié par la naissance de Marie, M. de Vaudrey sera-t-il un peu plus réservé à ce sujet. Et en vérité je le désire de toute mon âme; car ce serait bien cruel de fausser, par un orgueil démesuré, l'aimable naturel de cet enfant.

« J'habite toujours Horn-Praët... Mais, hélas! mon amie, je ne puis écrire ce mot-là sans pleurer... sans penser à mon pauvre père... qui, pour moi, a quitté l'Inde, ses habitudes, et qui a payé de sa vie ce dévouement à mes désirs. N'aurais-je pas dû penser que ce pays froid, nébuleux, humide, le tuerait, lui si fait à notre soleil, à notre climat chaud et vivifiant!... Enfin, enfin, Dieu est miséricordieux, car il m'a donné une fille...

« M. de Vaudrey est à Vienne depuis cinq mois... Je tremble toujours qu'il ne prenne part à quelque conspiration d'émigrés. J'ai fait tout au monde pour le dissuader de ce voyage, qu'il a entrepris, comme vous le savez, mon amie, six mois après son long séjour en Russie. Mais il a tant de foi dans l'avenir de son parti, qu'il est impossible de le convaincre du peu de probabilité de ses espérances. M. de Vaudrey me fait d'ailleurs le tableau le plus séduisant de la cour d'Autriche, où s'est réfugiée toute la fleur de la noblesse française, et m'engage beaucoup à *venir l'y joindre;*

vous concevez, mon amie, l'état que je fais de cette demande... Tout ce dont je supplie M. de Vaudrey, c'est de ne pas se risquer imprudemment dans quelque complot contre ceux qui gouvernent la France. Mon Dieu! le sort est pourtant assez favorable à M. de Vaudrey; car, quoique ses biens aient été confisqués à la révolution, l'immense fortune que nous possédons ici lui donne partout une existence presque royale : je ne sais pourquoi il rêve encore quelque chose au delà...

« Je n'ai plus revu votre protégé, le jeune duc de R...; je l'ai regretté, oui, sincèrement regretté, car c'était un homme de grand et noble cœur, d'infiniment de sens, de profondeur et d'esprit; mais, à mon égard, il s'est mépris et a manqué de tact, en me jugeant sans doute d'après d'autres personnes, et en ne sentant pas qu'une femme bien née, d'une âme loyale et délicate, qui souffre véritablement et avec amertume, ne doit compte de ses peines qu'à Dieu, ne s'en console qu'avec ses enfants, et ne se venge que par l'accomplissement rigoureux des devoirs qu'elle s'est *librement* imposés, et qu'il serait lâche et misérable à elle d'oublier, quand elle se voit pour ainsi dire provoquée à cet oubli...

« Hélas! oui, mon amie, oui, provoquée! cela est bien odieux, mais cela est : car je ne puis m'abuser à cette heure, il y a peut-être maintenant chez M. de Vaudrey *plus que de l'indifférence* pour moi; et à voir la froideur insultante qu'il me témoigne, à voir le scandale avec lequel il affiche ses liaisons dans les cours étrangères, tout me ferait en vérité croire qu'il éprouverait une joie honteuse en me voyant faillir, afin de ne garder plus aucun ménagement... afin d'avoir une lâcheté à me reprocher, pour pouvoir convenablement se débarrasser de ce respect et de cette déférence que la pureté inattaquable de mon caractère lui imposera toujours malgré lui.

« Pardon, mon amie, pardon de vous entretenir encore de mes chagrins ; depuis bientôt quinze ans que je souffre, j'aurais dû acquérir, sinon l'habitude, au moins la discrétion de la souffrance ; mais avec vous seule je puis pleurer, à vous seule je puis raconter chaque peine, chaque douleur... Mon Dieu, mon Dieu, que ma vie aura donc passé triste et indolente ! et à part quelques mois d'illusion... à part mes joies et mes angoisses de mère, qu'ai-je donc senti, mon Dieu, qui me prouvât que j'existais ! sur quel souvenir puis-je donc me reposer avec quelque douceur? Ai-je seulement un jour parmi tous mes jours... un jour qui rayonne de quelque bonheur... un jour parmi ce nombre effrayant d'heures sombres, vides et décolorées?... Oh ! que cela est affreux ! affreux, mon amie... Est-ce donc là l'avenir que j'avais rêvé !... Hélas ! à vous je puis tout dire, mon amie ; mais combien de fois, en essuyant mes larmes, j'ai maudit cette précipitation funeste qui a enchaîné ma vie, qui, sans cela peut-être se fût passée, sinon heureuse, au moins exempte de chagrins violents ! et puis, ce qu'il y a d'affreux pour moi, c'est que les seuls bons souvenirs de mon existence, ceux de ma jeunesse dans l'Inde, soient encore glacés par l'idée de la perfidie de Georges. Non que je veuille parler de sa dette de jeu. Maintenant que je vois plus froidement, l'importance de ce parjure est de beaucoup diminuée à mes yeux, et je conçois et j'excuse l'influence de l'occasion, de l'ennui... que sais-je? Mais ce qui m'est véritablement odieux, ce qui me donne tous les jours des forces pour maudire sir Georges, c'est d'avoir été calomniée aussi cruellement!... Non, non, mon amie, quoi que vous disiez, le souvenir de cette seule infamie vient aussitôt étouffer les regrets que je pourrais quelquefois ressentir; car c'est peut-être cette calomnie qui est la source de tous mes chagrins... Oh! qu'ainsi la vie est sombre! Rien dans le passé... rien dans le présent... rien dans l'avenir... (*Ici quelques traces de larmes.*). . . .

. . . .

Mais, allons, je suis folle, ingrate et impie; n'ai-je pas ma fille, ma fille! Et tenez, que cette pensée est magique! voilà qu'elle vient tout à coup éclairer mon âme d'un jour nouveau... Mon Dieu, oui, moi, si tristement découragée tout à l'heure, me voici presque heureuse et souriante... Heureuse, oui, heureuse par l'espérance; après tout, eh bien! la jeunesse et l'âge mûr de mon mari se seront passés loin de moi, dans la dissipation et dans les plaisirs, mais au moins plus tard... plus tard, lorsqu'il sera las de ces frivoles et fausses joies du monde, lorsqu'il sera vieux, chagrin, blasé, il faudra bien enfin qu'il vienne nous demander repos, calme et tendresse, à nous autres! à moi et à ses enfants!... Oh! c'est alors que je serai vengée! c'est alors que je jouirai du prix de ma résignation, en lui présentant un fils et une fille appris à l'aimer, à le vénérer, deux enfants pleins de charmes et de jeunesse, dont la touchante affection viendra animer et égayer ses vieux jours... C'est alors que je serai fière et vaine de lui devenir peut-être indispensable, et de lui compter chaque année de mes larmes amères par une année d'un bonheur paisible qui le consolera du regret de n'être plus jeune, et d'avoir sacrifié cette douce et pure affection de la famille aux vains plaisirs dont alors il reconnaîtra le néant. Car, après tout, mon amie, j'ai été aussi par trop sévère au commencement de cette lettre. Henri a pu se laisser entraîner par le tourbillon du monde et des plaisirs, mais son cœur est resté bon, oui... je le crois, et je suis sûre que maintenant, comme disent nos chants indiens, *il vide sa dernière coupe*, et que tôt ou tard il reviendra vers nous. Alors, mon amie, vous savez comment on pardonne des années de chagrins passés... pour une minute de bonheur présent ou à venir.

« Vous le voyez, mon amie, comme toujours je commence par un regret et je finis par une espérance. Mais cette espérance ne sera pas vaine, j'en suis sûre, car elle me vient cette fois sous la figure d'un ange, de ma fille, de ma petite Marie.

« Adieu, adieu, je vous embrasse, vous et vos jolis enfants, dans cette douce persuasion ; car il me semble qu'ainsi mes vœux pour vous seront encore plus fervents, plus exaucés. A vous, à vous, toujours à vous...

« I. comtesse de VAUDREY. »

LX.

UNE CONVERSION.

(1810.)

Le comte Henri de Vaudrey avait alors *cinquante-six ans*, et malgré cet âge avancé ses goûts de plaisirs et de dissipation étaient restés aussi vifs et aussi ardents qu'autrefois. Enfin, malgré ses *ving-huit années* de mariage, sa prétention à continuer son rôle d'homme à bonnes fortunes en était venue à ce point de rendre le comte extrêmement ridicule aux yeux de ses amis, et fort précieux pour la récréation de ses ennemis.

Ce n'est pas que M. de Vaudrey ne fût parfaitement *conservé ;* sa maigreur lui donnait une taille encore svelte, mince et assez élégante, quoique un peu roidie par la vieillesse; le peu de rides qui sillonnaient son front chauve et découvert se perdaient sous ses chèveux gris, artistement arrondis sur ses tempes ; ses dents étaient toujours fort belles, son sourire gracieux, et ses yeux conservaient encore quelque éclat, quoiqu'ils parussent rapetissés par un réseau de plis formés à leur angle. Somme toute, les recherches minutieuses que le comte mettait à sa toilette en faisaient un vieillard fort soigné, mais voilà tout.

C'étaient d'ailleurs ses mêmes goûts de jeune homme, excellent cavalier, chasseur intrépide, gourmel et sensuel, amateur de musique, de tableaux et d'antiquités (cette dernière passion lui était venue en Hollande, la terre classique de cette frénésie), ayant toujours pour maîtresse en titre la *prima donna* du Théâtre-Royal. Cité pour son écurie qui renfermait les plus beaux chevaux de l'Angleterre et du Mecklembourg, ayant enfin, grâce à sa fortune, la plus excellentissime maison d'Amsterdam, M. de Vaudrey pouvait garder plus longtemps qu'un autre certaines illusions qui sont bien chères aux gens de son âge, et surtout de son esprit.

Surtout de son esprit... parce que le moral du comte, usé par les excès, avait, comme on dit, considérablement *baissé*;... et puis enfin, M. de Vaudrey n'avait jamais été autre chose qu'un homme spirituel, et encore seulement doué de cet esprit de rouerie impertinente, de ce jargon moqueur et scintillant, à qui les grâces et le feu de la jeunesse donnent seuls de l'éclat et du charme. Mais, à mesure que ce feu s'éteint, que ces grâces s'effacent, cet esprit qui n'en est pour ainsi dire que le reflet, que l'expression, que le langage, disparaît aussi peu à peu... ou, s'il survit, il contraste alors avec la vieillesse de la manière la plus tristement bouffonne.

Or, les hommes de l'âge et de la nullité du comte qui persistent à vivre dans le monde et de la vie du monde, doivent, ou bien masquer cet affaiblissement sensible des facultés par le caractère imposant de quelque haute fonction politique, et se noblement retrancher derrière leur importance, ce qui leur devient très-facile, avec de la dignité, du silence et ce tact exquis que leur a donné l'habitude de la meilleure compagnie ; ou bien ils doivent se résigner avec bonhomie à devenir les confidents des jeunes femmes, les guides des jeunes gens, parler bien haut de leur grand âge, se faire encore bien plus vieillards qu'ils ne le sont pour se rendre tout à fait sans conséquence, et ainsi profiter quelquefois d'une occasion, d'un dépit, ou se faire payer le prix d'un bon conseil.

Mais M. de Vaudrey, lui, ne voulut descendre à aucun de ces humiliants *mezzo termine*, et continua intrépidement son rôle d'homme à bonnes fortunes.

De trente à trente-six ans, le comte avait encore été aimé pour lui, pour ses grâces *présentes* ; mais quand il avait eu de trente-six à quarante ans, les femmes avaient commencé à lui tenir un peu compte de ses succès passés, et à s'excuser vis-à-vis d'elles-mêmes d'avoir un amant aussi *mûr*, en se disant : *Il a eu tant de vogue à la cour de Versailles ! ! !* De quarante à quarante-cinq ans, quelques jeunes femmes inconnues à la cour, mais pleines de tact, de prévoyance, et sachant se dévouer pour l'avenir, avaient pris le comte pour amant à leur entrée dans le monde, comme on prend un de ces vêtements bizarres qui vous font remarquer, mais que l'on quitte bien vite, une fois qu'on a réussi à attirer l'attention et qu'on est à la mode. De quarante-cinq à cinquante ans, le comte avait encore réussi auprès de quelques toutes jeunes filles qui sortaient du couvent, en abusant de leur ignorance et de leur ingénuité ; puis aussi auprès de quelques femmes, par obsession, *uniquité*, ou abus de secrets surpris, qu'il menaçait de dévoiler.

Mais, hélas ! de cinquante à cinquante-six ans, âge fatal auquel nous le voyons parvenu, le pauvre comte, qui, par vanité, s'adressait toujours aux plus jeunes et aux plus jolies femmes de la cour, n'avait plus guère été pris que comme manteau, ou Sigisbé complaisant, charges tout aussi honorifiques que celle qu'il remplissait à la cour [1]. Car, horreur!... il commençait à s'apercevoir que les maris et les amants n'étaient plus jaloux, et lui confiaient très-volontiers leurs femmes et leurs maîtresses.

Pourtant, une ravissante jeune femme, la baronne Van-Daal, pleine d'esprit, de charmes et de beauté, en était venue (environ deux mois avant l'époque que nous mettons sous les yeux du lecteur), en était venue, dis-je, à accueillir M. de Vaudrey avec tant de distinction, de prévenance et d'agaçante coquetterie, que le baron Van-Daal, une espèce de rustre frénétique de tulipes, ayant pris ombrage des attentions de sa femme pour le comte, s'était montré outrageusement jaloux de ce dernier. Or, ce dernier, au comble du bonheur d'inspirer un pareil sentiment, avait redoublé de soins auprès de la jolie Hollandaise, et tellement exaspéré le baron par ses impertinences, qu'il s'en était suivi une explication, une scène et enfin un duel, dans lequel le comte avait reçu d'abord un léger coup d'épée, qu'il avait ensuite rendu avec usure à l'homme aux tulipes, qui en fut, lui, pour deux mois au lit.

A cinquante-six ans avoir une affaire d'honneur, suscitée par la jalousie du mari de la plus jolie femme

[1] Le comte avait accepté une charge de chambellan du roi Louis et l'empereur, enchanté de voir le représentant d'une des plus anciennes familles de France *se rallier*, avait fait rendre à M. de Vaudrey tous ses biens confisqués, lors de la révolution.

de la cour, être blessé pour elle, et pouvoir venir, le bras en écharpe, se mettre à ses genoux et demander une douce récompense, cela était certainement bien fait pour tourner la tête d'un homme plus sage que le comte. Il est vrai qu'il n'avait encore obtenu aucune faveur de la baronne de Van-Daal, mais on l'accueillait si bien, on lui laissait si tendrement espérer, que M. de Vaudrey, par ces raisons et peut-être par d'autres, était fort satisfait de sa position *honorifique*, que le scandale de son duel avait encore assurée en lui donnant tout l'éclat possible.

Mais, hélas ! un coup affreux vint bientôt abattre le comte ; il apprit, par le plus grand des hasards, qu'il était le jouet de toute la cour, car on venait de découvrir que la baronne de Van-Daal n'avait eu l'air de s'occuper de M. de Vaudrey que pour détourner l'attention de son mari et du monde, afin de pouvoir se livrer avec plus de sécurité à une liaison qu'elle entretenait avec un page du roi, un enfant de dix-sept ans de la plus jolie figure du monde.

C'est au moment où il vient d'apprendre cette fatale nouvelle que nous montrons M. de Vaudrey au lecteur.

Il arrivait du cercle du roi, où un ami intime lui avait appris toute l'intrigue avec des détails tellement circonstanciés qu'il était impossible au malheureux comte de conserver le moindre doute sur le rôle ridicule qu'il venait de jouer.

Et, qui pis est,... il s'était aperçu, à certains ricanements, à quelques rires étouffés par sa présence, que l'aventure circulait déjà.

N'y tenant plus, il alla saluer le roi, prétexta une

affaire importante, et rentra à son hôtel dans un état complet d'exaspération.

Le comte était vêtu d'un habit de cour ponceau, magnifiquement brodé d'argent et rehaussé d'une plaque en diamants; il portait une culotte blanche, des bas de soie blancs et des boucles d'or.

En entrant dans son salon, il jeta brusquement sur un sofa son épée et son chapeau à plumes, et se mit à marcher avec agitation.

« Allons, je serai la risée de la cour, s'écriait le comte en fureur, la risée de la cour ; mais aussi j'ai ce que je mérite ! Que moi, moi, avec mon expérience du monde et des femmes, je ne m'aperçoive pas que je sers de manteau à ce petit impertinent, et que pendant que le mari, jaloux de moi, s'occupe de mes démarches, de mes projets, de mes attaques, il laisse beau jeu à sa femme pour voir mon rival tout à son aise, et quel rival ! un enfant de dix-sept ans ; et moi qui vais bêtement me battre, et moi qui suis blessé, qui blesse le mari pendant que... Allons, c'en est fait ! encore une fois je serai la risée de la cour ! et pardieu ! je n'ai pas besoin de dire je serai... je puis bien dire je suis la risée de la cour. J'ai bien vu les chuchotements de tout le cercle du prince. Sans doute, cela m'est fort égal. Ce qui m'arrive, après tout, arrive à bien d'autres ; le tour est bien joué, et je suis de trop bonne compagnie pour ne pas le trouver tel. C'est fort plaisant, fort plaisant ; ce petit page promet beaucoup... et la baronne aussi, » — ajouta le comte avec un rire amer. Puis il reprit : — « Après tout, parce qu'un homme de ma sorte n'aura pas réussi une fois, qu'est-ce que cela prouve? Pardieu !

moi aussi j'ai joué un mari et un amant : mon tour à ce pauvre M. de Cernan et à Saint-Cyr valait bien celui-là. Ainsi, cela ne prouve rien contre mon adresse... Non, sans doute, cela ne prouve rien... Mais, d'autre côté, le monde est si bête, si imbécile, que parce que cette petite niaise de baronne Van-Daal se sera moquée de moi, je ne pourrai plus maintenant m'occuper d'une femme sans avoir à vaincre ce détestable antécédent... sans compter que mes ennemis ne manqueront pas d'enjoliver l'histoire. Mon Dieu ! mon Dieu ! que tout cela est donc pitoyable ! Quel égout que le monde ! quelle fange ! quelle piscine que le monde, que cette cour ! En vérité, ça n'a pas de nom ; il n'y a plus la moindre retenue, plus la moindre pudeur chez les femmes, pas l'ombre d'idée de ce que c'est que le goût, de ce que sont les convenances. Car enfin je ne suis certainement pas plus Caton qu'un autre... moi... je conçois parfaitement qu'une femme ait quelques bontés pour un homme *fait*, qui, par sa position sociale et par l'état qu'on tient de lui dans le monde, puisse faire excuser cette faiblesse ; encore une fois, cela se conçoit, c'est même assez naturel ; mais qu'une femme pousse l'oubli de ses devoirs et des plus simples bienséances jusqu'à aller impudemment, grossièrement se prostituer, car c'est le mot, se prostituer à un page, à un enfant, sans consistance, à un petit bonhomme qui ne signifie rien du tout, voilà ce qui est odieux, ignoble, honteux, désespérant, parce que c'est sans excuse, sans aucune excuse ! » — s'écria le comte en arpentant son salon ; puis, après une pause, il reprit en frappant avec rage sur le marbre de sa cheminée :

« Et pourtant le monde trouvera cela magnifique ! il en rira, il en glosera comme un idiot, comme un crétin qu'il est ; au lieu de flétrir par ses mépris une infamie aussi révoltante, un goût aussi bassement corrompu ! Mais, bah ! attendez donc cela du monde ! le monde ! brute grossière et matérielle ! le monde ! mais, en vérité, qu'est-ce que c'est que ça, le monde ! Pourquoi y va-t-on ? car enfin, qu'y trouve-t-on ? de l'égoïsme, une rage de plaisirs faciles, pas la moindre délicatesse dans le choix des femmes. Mon Dieu ! mon Dieu ! encore une fois, quel égout que le monde ! Et qu'est-ce donc qu'on peut trouver d'amusant dans cet échange continuel de faussetés et de mensonges qui ne trompent personne, dans ces amours menteurs qui n'en veulent qu'aux sens, dans ce bavardage insipide, aussi vain qu'ennuyeux, dans ces flagorneries misérables ; en un mot, dans ce tourbillon vide et éblouissant ! Mon Dieu ! que tout cela est donc sot, aux yeux d'un homme raisonnable ; et bien fou est celui qui compte sur le monde pour satisfaire son cœur ; et maintenant je suis bien de l'avis, c'est-à-dire j'ai toujours été de l'avis de cet abbé que j'avais dans les temps pour aumônier à mon bord, cet abbé de Milly... Silly... Rilly... non, Cilly... Cilly ; c'est cela, de Cilly. Où est-il ? qu'est-il devenu ? car, après une longue maladie, il a quitté l'île de France. On a même dit qu'il avait tenté de s'empoisonner et que c'est ça qui avait causé sa maladie. Enfin, je n'en sais rien, mais tout ce que je sais, c'est que c'était un homme de sens, celui-là ! et qu'il avait raison, car, en vérité, rien n'est plus odieux que la vie qu'on mène dans le monde; cela n'a aucun but, ça ne signifie rien, et en définitive c'est fort triste.

« Et puis enfin, — dit le comte en secouant la tête d'un air grave, et s'arrêtant tout à coup devant un magnifique Christ de Rubens, placé, il est vrai, tout vis-à-vis d'une nymphe de l'Albane, — et puis enfin, — ajouta donc le comte, — ce Christ m'y fait penser... Mais, comme le disait l'autre jour le vieux chevalier de Volski, il vient un âge où l'on doit songer un peu à l'avenir; car, enfin, qui sait si tout est fini ici-bas? Que diable! il y a peut-être quelque chose là-haut; et quand même il n'y aurait rien du tout, ce que je suis fort loin de penser, qu'est-ce que ça coûte d'agir comme s'il y avait quelque chose? D'abord, moi, j'ai toujours eu des sentiments religieux; le temps, les circonstances, mes voyages, m'ont un peu empêché de les développer et de les mettre en pratique; mais ce qu'il y a de sûr, c'est que je les ai; et, après tout, quand je finirai ma vie en me sacrifiant au monde, en ne vivant que pour le monde, en ne faisant des frais que pour le monde, ce ne sera, pardieu! pas le monde qui viendra plus tard m'arracher aux peines éternelles, s'il y en a... et si les fautes de ma jeunesse me les ont méritées. Car, enfin, encore dernièrement, je voyais dans son oratoire ce vieux chevalier de Volski; il est impossible d'être plus heureux que cet homme-là; et pourtant, Dieu sait quelle épouvantable vie il a menée dans sa jeunesse et même plus tard. Eh bien! il me racontait les entretiens qu'il a avec son confesseur; c'est parfait: son confesseur lui prouve, clair comme le jour, qu'on peut très-bien racheter les fautes de sa jeunesse par une vie de repentir, de résignation et d'humilité; et puis avec ça, son oratoire est tout tendu en velours cerise, frangé d'or; c'est merveilleux! il y a là-dedans pour plus de cent mille écus de tableaux, et moi qui ai des saintetés et des meubles gothiques à n'en plus finir, j'aurai un oratoire encore bien plus beau que le sien. C'est cela, je le ferai construire dans le parloir de madame de Vaudrey, qui est fait en dôme; mon oratoire serait ainsi éclairé par le haut, ce qui serait d'un effet délicieux pour les statues et les tableaux; car, enfin, on a beau dire, encore une fois, tout ne finit pas avec nous. Les philosophes les plus enracinés, Voltaire, La Harpe, et tant d'autres, ont bien été forcés d'en venir là. Et quand des hommes de cet esprit-là croient, parbleu! on peut bien croire sans se compromettre. Je sais bien, après ça, que les esprits forts feront de mauvaises plaisanteries; mais, pardieu! qu'est-ce que ça me fait, à moi, les esprits forts?... les esprits forts!... ça leur est bien facile à dire; d'ailleurs ils ont fait la révolution, et on n'a qu'à voir où ça les a menés. Tandis que Bonaparte lui-même a rendu beaucoup d'influence au clergé; car il y a encore celui-là, Bonaparte. Ainsi, quand un Voltaire, un La Harpe, un Bonaparte, croient qu'il y a quelque chose là-haut, que diable! je serais bien bête de craindre les moqueries du monde; et puis, après tout, il y a une chose positive dans la religion, c'est que, pour ceux qui en ont, il s'agit d'une vie éternelle de félicité; et quand une fois cela vous est bien prouvé, comme cela a été prouvé à ce vieux renégat de chevalier de Volski, on serait bien sot de ne pas devenir pieux, d'autant plus que la religion n'empêche pas de se livrer à d'honnêtes délassements, à la chasse, je suppose, que j'aime à la folie. Cela n'empêche pas non plus d'avoir un train de maison convenable, de recevoir, de tenir son rang ; et puis, de plus, il y a une foule de pratiques qui vous occupent beaucoup.

J'avoue cela, pendant toute ma vie, à terre comme autrefois à mon bord, je me suis ennuyé quand je n'avais pas une occupation quelconque, et la religion m'occupera beaucoup... Et puis, j'exigerai que toute ma maison aille à la messe ; ceux de mes gens qui ne sont pas de livrée iront aussi, mais plus près de mon banc que les autres. C'est ça... Ensuite je ferai réparer cette chapelle gothique de Horn-Praët ; j'en ferai un bijou... J'aurai un chapelain et un organiste à moi, ça sera royal. Oui, oui, plus j'y pense, plus je vois que le bonheur est peut-être dans la religion... Et puis encore, il vaut mieux quitter le monde que le monde ne nous quitte, et en le quittant maintenant... maintenant que je suis encore dans ce qui s'appelle *la force de l'âge*, je laisserai au contraire des regrets, et j'en serai ravi... Ma foi, tant pis pour les femmes. Quant à moi, je commence à me lasser furieusement de toutes ces niaiseries-là ; depuis que je me suis retiré du service, et en Russie, et en Allemagne, et ici, j'ai eu pardieu assez de succès ; eh bien ! il faut en convenir, c'est toujours la même chose ; ça se réduit toujours à faire sa cour à une femme, à l'obtenir, et à recommencer pour en avoir une autre. Non, mais c'est qu'en vérité, plus on y réfléchit, plus on voit que c'est pitoyable ; ça devient ennuyeux à périr ; et comme disait fort bien mon ancien aumônier, cet abbé de Cilly, il faut laisser ce métier-là à ceux qui n'ont pas autre chose à faire. Ah ! parbleu, voilà cette petite sotte de baronne de Van-Daal bien avancée ! Son petit bonhomme la plantera là au premier jour, tandis que moi je devrai peut-être à son impertinence l'avantage d'avoir eu des pensées qui pourraient bien fixer mon avenir et me mettre dans la bonne voie pour le restant de mes jours. ». . . . .

. . . .

On s'est aperçu que dans ce long monologue, qui calma du reste l'irritation du comte et lui procura une nuit beaucoup meilleure que celle qu'il attendait, on s'est aperçu que ni la comtesse, ni ses enfants, n'étaient entrés pour rien dans les regrets, les espérances ou les déterminations de M. de Vaudrey. C'est qu'aussi rien au monde ne lui était plus indifférent, et ne comptait pour moins dans les arrangements de sa vie.

On a vu aussi, par la lettre que madame de Vaudrey écrivait, il a dix ans, à son amie, en lui annonçant la naissance de sa fille Marie, qu'elle était loin d'être heureuse, et que, depuis longtemps, elle avait jugé le comte à sa juste valeur.

Or, la comtesse de Vaudrey était tout aussi malheureuse qu'il y a dix ans, seulement son malheur avait changé de cause.

Tant que le comte avait été jeune et recherché, elle avait cruellement souffert en le voyant prodiguer à d'autres femmes tout ce qu'il avait en lui d'amabilité, de grâce, de charmes et de séductions, tandis qu'il ne réservait pour elle qu'une politesse révérencieuse et froide, commandée par la noblesse et la pureté angélique de son caractère d'épouse et de mère.

Plus tard, quand le comte devint vieux, elle souffrit encore cruellement de le voir couvert de ridicule, et justement moqué à cause de ses prétentions à des succès auxquels il ne devait plus songer. Elle souffrit aussi cruellement de l'indifférence profonde qu'il témoignait à ses deux enfants; car on ne pouvait appeler amour paternel l'espèce d'arrière-pensée d'orgueil qui lui faisait voir avec une satisfaction toute personnelle, avec une vanité sèche et égoïste, le fils qui portait et perpétuerait le nom des comtes de Vaudrey. Et la preuve que l'amour paternel était nul chez M. de Vaudrey, c'est qu'il n'avait même pas pour sa fille les dehors de l'insignifiante affection qu'il témoignait à son fils, et cela parce que sa fille ne portait pas son nom.

Ainsi cette malheureuse comtesse, cette femme si dévouée, si loyale, d'un si grand et si noble cœur, d'un esprit si délicat et si élevé, devait avoir un chagrin nouveau pour chaque nouvelle phase de sa vie, devait, pour ainsi dire, goûter l'amertume de toutes les larmes!!!

Et pourtant le coup le plus cruel lui était encore réservé; car, en pensant (comme elle le pensait) qu'un jour le comte, dégoûté d'un monde qui le repoussait, reviendrait au moins à elle, et chercherait, dans une vie douce et calme, dans les caresses de ses enfants, une compensation à son chagrin d'être vieux et presque moqué par cette société qu'il avait vue à ses genoux; en pensant cela, la comtesse était dupe de sa dernière illusion, qui avait été pourtant assez puissante pour lui donner la force de supporter ses chagrins, dans l'espoir d'un meilleur avenir.

Oui, c'était folie et douloureux besoin d'espérance

que de croire que l'âcreté des regrets pourrait un jour amollir cette vieille âme, desséchée, racornie par l'égoïsme le plus atroce ; de croire que le comte, souffrant avec rage de ne se voir plus compter dans le monde, ne ferait pas impitoyablement supporter aux siens la réaction de cette rage. Or, en admettant même que le comte se fût résigné à vivre de cette vie intérieure, le supplice le plus infernal eût alors commencé pour sa femme et pour ses enfants, parce qu'il n'y a rien sur la terre de plus hargneux, de plus sournoisement méchant, de plus haineux, je dirai presque de plus féroce qu'un vieux libertin blasé! tout l'irrite, parce qu'il ne peut plus jouir de rien. La jeunesse fraîche et souriante lui est insupportable à voir, parce qu'elle lui rappelle des avantages qu'il n'a plus; la triste vieillesse lui est odieuse, parce qu'elle est le miroir vivant de ce qu'il est lui-même ; enfin, il tâche de flétrir toutes les joies et tous les plaisirs, parce qu'il est mort à toutes les joies et à tous les plaisirs; et puis, après avoir torturé les siens pendant de longues années, il meurt en blasphémant de désespoir de quitter une vie qu'il a pourtant maudite chaque jour de sa détestable vieillesse.

Voilà sans doute quelles eussent été l'existence et la fin de M. de Vaudrey, si une nouvelle nuance de son égoïsme n'avait pas dû se révéler, pour imposer à la comtesse une autre espèce de tourments, et lui ouvrir à *lui* une source féconde de béatitude et de félicité.

En se rappelant la vie du comte, on voit que le *Moi* a toujours et partout dominé. Tant qu'il s'est agi de plaisirs et de gloire, tout a été sacrifié à ce *Moi;* rien de plus simple, c'était la logique de cette lâcheté. Plus tard, l'amour le plus naïf et le plus profond d'une femme adorable qui apportait encore au comte une fortune immense, cet amour est encore sacrifié à de frivoles succès d'amour-propre. C'est logique, toujours logique. Eh bien donc! si le comte a tant sacrifié à des désirs de jouissances éphémères et périssables, pense-t-on que, du moment où il croira qu'il existe une *félicité éternelle*, et qu'il pourra, *lui*, jouir un jour de cette félicité, il songera davantage au bonheur et à l'affection de sa famille? Non, il les sacrifiera encore, et comme toujours; il les sacrifiera, sans hésiter, aux exigences de *son salut*, qui, faussées par son aveugle instinct d'égoïsme, lui paraîtront devoir absorber, comme autrefois le monde, tout son temps, toutes ses pensées, toutes ses affections.

Et cela, parce qu'un esprit aussi personnel et aussi étroit que celui du comte est incapable de comprendre ni de s'assimiler la magnifique pensée de dévouement et d'amour d'une religion qui se résume, pour ainsi dire, par la *Communion*. Non, M. de Vaudrey, déjà presque hébété par l'abus des jouissances, M. de Vaudrey, qui ne possède aucune de ces qualités morales et fortes qui ne vieillissent pas; M. de Vaudrey, incapable de la comprendre, doit dénaturer la pensée première du christianisme, qui a pour symbole l'expiation sanglante d'un seul au profit de tous; admirable idée, qui, appliquée à l'humanité, unit les hommes entre eux par la plus touchante solidarité, en rendant communs à tous les fruits de la piété de chacun.

Oui, M. de Vaudrey doit dénaturer cette idée d'une moralité si consolante, pour la plier à son abject intérêt personnel; et cela surtout s'il a pour confesseur un homme assez influent sur son esprit affaibli pour lui faire peur de l'*enfer*, et assez stupide ou assez fourbe pour donner une dangereuse direction aux suites de cette crainte.

Nous disons l'*enfer*, parce que c'est seulement avec la peur de l'enfer, du diable et de ses cornes, ou quelque chose d'approchant, qu'on pourrait un jour fortement frapper l'intelligence éteinte de M. de Vaudrey, en lui exagérant la punition que méritaient les fautes de sa jeunesse.

Car si les esprits véritablement chrétiens et élevés restent froids devant ces figures grossières et palpables; si pour eux ces grandes et terribles idées de rémunération et d'immortalité de l'âme sont bien plus effrayantes quand elles leur apparaissent dans toute leur immensité sans bornes... sans forme... et sans nom; pour les esprits étroits ou affaiblis comme l'était celui du comte, il faut au contraire des images fortement accusées, quelque chose de net et de tranché; il faut un paradis avec de la musique, et un enfer avec des démons qui mordent, des fourches qui piquent et des flammes qui rôtissent; alors l'espoir d'une autre vie se réduit à une question positive de musique ou de brûlure pour l'éternité.

Encore une fois, le comte pouvait bien un jour avoir une peur égoïste et puérile de la mort, seulement parce que la mort le priverait d'une vie de jouissances matérielles; mais il devait toujours être incapable et indigne d'éprouver cette terreur sainte, profonde et mystérieuse, qui soulève les plus hautes et les plus nobles pensées, lorsque après avoir jeté un long et triste coup d'œil sur sa vie passée, on voit approcher la mort en se demandant : — Où vais-je aller?... qui m'attend?...

Le comte pouvait bien un jour tâcher de racheter ses fautes par les pratiques extérieures du culte et par un insignifiant et stérile repentir; mais le comte devait toujours être incapable et indigne d'éprouver à la fin de ses jours cette commisération indéfinissable et pourtant instinctive chez les êtres vraiment pieux et grands, qui leur dit d'épuiser avant de sortir de la vie tout ce qui leur reste d'amour et de tendresse dans l'âme; de prodiguer à tous dévouement, secours et consolation, peut-être pour mériter de tous un souvenir, un regret ou une prière, afin de voir le trépas avec sérénité, d'avoir leurs mains mourantes baignées de larmes amies, et de sentir leur âme légère et pure étendre paisiblement ses ailes à ce moment terrible.

Car, encore une fois, ces idées si effrayantes pour bien des hommes, parce qu'elles sont vagues, mystérieuses, et que Dieu en a pourtant jeté le germe au fond du cœur de chacun; on l'a dit, ces idées devaient se résumer clairement pour le comte par un enfer où on est brûlé quand on n'a pas cru, et par un paradis où on entend de la musique quand on a cru.

Or, comme le comte comprenait fort bien les corrélations positives de ces supplices, une fois qu'il croirait fermement à leur existence (chose horrible ou consolante!), il pouvait un jour *croire*, et avoir la FOI pleine et entière, croire avec conviction, *croire* sans invoquer l'analyse, qui serait au-dessus de ses facultés et de son insuffisance; *croire*, pour ainsi dire, parce que son instinct d'égoïsme lui disait : *Crois, et tu ne seras pas brûlé; croire* sans avoir acheté ni mérité cette *croyance,* cette FOI, ce don divin et ineffable, par un repentir touchant et utile à ceux qu'il avait offensés ou sacrifiés; *croire* tout en restant froid et cruellement impassible aux larmes de sa femme et de sa fille; *croire* sans raisonner ni expliquer autrement sa croyance que parce qu'elle était dans son intérêt; *croire* sans pour cela devenir ni meilleur, ni moins égoïste, ni moins vain, ni moins dur; *croire*, enfin, et jouir par anticipation d'une félicité éternelle, parce qu'il aurait accompli chaque jour, et scrupuleusement, les pratiques d'un culte ainsi profané, parce qu'il aurait écouté une messe sans l'entendre, et qu'un sacristain à ses gages lui aurait donné une absolution impie.

Mais aussi, cette croyance stérile, égoïste et machinale lui serait-elle comptée *un jour?*... vaudrait-elle même, aux yeux du Souverain Juge, les doutes accablants du sceptique qui détourne en tremblant sa vue du tabernacle?

LXI.

5 JANVIER 1812.

LA COMTESSE DE VAUDREY A LA MARQUISE DE BELLOW, A NAPLES.

Château de Sercoët, près Utrecht.

« Grand Dieu, mon amie, ayez pitié de moi... En vérité, j'ai la tête perdue, je viens d'avoir avec M. de Vaudrey l'explication la plus désespérante, car elle m'effraie, au delà de toute idée, sur le sort qui est réservé à ma pauvre Marie.

« Depuis longtemps, mon amie, je vous ai entretenue du changement incroyable survenu dans les habitudes de M. de Vaudrey. Vous le savez, après cette ridicule et malheureuse aventure qui faillit lui coûter la vie et le rendit la fable et la risée de la cour, il quitta La Haye et vint s'établir ici, accompagné d'un chapelain que lui avait donné le chevalier de Volsky.

« Une fois dans notre terre, M. de Vaudrey me fit part de ses nouvelles intentions. Voulant travailler à son salut, il m'engagea formellement à ne recevoir personne, afin de n'être pas distrait, disait-il, dans ses exercices de piété. Notre fils Alfred était alors en Angleterre avec son gouverneur et un autre gentilhomme que M. de Vaudrey lui avait donné. Je restai donc absolument seule avec ma chère Marie, ce qui me fit tout le plaisir que vous devez concevoir.

« Quoiqu'elle fût bien subite, et qu'elle eût été plutôt décidée par le dépit que par la conviction, je vous l'avoue, mon amie, cette conversion me ravit d'abord, car je savais mieux que personne combien on peut attendre de consolations du ciel, quand la vie d'ici-bas est trop pénible ou trop décevante, et puis je croyais aussi que les nouvelles idées religieuses du comte l'amèneraient naturellement à se rapprocher de nous, et qu'il mettrait en pratique dans son intérieur cette morale chrétienne si bienveillante et si pleine d'amour ; je voyais enfin mon rêve sur le point de se réaliser, je pensais que M. de Vaudrey, loin de la cour, dégoûté du monde et abandonné à notre seule affection, allait enfin revenir à nous, qui l'aimions tant et toujours malgré son indifférence.

« Eh bien ! mon amie, tout ceci n'était qu'une illusion, qu'une amère et misérable illusion. Le chapelain (car ce serait blasphémer que de dire Dieu), le chapelain, du moment où il eut pris de l'influence sur M. de Vaudrey, devint pour lui ce que le monde et ses plaisirs avaient autrefois été, c'est-à-dire l'unique moteur, l'unique but de sa vie et de ses actions ; en un mot, il ne voit, n'entend, ne juge, ne pense que par son chapelain. Moi et ma fille, nous lui sommes restées aussi étrangères, plus étrangères même, plus indifférentes encore, qu'avant sa conversion ; jugez-en, mon amie.

« M. de Vaudrey se lève à neuf heures et va entendre la messe dans la chapelle qu'il a fait reconstruire et orner avec une folle magnificence. Puis il déjeune dans son appartement, et part pour la chasse si le temps est beau ; sinon il monte à cheval trois ou quatre heures dans son manége ; puis il rentre, paraît à table, me salue, donne un baiser à sa fille, et se retire pour se confesser (il se confesse chaque soir), et entendre ensuite une lecture que lui fait son chapelain, et enfin il se couche à huit heures ; voilà sa vie de tous les jours, mon amie, voilà sa vie et la nôtre depuis deux ans.

« Pour moi, habituée que je suis à l'existence la plus triste et la plus monotone, je supporterais parfaitement cet isolement complet, en songeant, après tout, que M. de Vaudrey se trouve heureux... Mais ma fille, à son âge, aurait besoin d'un peu de gaieté, de mouvement, et ici la pauvre enfant mène la vie d'une recluse ; car son père ne veut absolument recevoir personne, soit qu'il craigne les sarcasmes de ses anciens amis, soit que son chapelain le lui défende ; car ce n'est pas tout, mon amie, ou l'esprit de M. de Vaudrey se sera usé dans la dissipation, et par les excès, ou les peintures terribles que lui fait sans doute son chapelain, en lui parlant des peines éternelles, l'auront ébranlé. Mais je me suis aperçue avec effroi que les facultés de M. de Vaudrey se sont affaiblies. Seulement il a conservé intacte son inflexible volonté. C'est un marbre froid, muet et sourd. Il ne discute plus, et quand il dit *je veux*, concentré en lui-même, il reste alors insensible à toutes les objections. Mais ne croyez pas qu'il achète cette conviction qu'il a maintenant d'être presque saint par des privations ou des austérités. Point du tout ; les seules choses qu'il ait offertes au ciel en sacrifice, c'est le monde qui le repoussait, c'est l'affection de sa famille, qui lui a toujours été indifférente. Excepté cela, son luxe est aussi complet, son faste aussi éblouissant, sa table aussi recherchée, ses goûts de chasse, de chevaux, d'antiquités et de tableaux sont aussi dispendieux. Seulement, il ne veut recevoir personne, ainsi que je vous l'ai dit, et paraît s'arranger fort de cette solitude et de cette existence, car sa santé est plus florissante que jamais. Ah ! je vous jure, mon amie, que son chapelain le mène au ciel par une voie douce et commode; car il échappe parfois à M. de Vaudrey des exclamations de béatitude qui révèlent combien il est heureux de la nouvelle vie qu'il a embrassée.

« Il est vrai qu'aujourd'hui comme autrefois, comme toujours, son bonheur coûte des larmes bien amères à ceux qui l'entourent ; mais que lui importe, à lui ! Aujourd'hui, il jouit placidement, et par anticipation, de la félicité éternelle qu'il acquiert, à si peu de frais, sans penser à l'avenir de ses enfants... Car voici, mon amie, ce qui cause ma peine la plus amère. Apprenez tout, et pardonnez-moi les détails tout à fait d'intérieur et de famille dans lesquels je suis obligée d'entrer ; mais en vérité tout cela devient si grave, que je n'hésite pas.

« Depuis deux ans, et malgré la guerre, mon fils Alfred est en Angleterre. Son père avait fixé d'abord sa pension annuelle à cent mille livres, ce qui me parut à moi-même fort convenable ; mais bientôt cette somme fut loin de suffire. Alfred prit une maison à Londres, et ses dépenses devinrent tellement exorbitantes, que je dus en causer avec M. de Vaudrey, et que je lui fis demander un moment d'entretien. Après quelque hésitation, il me l'accorda. J'entrai chez lui comme son chapelain en sortait. Je trouvai le comte occupé à considérer avec attention une gravure allemande représentant *le supplice des damnés... et le bonheur des élus.*

« M. de Vaudrey se plaisait tellement dans cette contemplation, qu'il ne m'entendit pas venir et tressaillit quand je m'approchai de lui.

« Je commençai par lui reprocher doucement et avec tendresse l'isolement où il nous laissait, moi et ma fille. A cela, il me répondit d'un air impassible : — « Croyez-vous donc, madame, que j'aie le temps « de penser aux intérêts périssables de ce monde, « quand il me reste à peine assez de loisir pour faire « mon salut, acheter la rémission de mes péchés, et « mériter une place dans le paradis?... Non, ma- « dame. Plus les sacrifices que nous faisons au ciel « sont près de notre cœur et nous doivent coûter, « plus ils sont agréables au Seigneur, qui veut que « nous soyons tout à lui. »

« Je tâchai de lui faire comprendre que l'amour des siens, loin d'être contraire à ses vœux, était considéré par toutes les lois morales, divines et humaines, comme la plus pure et la plus précieuse des vertus religieuses.

« A cela, il me répondit textuellement : — « Ma- « dame,... j'ai mis ma confiance dans un pieux et « vénérable serviteur de Dieu ; lui seul me guide « dans la vie éternelle... je ne dois compte qu'à lui « de mes actions, et lui seul m'enseigne ce qui est « bien et ce qui est mal. Veuillez donc considérer « cet entretien comme le dernier que vous aurez de

« moi sur ce sujet. Mon salut n'importe qu'à moi, « est tout pour moi, et moi seul je sais comment je « dois faire mon salut. »

« Ce que j'essayai de lui faire entendre fut inutile, et il finit par me demander si j'avais autre chose à lui dire, parce que ses chevaux l'attendaient.

« — Oui, monsieur, lui répondis-je enfin ; j'ai à vous dire que vous perdrez votre fils, en accédant avec autant de faiblesse à ses moindres désirs et en encourageant chez ce malheureux enfant les goûts d'une folle prodigalité. Depuis deux ans à peine qu'il est en Angleterre, monsieur, en outre de sa pension, voilà plus de cent mille écus qu'il dépense, et je viens d'apprendre par votre intendant que vous veniez de donner ordre d'envoyer à Alfred trois mille louis qu'il demande encore... Permettez-moi donc, monsieur, d'entrer dans des observations un peu vulgaires ; mais vous avez une fille aussi, et...

« A ces mots, M. de Vaudrey m'interrompit, et me dit avec son même calme, son même sang-froid glacial : — « Madame, mon fils, M. le vicomte de « Vaudrey, porte *mon nom*, il doit donc tenir un état « convenable, surtout en pays étranger, et en Angle-« terre, où la noblesse est fort riche ; il doit soutenir « dignement le rang qu'il a reçu de moi, et qu'il « transmettra, je l'espère, à mes descendants. Il est « d'ailleurs à Londres, auprès de ses princes légi-« times, et du train dont les choses se passent en « France, ce voyage pourra bien un jour être pour « mon fils la source des plus grandes faveurs. Veuillez « donc, madame, m'épargner désormais de pareilles « observations. Mon fils porte *mon nom*, c'est donc à

« moi seul à diriger mon fils; ses dépenses ne sont « que raisonnables; et ce que j'approuve doit être « approuvé de tous. »

« Mes observations, mes supplications, mes menaces, mes larmes, tout fut inutile; il ne me dit pas autre chose, et me reconduisit à la porte de son oratoire.

« Maintenant, mon amie, je vais vous expliquer combien mes craintes sont graves, et combien le sort à venir de ma pauvre, de mon adorée Marie, se trouve odieusement compromis.

« Comme vous l'avez vu, les seuls traits du caractère de M. de Vaudrey qui soient restés aussi entiers et aussi saillants que par le passé, sont une inflexible volonté et l'orgueil de son nom. Le chapelain, qui est, je crois, un homme d'un esprit rusé et bassement adulateur, a su faire parfaitement cadrer la vanité toute mondaine du comte avec ses pensées de salut, en lui disant que la religion ne s'opposait pas à ce que son fils soutînt dignement le nom qu'il portait; de sorte que, pour voir son fils tenir son rang, M. de Vaudrey autorise ses prodigalités avec une faiblesse qui, en vérité, touche à la démence; et, quoique notre fortune soit considérable, je suis épouvantée de ces goûts de faste auxquels une fortune royale pourrait à peine suffire, d'autant plus que M. de Vaudrey n'a rien voulu retrancher de son grand état de maison, et que si nos biens ne sont pas obérés, au moins dépensons-nous absolument tous nos revenus, d'après les comptes de notre intendant et de nos gens d'affaires.

« Alfred a maintenant plus de vingt ans et le germe des plus heureuses et des meilleures qualités; il est beau, plein de cœur, d'esprit et de bravoure ; quoique abandonné à lui-même, ses goûts sont ceux d'un homme bien né ; il ne se commet pas, cela est vrai, et ne voit à Londres que la meilleure compagnie, où l'appellent son rang et sa naissance, je sais tout cela ; mais pourtant, ne craignez-vous pas comme moi, mon amie, qu'à un âge aussi tendre une telle facilité à satisfaire ses caprices ne soit pas bien funeste pour l'avenir ?

« Et puis enfin, Marie, mon ange aimé, ma seule consolation, ma fille, ma chère et douce fille, a aussi droit à cette fortune, elle... c'est aussi son bien qu'on dissipe si follement... Et quand il s'agira de la marier, de trouver une union digne d'elle, où sera la fortune qu'on lui donnera ? Mon fils ou M. de Vaudrey voudront-ils alors retrancher de leur train ? Voudront-ils se priver de quelques habitudes de luxe, pour la doter aussi richement qu'elle a le droit de l'attendre, d'après notre position ? Et moi, mon Dieu ! qui avais rêvé que la fortune que je donnerais à ma fille serait brillante, afin que la pauvre enfant ne fût pas sacrifiée à de l'argent, et qu'elle pût un peu suivre l'impulsion de son cœur ! Maintenant, qu'arrivera-t-il ? quel sera son avenir ?... Je ne sais, je ne puis prévoir.... Et c'est une nouvelle douleur qui me vient encore accabler... Car, malheur sur moi, mon amie, j'en suis réduite aux larmes, aux prières, je ne puis rien...

« Quand, il y a trente ans, je me mariai avec M. de Vaudrey, confiante, enivrée, étourdie du bonheur auquel je croyais, je le laissai libre de régler lui-même les conditions matérielles de cette union ; car vous savez combien j'ai toujours répugné à ces détails. Or, à cette époque, et plus tard, ses gens d'affaire en Hollande arrangèrent les choses de façon que le comte est libre et seul dispensateur de notre fortune. Avant ces événements pénibles, je n'avais jamais pensé à cela; mais aujourd'hui quelles larmes je verse! aujourd'hui que je suis vieille et mère, et que je dois compte à Dieu de l'avenir de mes enfants, combien je regrette cette coupable insouciance de ma jeunesse! Mon Dieu! mon amie, que faire? que faire? comment y remédier?

« Et mon pauvre fils, mon Alfred, est innocent de cela, lui ; il est dans un âge où les passions sont violentes, où la soif des plaisirs est inextinguible, comment pourrait-il résister aux mille tentations qui lui sont offertes? il est impétueux, ardent, généreux; mais son grand défaut est un instinct d'orgueil et de vanité, que son père encourage encore par son aveugle idolâtrie et une injuste partialité.

« Car il y a encore cela, mon amie, M. de Vaudrey préfère cent fois Alfred à Marie. Non qu'il *aime* plus Alfred que Marie, mais Alfred porte *son nom*, et voilà ce qu'il *aime* dans son fils. Car le cœur égoïste et sec de M. de Vaudrey est incapable de sentiment d'amour paternel ; si ce sentiment existait dans son âme, s'il aimait ses enfants pour eux, et non pour lui, au lieu de la repousser presque avec répugnance, n'aimerait-il pas autant Marie que son frère, plus que son frère?... Car cette pauvre enfant a plus besoin que lui d'être aimée; qui l'aimera si ce ne sont les siens? Si bonne, si naïve, si spirituelle, il ne lui manque, hélas!... je ne sais,... que ce qui séduit tout d'abord... Elle n'a pas cette beauté du visage qui attire et met alors à même de juger de la noblesse, de la beauté de l'âme... pauvre et douce Marie!... et pourtant, quoi qu'on dise, moi, je ne l'ai jamais trouvée laide, car son âme tendre et délicate se lit sur chacun de ses traits;... mais ce sont ceux qui ne l'ont pas entendue parler... qui ne la trouvent pas belle comme un ange!

« Et c'est l'avenir de cette enfant, qui a plus besoin que tout autre de tendresse et de fortune, c'est son avenir qui est si cruellement compromis... Cela est affreux... affreux en vérité... Mais que faire, mon Dieu! que faire?

« Depuis longtemps, mon amie, j'hésitais à vous écrire; mais je suis si malheureuse, je prévois un avenir si triste et contre lequel je puis si peu,... que je n'ai pas su résister au triste bonheur de vous dire mes peines, et à l'espoir de recevoir vos conseils; car, mon amie, il m'en faut absolument, il faut que je sorte de cette horrible position; encore une fois, ma vie, à moi, est à peu près terminée; je ne compte plus sur aucun bonheur ici-bas. Mais la vie de ma fille commence à peine... mais je ne veux pas, moi, que, comme sa mère, elle passe une épouvantable existence; je veux que ma fille soit heureuse, qu'elle soit heureuse et pour elle et pour moi, car Dieu lui doit la part de bonheur qu'il m'a refusée... Enfin moi, j'ai bien pu, me traînant d'espérance en espérance, atteindre ainsi à peu près le terme d'une vie engourdissante, pendant laquelle je n'ai été éveillée que çà et là par l'aiguillon du chagrin... Mais, encore une fois, je ne veux pas que ma fille, que mon enfant chérie souffre comme j'ai souffert... Ainsi donc, mon amie, donnez-moi vos conseils, et pour cette fois aussi ceux de lord Bellow, si vous les croyez nécessaires. Quand j'étais jeune, mes plaintes de femme négligée, méprisée, oubliée, n'ont été entendues que de vous et de Dieu. Aujourd'hui, mes craintes de *mère* peuvent et doivent se confier à un homme tel que lord Bellow; car, encore une fois, il s'agit de l'avenir et du sort de mon fils et de ma fille. Adieu, adieu, mon amie; ne me laissez pas longtemps sans une lettre de vous.

« Comtesse de Vaudrey. »

LXII.

LE PÈRE ET LE FILS.

(1817.)

C'était un noble et imposant édifice que le château de Vaudrey, situé sur les limites de la Normandie et de la Bretagne.

On arrivait à cette magnifique résidence par une immense allée de six rangs de chênes séculaires, qui rejoignait la grande route, éloignée de plus d'une demi-lieue.

Après avoir traversé deux cours d'honneur, entourées de grands orangers dans leurs caisses, on passait sur un large pont de pierre terminé par une grille monumentale, surmontée d'un écusson de bronze doré, représentant les armes de Vaudrey; puis on se trouvait dans la vaste cour intérieure du château, qui était baignée des plus belles eaux.

Un énorme corps de logis principal et deux ailes en retour, un perron demi-circulaire avec deux grands escaliers à balustres de marbre, circulaires aussi, qui conduisaient à la porte du milieu; deux rangs de vingt-cinq hautes croisées, séparées entre elles par une colonnade corinthienne; un entablement à balustres qui masquait le toit demi-incliné; huit cheminées massives, chargées de sculptures de pierre, représentant des trophées d'armes : telle était la façade de cette somptueuse demeure, qui paraissait appartenir au dix-septième siècle. Les ruines de l'ancien château des comtes de Vaudrey n'étaient plus habitables, et seulement conservées comme souvenir et point de vue au milieu d'un parc immense qui s'étendait vers le sud.

C'était par une belle matinée d'octobre, le ciel était voilé d'une légère vapeur grise, et le château, placé à mi-côte avec son immense façade blanche, se détachait merveilleusement sur le feuillage rouge et brun des arbres de la forêt, qui, déjà chaudement nuancée par l'automne, s'étendait en amphithéâtre derrière le principal corps de logis.

Mais la scène que nous voulons décrire se passant dans des *régions moins élevées* que ce principal corps de logis, nous sommes obligés de conduire le lecteur un peu à gauche, vers une masse considérable de bâtiments cachés avec art par une très-haute futaie; en un mot, de conduire le lecteur aux communs du château, dans une petite cour contiguë au chenil, au manége et aux écuries.

Une discussion assez vive, qui paraissait réunir tous les éléments nécessaires pour se terminer en dispute, avait lieu entre les deux personnages que nous allons dépeindre.

Le premier était un homme d'environ soixante ans, de taille moyenne, maigre, nerveux et encore plein de vigueur. Il portait un long et large habit vert, galonné d'argent sur toutes les tailles, serré sur ses hanches par le ceinturon d'un couteau de chasse à poignée d'ébène et d'argent très-large, et un peu recourbé, au lieu d'être droit et effilé comme cela se porte de nos jours.

En ajoutant des culottes blanches, de hautes bottes à chaudron et à éperons noirs, une veste écarlate, galonnée, à moitié cachée par son habit boutonné, un col blanc plissé, de la poudre, une petite queue mince, et un chapeau bordé, à trois cornes, très-plat et très-évasé, vous aurez le signalement complet de M. la Vitesse, premier piqueux de la vénerie de M. le comte de Vaudrey.

Nous oublions une figure décharnée, hâlée, tannée, ridée, illuminée par deux yeux noirs pleins de feu, et à moitié cachés par des sourcils grisonnants.

M. la Vitesse, assis sur un banc, avait à côté de lui, non une moderne demi-trompe, mais une de ces anciennes grandes trompes à la Dampierre, entourée d'un cordon de serge verte, qui ne laissait voir que le cuivre étincelant de son pavillon.

J'oubliais encore un limier, beau chien courant du Poitou, de haute taille, d'un brun fauve, marqué de feu, court de rein, large d'épaules, bas-jointé, admirablement bien coiffé de longues oreilles noires, et couvert de cicatrices, lequel chien sommeillait tranquillement étendu entre les jambes de son maître.

Ce chien favori de M. la Vitesse, et qui mérite bien d'ailleurs d'être nommé, s'appelait Ravageot; il avait été premier chien de tête de la meute du comte; mais maintenant qu'il était un peu fatigué par l'âge, on en avait fait, on l'a dit, un excellent limier.

L'interlocuteur de M. la Vitesse offrait un contraste frappant avec le vieux piqueux. C'était, pour ainsi dire, le nouveau et l'ancien régime en opposition; l'ancien, avec ses habitudes, ses règles, ses usages invariablement *français;* et le nouveau, avec son goût prononcé d'anglomanie. Le nouveau plus leste, plus fringant, plus joli, mais moins noble, moins imposant, moins type que l'ancien.

Cet interlocuteur était un jeune Anglais, de haute et robuste taille, blond, coloré, l'air insolent et froid; somme toute, assez beau garçon et parlant bien français.

Sa mise paraissait extrêmement recherchée; il portait une petite redingote de drap écarlate, à boutons d'argent, qui dessinait sa taille vigoureuse; des culottes de daim jaune-clair, des bottes à revers bien luisantes, avec des éperons d'acier, une cravate blanche soigneusement empesée, et une cape de velours noir.

Il jouait machinalement avec un fouet de chasse, et avait, suspendu à son côté par un cordon de soie, un tout petit cornet de cuivre.

Pour que rien ne manquât au contraste, un grand

jeune chien courant, de pure race anglaise, un véritable Fox-Hound, blanc et orangé, un peu levretté, haut sur ses jarrets, au fouet long et mince, au nez fin et allongé, coiffé haut de petites oreilles, se tenait accroupi près de son maître, et jetait des regards moitié méprisants, moitié craintifs sur le vieux Ravageot, qui, de temps à autre, le guignait du coin de l'œil, en faisant entendre un grognement sourd et menaçant.

Cet Anglais à redingote rouge était Tom Crimps, qui piquait les chiens de renard du vicomte Alfred de Vaudrey, fils du comte de Vaudrey; car le vicomte Alfred, étant trop à la mode pour suivre les vieilles coutumes de la vénerie française auxquelles son père était resté scrupuleusement fidèle, avait ramené d'Angleterre un excellent équipage, composé de quinze chevaux et de soixante chiens de pure race.

Or, ce Tom Crimps, ce Huntsman, qu'Alfred avait fait venir à grands frais, passait dans le Leicestershire pour un des meilleurs élèves du vieux, du célèbre et intrépide Bryan Corcoran, qui acquit une si grande et si juste renommée aux chasses de lord Derby's. Le sujet qui divisait le piqueux et le Huntsman était, comme d'habitude, la prééminence de la chasse anglaise sur la chasse française, et *vice versâ*.

La Vitesse, d'un naturel fort emporté, s'irritait encore du flegme tout britannique de Tom Crimps, qui, sûr de l'appui de son maître, s'amusait à exaspérer le vieux veneur.

— Non, ce que vous appelez une chasse n'a pas le droit de s'appeler une chasse, Tom, — disait aigrement la Vitesse, — et c'est pitié de voir M. le vicomte faire nourrir des renards dans des tonneaux pour mettre ses chiens après, tandis que la forêt de Vaudrey regorge de sangliers, de cerfs et de chevreuils, que c'en est comme un brouillard. Non, encore une fois, votre chasse n'a pas plus le droit de s'appeler une chasse... qu'un lapin de clapier n'a le droit de venir se vanter d'être un lapin de garenne... Entendez-vous!

— Notre chasse est la seule chasse où l'on puisse juger l'adresse du cheval et l'audace du cavalier, — dit dédaigneusement Tom en frappant du bout de son fouet sur le revers de ses bottes, — notre chasse est une chasse d'homme jeune et hardi, tandis que la vôtre convient à un vieux bonhomme qui va tranquillement se promener derrière un sanglier, quand il a entendu sa messe... et qu'il a reçu la bénédiction de son chapelain.

— Ah çà ! Tom... ne dites pas d'insolence sur mon maître, — s'écria la Vitesse en quittant son siége, et s'approchant du Huntsman, suivi de Ravageot, qui s'élança tout aussi menaçant sur le vrai Fox-Hound ; — si mon maître va à la messe, c'est que ça lui plaît, — reprit la Vitesse ; — et il vaut mieux encore aller à la messe comme mon maître, que de faire comme le vôtre, que de gaspiller de l'argent ni plus ni moins que de la cendrée, sans songer si on a une sœur ; oui, oui, je sais ce que je dis... entendez-vous ? Tom, il vaut mieux encore recevoir la bénédiction d'un chapelain, que de mettre, comme fait votre maître, une meute de soixante grands imbéciles de chiens après un misérable renard... une canaille de bête puante... qu'en vérité ce serait humiliant pour des chiens qui auraient du cœur de faire un pareil métier. Oui, oui, je ne crains pas de le dire, vos chiens devraient être humiliés... Mais vos chiens n'ont pas de cœur, vos chiens sont des lâches.

— Mes chiens n'ont pas de cœur ! mes chiens sont des lâches !... — dit Tom en rougissant de colère et se contenant à peine ; — Gaylass, que voilà, est lâche ?...

— Oui, monsieur, c'est un lâche !... je le répète, c'est un lâche ! un lâche ! un lâche ! Qu'a-t-il donc fait pour prouver le contraire ?... où a-t-il été blessé ?... où sont ses cicatrices ?... Par saint Hubert ! un renard a donc les abois bien dangereux quand il a été mené pendant une demi-heure par soixante chiens aussi roides que les vôtres ! Voulez-vous savoir et voir ce que c'est qu'un brave et bon chien, le brave d'entre les braves chiens ?... c'est le vieux Ravageot, que voilà, monsieur...

Et Ravageot, entendant son nom, se dressa tout droit contre la Vitesse, qui profita du mouvement pour montrer et énumérer les qualités de ce précieux limier.

— Tenez, monsieur, voyez-vous cette oreille fendue en trois ?... ce sont des coups de boutoir !... cette queue coupée, et dont il ne reste que deux nœuds ?... c'est encore d'un coup de boutoir !... cette grande entaille à la hanche ?... c'est un dix-cors qui la lui a faite !... et cette autre à la poitrine... à y fourrer le poing ?... c'est une louve qui la lui a faite, monsieur !... c'est une louve boiteuse qu'il a forcée lui seul... entendez-vous, lui seul, le noble chien ! Au bout de treize heures de chasse, la jeune meute avait fait défaut et pris change sur des louvards ; mais lui, mon vieux

Ravageot, qui menait, a tenu lui seul, monsieur ; il a tenu... Aussi, le brave animal a fait l'hallali tout seul, et la curée pour lui tout seul ; car Louis, un de mes valets de chiens, l'a retrouvé le lendemain près de la louve étranglée et à demi dévorée, et lui si blessé, que de rage ce diable de Louis en a haché la louve en morceaux; et ce qu'il y a d'incroyable, monsieur, c'est que Ravageot, tout en ayant été un meneur, une gueule de feu, est à cette heure le dieu des limiers. Ah ! il faut le voir au bois ! quel chien ! comme c'est sage et prudent, et spirituel !

— Oh ! oh ! votre chien a de l'esprit aussi ! — dit Tom en ricanant avec son accent anglais.

— Oui, monsieur, plus que vous ; car la pauvre bête, une fois dans le fourré, serait sur le fort, qu'il ne donnerait pas plus de voix qu'un de vos chiens muets, lui qui a pourtant une si belle gorge ! Non, monsieur, il a l'esprit de comprendre qu'il faut se taire, et ça me fend le cœur de l'entendre, pour ainsi dire, aboyer en dedans, tant il a de gueule et d'ardeur, et tant il souffre de se retenir. Voilà ce que c'est qu'un brave chien, monsieur ; car s'il y a du courage à une meute à mettre aux abois un sanglier, un loup ou un cerf, c'est humiliant d'être soixante bêtes de chiens pour faire la curée... d'un renard ! — dit la Vitesse, qui prononça *nard* en ouvrant la bouche d'une façon démesurée par manière de sarcasme.

— A la bonne heure, monsieur la Vitesse, — dit Tom avec son flegme ; — si les chiens sont braves dans votre chasse, les hommes et les chevaux le sont dans la nôtre ; et quand je vous aurai vu, monsieur la Vitesse, vous et cette espèce de gros bœuf rouan que vous appelez *le Silvain*, faire une steeple-chase à la mode de Leicestershire ; quand je vous aurai vu sauter dans une chasse une vingtaine de haies de quatre à cinq pieds de haut, et autant de fossés de douze pieds de large ; quand je vous aurai vu descendre à fond de train la côte du Ménil, qui est si rapide qu'une pierre y roulerait toute seule ; quand j'aurai vu votre gros Silvain forcer un lièvre en dix-sept minutes, sans tenir compte des ravins, des haies, des rivières et des fossés ; quand j'aurai vu ce vénérable vieillard, que vous appelez Ravageot, grimper à un mur de six pieds pour aller démolir le terrier d'un renard qui s'était terré dans un jardin, comme a fait l'autre jour Gaylass que voici ; quand j'aurai vu tout cela, monsieur la Vitesse, nous pourrons causer chasse. Mais je vois venir Jack avec Bobadil, et Louis avec le Silvain ; comparez donc, monsieur la Vitesse.

Il y avait en effet le même contraste entre Silvain, vigoureux percheron rouan, entier, bien ramassé, bien doublé, sellé à la française, et Bobadil, cheval de pur sang, qu'entre la Vitesse et Tom Crimps, Ravageot et Gaylass. — Tom sauta légèrement sur Bobadil, et, avisant une barrière de quatre pieds, il la fit franchir à son cheval avec autant de grâce que de vigueur, en poussant le cri de chasse *Hold-hard!* Puis, se retournant, il dit à la Vitesse : — Envoyez donc chercher une bonne corde, une poulie et un pieu, pour aider le gros Silvain à passer par-dessus cette barrière, monsieur la Vitesse.

— Vous n'êtes qu'un fanfaron et qu'un insolent, entendez-vous, Tom, — s'écria le vieillard irrité ; —

et quand votre ficelle de cheval, après une chasse de huit heures dans les terres molles et dans les bas-fonds de la forêt, fera ses cinq lieues de retraite en une heure et demie et *boira* son avoine en arrivant, je dirai qu'il est digne de lécher la mangeoire de Silvain. C'est comme vous, vous pourrez vous dire un brave veneur quand vous aurez attendu et tiré à cinq pas, comme je l'ai fait mille fois, un sanglier furieux qui faisait sang et voulait me charger ; car, en vérité, ça fait autant pitié de vous entendre parler de courage que de vous entendre comparer vos chiens muets à ma vieille meute, quand elle violonne après un dix-cors, ou comparer votre cornet à bouquin à nos grandes trompes à la Dampierre, qui retentissent d'un bout à l'autre de la forêt, et font un si bel effet qu'on dirait que chaque écho est un buffet d'orgue!

— Allons, allons, ne vous fâchez pas, vous avez raison, monsieur la Vitesse; car, même dans mon pays, votre cheval le Silvain serait encore très-apprécié, — dit sérieusement Tom.

— C'est bien heureux! — reprit le piqueux.

— Oui, monsieur la Vitesse, très-apprécié; parce qu'il servirait, voyez-vous, à apporter du porter à la taverne.

Cette impertinence exaspéra la Vitesse, qui, voyant Tom hors de son atteinte, d'un coup d'œil montra Gaylass à Ravageot, lequel Ravageot hérissa son poil comme un porc-épic et se jeta en grondant sur le Fox-Hound, qui s'accula timidement contre le mur.

— Voulez-vous rappeler votre chien, monsieur la Vitesse? — dit Tom en levant son fouet sur Ravageot.

— Ah çà! ne touchez pas mon limier, mauvais renard d'Anglais! ou je vous découds comme un chevreuil, d'abord! — s'écria le vieillard pâlissant de colère et saisissant d'une main la bride de Bobadil, pendant que de l'autre il tirait à moitié son couteau de chasse.

— Hé bien! hé bien! qu'est-ce que c'est que ça? — dit une voix impérieuse quoique un peu cassée, qui fit rentrer dans son fourreau le couteau de chasse du piqueux et rendit muets les deux rivaux.

— Je parie que c'est encore ce diable de Tom et votre vieux la Vitesse qui en sont aux prises, mon père, — dit une voix jeune et joyeuse.

Et deux nouveaux personnages s'approchèrent en se tenant par le bras.

C'était le comte Henri de Vaudrey et le vicomte Alfred son fils.

Tom Crimps descendit respectueusement de cheval et s'approcha de son maître sa cape à la main.

— Allons, — dit le comte, — la Vitesse, va faire coupler tes chiens; le vent est frais, la terre bonne, nous verrons à attaquer le daguet du rapport. Ah çà! qui a fait le bois?

— J'ai eu l'honneur de dire à monsieur le comte que c'était Bonnet avec Castillo, son limier, et je suis sûr de l'homme et du chien comme de nous deux Ravageot.

— C'est bon; je monterai l'Alcide, et tu me feras tenir en relais le Glorieux et la Bergère, à la Croix-Blanche, avec la jeune meute.

Et la Vitesse s'éloigna après avoir respectueusement salué.

— Et vous, Tom, vous prendrez l'avant-dernier renard qu'on a envoyé de Calais ; vous le ferez mettre dans sa cage sur un pony, et vous le ferez conduire, lui et les chiens, à la ferme de Vaucelles ; c'est le rendez-vous que j'ai donné à MM. de Vertpuis ; vous m'y attendrez : je monterai Stag, et emmenez tous vos gens.

Et Tom et la Vitesse, et Gaylass et Ravageot, se séparèrent, non sans échanger de menaçants regards en manière d'adieux.

Le comte de Vaudrey avait alors soixante-trois ans, et paraissait encore vigoureux pour son âge.

Il avait beaucoup engraissé ; sa figure calme, pleine et lisse, respirait le bonheur et la paix ; il y avait même quelque chose de séraphique dans son regard éteint et à demi voilé. Sa perruque blonde, frisée à petites boucles, dépassait un peu sa casquette de chasse en cuir bouilli, et ombrageait ses joues grasses et colorées par le froid du matin. Le comte avait conservé toutes ses dents, et son sourire presque continuel lui donnait une apparence de bonhomie et de contentement. M. de Vaudrey était vêtu d'une redingote bleue à collet de velours rouge, qui enveloppait sa taille épaisse et voûtée ; il portait des bottes à l'écuyère, des culottes de velours noir, une cravate noire et un gilet blanc. Il tenait d'une main son couteau de chasse entouré de son ceinturon or et argent, et appuyait assez pesamment son autre bras sur le bras de son fils, svelte et beau jeune homme, vêtu d'écarlate comme Tom, si ce n'est qu'au lieu d'une cape il avait un chapeau, et qu'au lieu d'une redingote il avait un habit. Cette seule différence distinguait le gentleman de son huntsman.

Le vicomte Alfred, l'orgueil et la joie de son père, avait alors vingt-cinq ans, la plus noble et la plus jolie figure du monde, encadrée de longs favoris blonds et soyeux, qui faisaient valoir un teint dont la blancheur eût été enviée par une femme; c'était, en un mot, un gentilhomme rempli de grâce et d'élégance; avec cela, beaucoup de fierté, d'esprit naturel, une bravoure à toute épreuve, et quelque peu d'égoïsme. Il avait servi dans les chevau-légers en 1814, et maintenant il était capitaine aux lanciers de la garde, ce qui lui donnait le rang de chef d'escadron.

Le comte, adorant son fils, chez lequel il retrouvait beaucoup de son esprit et de ses manières, fournissait, comme on le sait, à toutes ses prodigalités, qui, avouons-le, quoique folles et effrénées, étant au moins du meilleur goût, avaient, pour ainsi dire, les qualités du défaut.

La fortune du comte et de sa femme, quoique diminuée par les mutations qu'on lui avait fait subir, en la réalisant pour la transporter de l'Inde en Hollande, et de Hollande en France, s'élevait encore environ à sept cent mille livres de rentes en biens-fonds, permettait d'ailleurs au vicomte d'avoir le grand train qu'il affichait depuis son voyage en Angleterre, d'où il était revenu avec les goûts exquis et raffinés du sportsman le plus accompli et le plus difficile, ayant été le *lion* de tous les clubs de la fashion, depuis celui d'Almalk jusqu'à celui des Yachts.

Le comte et son fils regagnèrent donc la cour d'honneur du château, où attendaient les voitures qui devaient les mener chacun à leur rendez-vous de chasse.

— Appuyez-vous bien sur moi, mon père, — dit Alfred, en baissant son bras pour aider le vieux comte à monter une pente assez rapide. — Prenez garde, appuyez-vous.

— Merci, mon ami, merci, — dit le comte, — mais laissez-moi vous recommander à mon tour d'être prudent à votre chasse et de prendre garde; vous le savez, Alfred, cette sorte de chasse de casse-cou à travers champs m'effraie si fort! Je n'ai pas voulu vous refuser cet équipage anglais, parce que je conçois que le vicomte de Vaudrey, mon fils, doit tenir un certain rang, et pourtant je suis tous les jours aux regrets par la terreur que me causent vos imprudences.

— Mon père, calmez vos craintes, je ne m'exposerai pas.

— Ce matin, j'ai prié Dieu pour qu'il ne vous arrivât rien, Alfred, et cette pensée me tranquillise un peu. Soyez prudent, car, vous le savez, Alfred, je n'ai que vous d'enfant, que vous seul; c'est-à-dire j'ai bien votre sœur, mais enfin votre sœur ne porte pas mon nom; c'est donc sur vous seul qu'est placé tout l'espoir de ma maison, et s'il vous arrivait quelque malheur, pensez donc que mon nom serait éteint! Ainsi, mon ami, c'est autant pour moi que pour vous que je vous recommande d'être prudent, — ajouta le comte avec une singulière naïveté d'égoïsme.

— Mon père, ne craignez rien, aujourd'hui surtout, nous ne ferons qu'une chasse de demoiselles; c'est dans la plaine des Bois-Brûlés; les Vertpuis y seront. Vous savez, mon père, les Vertpuis, dont le père, M. le marquis de Vertpuis, vient d'acheter la terre de Surville qui touche à la vôtre. Encore une fois, ce sera une chasse de demoiselles, puisque mesdames de Saint-Perney, qui viennent avec M. de Belval, la suivront. Vous voyez donc qu'il n'y aura rien à craindre. Ah! je vous demanderai la permission de vous présenter MM. de Vertpuis, qui sont de mon régiment, et qui servaient avec moi dans la Maison-Rouge; puis-je les ramener aujourd'hui pour passer quelques jours à Vaudrey, mon père?

— Non, sans doute, — dit le comte d'un ton très-positif, qui n'altéra pas l'expression de sa figure souriante, — vous savez que je ne reçois personne à ma terre; j'ai mes habitudes, j'ai besoin de calme, et une vie religieuse, mon fils, s'arrange fort peu avec une vie mondaine. C'est pour cela que je ne vais pas à Paris faire ma cour au roi, et que je vous laisse tenir maison à l'hôtel de Vaudrey.

— Soit, mon père, — dit Alfred un peu contrarié, — c'est que les Vertpuis, devenant nos voisins de terre, j'avais cru que les convenances exigeaient que je leur fisse au moins cette invitation.

— Je m'occupe fort peu *des* convenances, mon fils, mais bien de *ma* convenance; je vous ai dit non, c'est non, — ajouta le comte d'un ton sec et positif qui contrastait avec sa figure calme et toujours souriante.

— Je ne vous en parlerai plus, mon père, — reprit pourtant Alfred; — mais c'est que, voyez-vous, après dîner, quand vous vous êtes retiré, et que ma mère est occupée à sa lecture, et ma sœur à sa tapisserie, ça devient d'un ennui mortel : nous causons bien un peu; mais pour attraper minuit, c'est si long! et puis vraiment, c'est moins pour moi que je vous demanderais un peu de distraction, que pour ma bonne mère et ma petite Marie; car du diable si elles voient ici âme qui vive, et pour elles, ma parole d'honneur, ça doit être assommant.

— Madame de Vaudrey et sa fille vous ont-elles chargé de me faire cette demande, mon fils?

— Pas du tout, mon père, ne croyez pas cela; ce que je vous en dis, c'est simplement par charité, par pure charité chrétienne. Ah! voyons, mon bon père, recevez les Vertpuis par charité chrétienne.

— D'abord, je croyais vous avoir dit, monsieur, — répondit le comte d'un air fort sérieux cette fois, — qu'il est de certains mots que vous ne devez pas prononcer, ou ne les prononcer qu'avec un respect religieux, et puis ensuite que je ne reviens jamais sur ma détermination.

— Allons, soit, mon père, ne vous fâchez pas. J'ai eu tort, nous ne parlerons plus de cela, — dit Alfred, qui ajouta mentalement : — Que le diable m'emporte si je ne m'en irais pas à Paris, si j'étais sûr d'y trouver quelqu'un! mais il n'y a personne que mon régiment. Oui, car en vérité ça me fend le cœur de voir ma mère et ma sœur ainsi claquemurées et isolées.

Pendant le silence qui suivit cette petite discussion, le père et le fils arrivèrent dans la cour d'honneur.

— Allons, adieu, mon père, — dit Alfred en se découvrant et tendant la main au comte.

— Adieu, mon fils; mais, encore une fois, soyez prudent, car je vois vos chevaux qui s'impatientent. Tenez, encore cet attelage en arbalète ; c'est si dangereux ! vos chevaux ont tant d'action !

— C'est Ruby et Soother, mon père; je ne mettrai pas vingt-cinq minutes pour être à Vaucelles, et il y a plus de trois lieues. Ces deux chevaux-là, attelés ensemble, sont incomparables. Adieu, adieu, mon père ! dit encore Alfred.

Puis, s'enveloppant d'une longue redingote blanche, et allumant un cigare, le vicomte monta dans un tandam très-élevé, à train rouge et à caisse de canne, attelé d'un cheval gris et d'un cheval bai-brun. Alors, prenant les quatre rênes des mains du groom, il les ajusta avec grâce dans une seule main, fit légèrement siffler la mèche de son long fouet aux oreilles du leader, et partit rapidement pour gagner le rendez-vous de chasse, en faisant un dernier signe d'adieu au vieux comte qui le suivait des yeux, en frémissant de la prodigieuse hauteur de cette frêle voiture et de la vigueur des chevaux.

Après quoi le comte, s'enveloppant d'un witschoura bien fourré, monta dans une grande et lourde berline, menée à la française par quatre vigoureux chevaux normands, qui devait le conduire au rendez-vous de chasse toute française aussi, où l'attendait la Vitesse.

Nous allons maintenant conduire le lecteur chez madame de Vaudrey et chez sa fille Marie, qui a maintenant dix-sept ans.

LXIII.

LA MÈRE ET LA FILLE.

Au moment où le vicomte Alfred sortait de la cour du château, Marie, soulevant un des longs rideaux de soie du parloir de madame de Vaudrey, avait suivi son frère des yeux autant qu'elle l'avait pu. Puis, quittant la fenêtre, elle s'était approchée de sa mère, qui travaillait assise devant une vieille petite table à ouvrage, en écaille et en nacre, qu'elle avait apportée de l'Inde, et dont l'antiquité contrastait avec la recherche somptueuse et moderne de cet appartement; car l'intérieur du château ayant été malheureusement dévasté lors de la révolution, le comte l'avait fait remeubler avec la dernière magnificence.

— Mon Dieu, maman, — dit Marie, — que mon frère a donc une jolie tournure! que ses chevaux sont beaux! que tout ce qu'il a est élégant et de bon goût! Enfin, ne trouvez-vous pas, comme moi, que le luxe lui sied à merveille?

— Oh! très-bien, Marie; mais j'ai peur qu'il ne le sache seulement un peu trop.

— Pourquoi cela, maman? lui qui est de la cour et du plus grand monde, il faut bien qu'il y brille; et puis il est si beau! et si bon aussi! car enfin il vient passer ici tout un mois pour nous tenir compagnie. Pauvre frère! savez-vous que c'est du dévouement cela, maman? lui qui doit être si recherché, et qui peut choisir entre tant de fêtes et tant de plaisirs! Aussi, je fais tout mon possible pour lui prouver combien j'en suis reconnaissante. Croyez-vous qu'il s'en aperçoive? j'en serais si heureuse! oh oui! car il me semble qu'après le bonheur d'aimer, il n'y en a pas de plus grand que de voir ceux que vous aimez être bien sûrs de votre affection.

Et les yeux bleus de Marie devinrent humides de larmes et de tendresse.

— Chère enfant! Marie! ma bonne Marie! dit madame de Vaudrey en embrassant sa fille et la contemplant avec adoration.

Nous l'avons dit, Marie n'était pourtant pas jolie; ses traits manquaient de régularité; mais ses cheveux blonds étaient si soyeux et si fins, ses dents si blanches, sa main, son pied, sa taille, révélaient tant de distinction, sa voix était si douce et si suave, son regard si noble et si pur, sa peau si transparente, qu'en voyant cet ensemble gracieux, on se demandait, en vérité, si Marie n'eût pas perdu à être ce qu'on appelle régulièrement belle.

Quant à madame de Vaudrey, elle avait alors cinquante-trois ans; les chagrins et les souffrances d'une constitution frêle et délicate avaient amaigri sa figure. Elle était fort pâle, et portait ses cheveux, presque blancs, frisés en grosses boucles; car ses cheveux étaient une des coquetteries de Marie, qui ne trouvait rien de plus joli au monde que ces anneaux luisants et argentés qui se déroulaient sur le beau front de sa mère.

L'expression du visage de madame de Vaudrey était ordinairement douce, triste et mélancolique; mais l'amour et la tendresse de Marie y faisaient pourtant quelquefois naître un fugitif sourire. La conduite du comte à l'égard de madame de Vaudrey, était la même ; ses habitudes religieuses n'avaient pas changé : en France comme en Hollande, excepté à l'heure du dîner, il ne voyait ni sa femme ni sa fille que par hasard ou rencontre.

Ainsi qu'on l'a vu, l'éloignement du comte pour le monde et la moindre société s'était de plus en plus prononcé ; et, depuis son séjour à Vaudrey, il n'avait voulu y recevoir personne, ni même permettre que madame de Vaudrey et sa fille allassent habiter Paris pendant quelques mois d'hiver, prétendant qu'il pouvait tomber malade d'un moment à l'autre, et qu'alors il serait privé de leurs soins.

Quoique la santé du comte fût des plus florissantes, cette dernière raison devait être décisive pour madame de Vaudrey, qui, voulant se montrer bonne et parfaite jusqu'à la fin, ne parla plus d'un voyage auquel elle n'avait d'ailleurs pensé que pour distraire sa fille.

Marie était donc tout pour sa mère. Car pour occuper ses loisirs, elle avait voulu faire elle-même l'éducation de sa fille. Quelques ouvrages de tapisserie, des lectures choisies, la musique et le dessin, leur servaient à abréger les longues soirées d'hiver ; la promenade et les paisibles distractions qu'offre la vie de campagne leur faisaient passer doucement les longs jours de l'été.

Mais quoique l'affection de sa fille la consolât de bien des chagrins, madame de Vaudrey était alors cruellement tourmentée par l'incertitude dans laquelle M. de Vaudrey la laissait au sujet de l'avenir de sa fille. En effet, toutes les fois qu'elle avait demandé au comte quels étaient enfin ses projets et ses vues sur l'établissement futur de Marie, le comte avait répondu que rien ne pressait, qu'il y songerait.

Comme le comte ne recevait personne à sa terre, et qu'il devenait par conséquent impossible de songer à marier mademoiselle de Vaudrey, autrement que par arrangement de famille, il était alors certain que Marie serait sacrifiée à une union de convenance.

Et cela eût fait le désespoir de madame de Vaudrey; car, pour juger les qualités précieuses du caractère et du cœur de Marie, pour comprendre tout ce que valait cette créature angélique, et ressentir enfin tout l'amour qu'elle était capable d'inspirer, il eût fallu la voir longtemps dans l'intimité, la surprendre dans sa candeur et sa naïveté de jeune fille. Alors, même sans fortune, sans naissance, Marie eût été adorée de tout homme capable d'apprécier les trésors de cette âme si noble, si délicate, si profondément dévouée.

Mais Marie, seulement proposée comme héritière, remplie de distinction, mais point jolie, ne pouvait espérer qu'un de ces mariages de position où l'on se borne à souder, pour ainsi dire, deux fortunes, sans s'occuper des convenances d'esprit et de caractère des futurs.

Mademoiselle de Vaudrey, elle, ne pensait pas du tout à l'avenir. Heureuse de l'amour de sa mère, n'ayant pas connu d'existence plus joyeuse que celle qu'elle menait, elle passait, sans les trouver trop longues, les heures de cette vie simple, paisible et monotone. Seulement l'attente et le souvenir du mois que le vicomte venait passer tous les ans à Vaudrey, était pour Marie une de ses plus vives distractions, et un des plus grands et des plus agréables événements de sa vie; car la jeunesse et la gaieté bruyante d'Alfred animaient un peu ce triste et sombre intérieur.

Nous l'avons dit, s'étant rapprochée de sa mère qui l'embrassa, Marie se mit à travailler à une superbe toque de velours-cerise brodée d'argent. C'était une surprise que Marie ménageait à son frère.

— Mais voyez donc comme mon travail avance, maman! — dit Marie, — et que cela ira bien avec cette magnifique robe de chambre de satin perse, fond blanc à fleurs-cerise, que mon frère a fait venir d'Angleterre! Votre négresse Badj'y s'est informée auprès de son valet de chambre s'il l'avait déjà mise, il lui a dit que non : aussi je voudrais que, lorsqu'Alfred aura la fantaisie de la demander, on pût lui présenter ce beau bonnet en même temps; je vais donc travailler toute ma journée.

— Bonne Marie!... toujours pensant à être agréable aux autres, sans songer à toi...

— Quant à cela, maman, vous m'avez toujours dit qu'être agréable aux autres, c'était au contraire songer à son propre plaisir... Mais que cette petite table est donc incommode!... En vérité, maman, il y en a tant d'autres ici, que je ne conçois pas que vous teniez tant à celle-là;... c'est à peine si je puis y mettre mon panier à ouvrage...

Cette réflexion assombrit la figure de madame de Vaudrey, qui répondit en souriant avec tristesse :

— Ma pauvre enfant, quand tu auras mon âge, tu éprouveras peut-être aussi un plaisir mélancolique à reposer tes yeux sur un objet inanimé qui te rappellera pourtant des jours passés... pleins de calme et de bonheur... Car, vois-tu, Marie, cette petite table m'est précieuse, parce qu'il y a bien des années qu'elle m'a été donnée par un ami d'enfance, qui pour moi fut longtemps un frère... j'avais alors quinze ans... depuis, cette table m'a toujours suivie, de l'Inde en Hollande... de Hollande ici... je la garderai toujours... et il me serait bien doux, Marie, bien doux de songer qu'après moi... tu la garderas aussi. Promets-le-moi, Marie... ma bonne Marie, veux-tu ?—dit madame de Vaudrey avec un accent de tendresse inexprimable.

— Oh, maman ! pardon ! pardon ! —s'écria Marie en embrassant sa mère, — n'aurais-je pas dû comprendre que quelque souvenir se rattachait à cette table, puisqu'elle vous était aussi chère, aussi précieuse... qu'elle me le sera désormais, croyez-le, maman... croyez-le.

— Merci, mon enfant, tu ne sais pas le bien que tu me fais... — Puis, après une pause, madame de Vaudrey reprit : — Celui qui m'offrit ce présent, je te l'ai dit, fut longtemps un frère pour moi... car, moi, je n'avais plus de mère, Marie ; mon père, qui m'aimait à la folie, n'eût osé ni voulu me contrarier en rien... J'étais donc sans guide, abandonnée à moi-même, lorsque le hasard amena sir Georges chez mon père... Sir Georges était un homme d'un caractère généreux, noble et grave... Quoique jeune, mon enfant, il était plein de sagesse et de vertu... C'était un ami d'un commerce sûr et austère... Il me grondait souvent, Marie... lui seul en avait le courage... et je dois à son affection sévère et éclairée de m'être corrigée de bien des défauts dans ma jeunesse.

— Et où est maintenant ce frère si dévoué, maman?...

— Oh! depuis bien longtemps... il est mort, Marie... il est mort, et mort aussi dans mon cœur; et si, quoiqu'il ait perdu mon estime, je tiens encore à ce meuble, c'est qu'il me l'offrit avant de s'être rendu indigne de mon souvenir.

— Comment donc cela, maman?

— En manquant à une promesse qu'il m'avait faite sur son honneur de gentilhomme, à une promesse écrite par lui, et qui fut longtemps renfermée dans ce tiroir... que tu vois-là, mon enfant.

— Et pour cela, maman, vous lui avez à jamais retiré votre estime?...

— Pour cela, Marie!... pour cela! — dit madame de Vaudrey avec une émotion qui colora ses joues. — Est-il donc au monde quelque chose de plus saint, de plus inviolable, de plus sacré qu'une promesse faite et jurée? O ma fille! il faut bien réfléchir avant de s'engager. Mais une fois qu'on a promis, dût cette promesse vous coûter des larmes de sang, dût-il s'agir du malheur de votre vie entière... il faut être esclave de sa parole. Souviens-toi de cela, Marie; parce qu'en appliquant cette fermeté de caractère et de volonté à l'accomplissement de ses devoirs, on peut braver le malheur, car on est toujours respecté, grâce à l'irrésistible ascendant d'une âme pure et loyale. Crois-moi, Marie, c'est une jouissance noble et grande que de pouvoir dire au monde: — Ma vie défie le blâme et la calomnie; et je puis lever devant Dieu un front tranquille et serein.

— Oh! je le crois, maman, je vous entends, je sais bien qu'être fidèle à sa parole c'est ne pas mentir dans l'avenir... et je trouve cela si noble et si beau de pouvoir ainsi presque disposer invariablement de cet avenir par la conviction qu'on a de tenir sa promesse... que je ne comprends pas qu'on puisse se parjurer... Tenez, c'est comme pour cette petite table, eh bien! maman, je vous ai promis de l'aimer toujours, et j'ai tant de foi à ma promesse, que je l'aime déjà comme j'aimerais un de vos vieux amis.

— Pauvre et bonne Marie, avec quelle joie je vois que ton cœur m'entend! — dit la comtesse avec un soupir, et elle ajouta : — Ce n'est pas tout, Marie : cette petite table me rappelle non-seulement un frère, mais elle me rappelle aussi le premier moment où j'ai vu M. de Vaudrey; oui, bien souvent il s'est appuyé là... en me regardant dessiner ces beaux papillons que je t'ai donnés... C'est là qu'il m'a juré tant de fois de me rendre la plus heureuse des femmes, de n'avoir qu'un but, qu'un désir, qu'une pensée dans toute sa vie : mon bonheur!... Il y a au moins... trente-cinq ans de cela, Marie. Ah! mon enfant! M. de Vaudrey est maintenant vieilli, changé; mais alors... oh! alors, c'était un des plus beaux cavaliers qu'on puisse imaginer.

— Il ressemblait à mon frère, maman?

— Oui, assez, Marie... mais il avait les yeux noirs... et puis la poudre changeait tellement que la ressemblance me paraît moins frappante.

— C'est vrai; mon Dieu, maman, que cela devait être singulier, un jeune homme avec de la poudre!

— Oh! mais ce qui était bien plus singulier, c'est

le costume que je portais quand je vis M. de Vaudrey pour la première fois, Marie... Tiens, il faut que je te dise cela.

— Oh! voyons, voyons, maman, — s'écria Marie avec sa naïve curiosité de jeune fille.

— Figure-toi, mon enfant, que j'avais les bras, les jambes et les pieds nus!...

— Oh! maman...

— Écoute-moi donc... Avec cela mes cheveux, qui sont maintenant tout blancs, étaient bien noirs alors, et renfermés dans une résille de perles, et puis j'avais un petit justaucorps de satin bleu, brodé d'argent, une jupe de soie blanche, des sandales bleues et des anneaux d'or et de perles aux jambes et aux bras!

— O ma petite maman! que vous deviez donc être jolie comme cela!... Et mon père... comment était-il habillé?

— M. de Vaudrey avait son grand uniforme de la marine, bleu, tout brodé d'or, avec des aiguillettes de satin blanc et une croix de diamants...

— Que cette mise devait être magnifique!... Et il y a de cela, maman!

— Je te l'ai dit, mon enfant, il y a de cela maintenant trente-cinq ans, à peu près.

— Ainsi donc, voilà trente-cinq ans que vous êtes heureuse, maman?

— Oui, Marie, bien heureuse, — dit madame de Vaudrey en étouffant un cruel soupir, — très-heureuse!... Car tu sais, mon enfant, que je n'ai jamais aimé le monde, et ton père a été assez bon pour se sacrifier à cette bizarrerie de mon caractère... Il allait seul à la cour, comme tu l'as vu dans le temps à La Haye et à Amsterdam... Cela le contrariait beaucoup de ne pas m'y conduire avec lui ; mais que veux-tu, il m'aimait si tendrement qu'il avait le courage de s'imposer cette privation pour me laisser dans ma solitude chérie.

— Ce bon père ! — dit Marie.

— C'est comme plus tard, Marie, quand M. de Vaudrey eut la force de pouvoir s'arracher d'un monde qui l'adorait, parce qu'on savait y apprécier ses nobles et grandes qualités, et qu'il se retira à Horn-Praël, puis ici. Eh bien, mon enfant, je suis sûre qu'il s'est peut-être privé du plaisir de recevoir ses nombreux amis, dans la crainte de me contrarier, et pour complaire à ma sauvagerie... qui s'augmente de jour en jour.

— Ce pauvre père !... Mais savez-vous, maman, que cela doit l'affecter beaucoup ! Et je conçois maintenant qu'il vienne nous voir si rarement... il craint peut-être de se rendre importun... Mais, mon Dieu ! que les journées doivent lui paraître longues, à mon bon père, quand il est ainsi tout seul !

— Oh ! heureusement, Marie, que M. de Vaudrey, maintenant, s'occupe de faire son salut avec une ferveur exemplaire ; et puis, ses devoirs religieux, qu'il remplit avec une piété si ardente et si admirable, lui laissent peu de temps à nous donner. Mais il ne faut pas croire que ce temps soit perdu pour nous, ma fille ; ces moments qu'il dérobe à notre affection, il les emploie à nous prouver la sienne d'une manière plus efficace et plus sainte. Oui, Marie, nous sachant heureuses toutes deux ici-bas, il supplie Dieu chaque jour de nous continuer ce bonheur dans ce monde et dans l'autre.

— O maman, vous ne savez pas combien je suis ravie de ce que vous me dites! J'aimais déjà bien mon père, mais maintenant je l'aime encore mieux, et je sens que l'espèce de contrainte qu'il m'imposait s'efface tout à fait de mon cœur. C'est que maintenant je vois combien il a su se sacrifier à votre bonheur; combien il a su se dévouer à vous, qui le méritez si bien! Tenez, une preuve encore: vous savez bien, maman, quand mon frère parlait de ce voyage à Paris tous les hivers... j'ai été, je vous l'avoue, un peu chagrine de voir qu'il n'y fallait plus penser, parce qu'enfin, maman, moi, je n'ai jamais été ni au bal, ni à l'Opéra, et je m'en faisais une grande fête! Eh bien, maman, je vous l'avoue, j'ai cru alors, bien à tort, que c'était mon père qui s'était opposé à ce voyage, tandis que maintenant, maman, je croirais assez que c'est vous qui en avez détourné mon père, et que c'est encore un sacrifice qu'il vous a fait.

— Oui, Marie, c'est un sacrifice qu'il m'a fait; et tu ne m'en veux pas, pauvre enfant, de te priver des plaisirs de ton âge?

— Moi, moi, maman! eh! ne suis-je pas avec vous? Les plaisirs de mon âge!!... mais en est-il d'autres que d'être près de vous, à chaque heure, à chaque minute? Et si j'aime tant mon père à cause des sacrifices qu'il fait à ce que vous appelez votre sauvagerie, c'est que moi je jouis de cette sauvagerie. Et puis enfin, maman, le monde... mon frère en fait de grands récits! Mais que cela doit être froid et glacial! Sur qui compter? à quelles affections croire?

Enfin, quand je sors de votre salon ou quand j'y entre, je suis bien sûre de l'impression que je laisse ou de celle qui m'attend. Serait-ce donc ainsi dans le monde?... Oh! non, sans doute. Car, auprès de vous, si mon cœur bat plus vite, c'est de joie ou d'amour; dans le monde, ce serait de crainte et d'angoisse. Tenez, maman, j'ai parlé d'Opéra et de bal, un peu comme je vous parle de ces grands voyages que nous lisons l'hiver. A m'entendre m'extasier sur ces courageux aventuriers, on me croirait intrépide et prête à partir, et je mourrais de frayeur s'il fallait me mettre en route. Eh bien! entre nous, les voyages sont bons à lire, et l'Opéra est bon à désirer, mais voilà tout. Aussi, chaque jour, je demande à Dieu qu'il daigne me continuer le bonheur dont il me comble, en nous laissant toutes deux dans la vie paisible et ignorée que nous nous sommes faite.

— Mon ange de Marie, — dit madame de Vaudrey en embrassant sa fille, — Dieu m'a bénie en t'envoyant près de moi.

LXIV.

EXPIATION.

SCÈNES DIALOGUÉES.

(1817.)

PERSONNAGES.

Le comte DE VAUDREY.
La comtesse DE VAUDREY.
Mademoiselle DE VAUDREY.
LA VITESSE.
JÉROME, courrier du marquis de Belval.
DUVAL, secrétaire du comte.

Cette scène se passe au château de Vaudrey, dans la cour du chenil.

LA VITESSE, *à un valet de chiens qui est dans le chenil.* Eh bien, alors, tu n'as qu'à découpler les chiens, et faire desseller les chevaux ; M. le comte a donné contre ordre. (*A Jérôme.*) Je n'en reviens pas... en vérité, je n'en reviens pas. Comment !... M. le comte ne chasse pas aujourd'hui ! par un si beau temps ! Pourtant j'ai fait le bois avec Ravageot, et j'ai détourné un dix-cors ! Il ne chasse pas !... depuis cinq ans, voilà la première fois que cela lui arrive. C'est extraordinaire ! il y a quelque chose là-dessous. Il ne chasse pas ! c'est inconcevable !

JÉROME. C'est peut-être cette grosse lettre que je viens d'apporter de Belval qui est cause de cela...

LA VITESSE. C'est bien possible, et M. le vicomte Alfred, qui vient, lui, de partir pour Paris à l'instant même, en toute hâte, sans emmener ses gens ; il n'a pris que son valet de chambre et son courrier. Encore une fois, il se passe ici quelque chose d'extraordinaire, mon vieux Jérôme.

JÉROME. Tout ce que je sais, c'est que ce matin, à sept heures, M. le marquis, qui venait de recevoir un exprès de Paris, m'a dit : Tu vas monter à cheval ; il y a quinze lieues d'ici à Vaudrey par la traverse ; dût ton cheval être fourbu en arrivant, il faut que cette lettre soit remise à M. le comte de Vaudrey avant midi.

LA VITESSE. Tiens, voici M. Duval, le valet de chambre de M. le comte ; il va nous apprendre du nouveau.

DUVAL, *accourant*. La Vitesse, vous allez donner ordre au chef d'écurie de faire seller à l'instant le *Glorieux* pour Jérôme ; vite ! vite !

LA VITESSE. Le *Glorieux!* le meilleur cheval de la vénerie, le cheval de prédilection de M. le comte, le cheval le plus vite de l'écurie ; le cheval qui, de sa vie, n'a été *enjambé* que par M. le comte ! vous vous trompez, monsieur Duval, c'est impossible ! le *Glorieux !...*

DUVAL. Si fait... c'est le *Glorieux*, et c'est justement parce qu'il est le plus leste et le meilleur que M. le comte le choisit ; et vous, Jérôme, vous tâcherez d'aller plus rapidement encore que vous n'êtes venu, pour porter cette lettre à M. le marquis de Belval. Ah ! voici ce que M. le comte vous envoie... Mais à cheval... à cheval.

JÉROME. Cinq napoléons !... Monsieur Duval, vous remercierez bien M. le comte ; vous...

DUVAL. Oui, oui, mais à cheval ; pour l'amour de Dieu, à cheval.

Ils sortent tous trois avec précipitation.

L'ORATOIRE DU COMTE DE VAUDREY.

Le comte est assis près d'une table ; il lit plusieurs lettres... et laisse de temps en temps échapper des exclamations de surprise et de joie. Le comte ne porte pas sa perruque chez lui ; son crâne est chauve, découvert, et seulement garni aux tempes de quelques cheveux blancs. Sa figure est grasse et colorée. Il est vêtu d'une robe de chambre et d'un pantalon à pieds de flanelle grise.

LE COMTE. Ce serait inouï... inespéré... quelle alliance ! une maison souveraine ! quel éclat pour mon nom !... Mais comment se fait-il que la première lettre de Belval se soit égarée ? Il m'envoie aujourd'hui un exprès pour me dire que, depuis trois semaines, il attend ma réponse, et me renouvelle la même proposition, en me suppliant de me décider au plus vite. Ainsi, il y a trois semaines que j'aurais dû recevoir sa première lettre... trois semaines !... que de temps perdu ! pourvu qu'il ne soit pas trop tard... Heureusement qu'Alfred est parti pour Paris ! Tout ce que je craignais de lui, c'était un refus, mais non, il consent. C'est beaucoup, mais ce n'est pas tout. (*Un long silence...*) Allons ! il n'y a que ce moyen... Oui, plus j'y réfléchis, plus je vois qu'il n'y en a pas d'autres. Et puis, moi, je n'avais pas considéré la question, ainsi que mon chapelain vient de me la faire envisager. Or maintenant, cette raison secondaire devient pour moi plus influente que la première ; ainsi, en tout état de cause, je prendrais la même détermination, puisque cela doit concourir à m'assurer encore davantage cette félicité éternelle dont, hélas! chaque jour je tâche de me rendre digne, et que, de plus, je rehausse à jamais l'éclat de mon nom par cette alliance de mon fils avec une maison souveraine. Il n'y a donc pas à balancer. Les conditions que le chargé d'affaires du prince d'Arsberg me fait proposer par Belval sont énormes à la vérité; mais cela se conçoit : quoique la représentation ne soit pas très-fastueuse dans les cours de principautés d'Allemagne, il faut, malgré cela, un état de maison princière ; et les quatre cent mille livres de rente qu'on me demande d'assurer à mon fils en le mariant, joints à la fortune de la jeune princesse, ne feront que juste ce qu'il leur faudra pour exister convenablement. Il s'agit maintenant de décider ma fille et madame de Vaudrey. (*Silence.*) Eh bien! je ne vois ni pourquoi ni comment elles me refuseraient le seul sacrifice que je leur aie jamais demandé, surtout quand ce sacrifice importe autant à mon salut et à l'illustration de ma maison. (*Il sonne.*) Et puis d'ailleurs, je veux que cela soit ainsi. (*Entre Duval.*) Duval, allez dire à une des femmes de madame de Vaudrey que je prie mademoiselle Marie de se rendre auprès de moi à l'instant.

Duval s'incline et sort.

LE COMTE, *relisant les lettres.* Il paraît que c'est à la cour, l'hiver passé, que la princesse a remarqué mon fils, qui s'était occupé d'elle, sans pour cela prétendre à un bonheur aussi inespéré. En vérité, cela m'a l'air d'un rêve, non pas que souvent pareille chose ne se soit vue; car notre maison compte dans ses alliances celles d'un prince et d'un duc souverain.

Mais cela arrive d'une manière si inattendue .. (*Il réfléchit.*) Encore une fois, je ne vois pas pourquoi ma fille se refuserait à prendre ce parti, puisque cela offre d'aussi grands avantages à moi et à son frère. Pourtant, pour m'assurer d'avance de son consentement, je suivrai l'avis de mon chapelain. (*Entre Marie.*) Mais la voici...

Marie est tout interdite, le cœur lui bat horriblement fort; c'est la première fois de la vie qu'elle se trouve ainsi seule avec son père.

LE COMTE, *toujours froid, impassible, mais avec une nuance d'affection.* Approchez-vous, Marie; asseyez-vous là; j'ai à causer sérieusement avec vous... mais très-sérieusement, ma fille...

MARIE *s'approche timidement, baise la main de son père, et s'assied près de lui.* Je vous écoute, mon père.

LE COMTE, *après quelques minutes de silence, pendant lesquelles il a paru se recueillir.* Dites-moi, Marie, si aujourd'hui il dépendait de vous de sauver la vie de votre père, et...

MARIE, *se levant avec effroi et se jetant au cou de son père.* Grand Dieu!!! mon père!!!

LE COMTE. Rassurez-vous, rassurez-vous, Marie; laissez-moi achever. Si aujourd'hui, dis-je, il dépendait de vous de sauver mes jours, en vous vouant pour jamais à une vie de tourments et de chagrins, que feriez-vous?

MARIE. Je suis sûre que vous n'avez jamais douté de ce que je ferais, mon père.

LE COMTE. Ainsi, sans balancer, vous vous sacrifieriez pour moi?

MARIE. Mon père, je vous l'ai dit.

LE COMTE, *d'un air solennel.* Vous le jureriez, ma fille?

MARIE, *regardant le comte avec étonnement.* Oui, mon père, je le jurerais, si vous aviez besoin de ce serment pour être sûre que votre fille a appris de sa mère à connaître ses devoirs.

LE COMTE, *montrant un Christ.* Enfin, mon enfant, vous le jureriez sur l'image du Sauveur des hommes?... Ainsi, vous le jurez!...

MARIE, *avec candeur.* Oui, je le jure, je le jure. Mais permettez-moi de vous demander, mon bon père, pourquoi vous doutez ainsi du dévouement de votre fille, de votre Marie, qui serait si heureuse de pouvoir vous prouver combien elle vous chérit.

LE COMTE, *l'embrassant au front.* Bien, Marie, bien! je le vois, vous êtes ce que je pensais; vous êtes une noble et tendre fille, tout à fait digne de me comprendre, et qui méritez la confiance que je vais vous montrer. Eh bien donc, Marie, vous pouvez faire pour moi bien plus encore que de me conserver le peu de jours que Dieu me donne peut-être à passer sur cette terre de douleurs; car vous pouvez contribuer à me rendre *éternellement* heureux, Marie, *éternellement.*

MARIE, *étonnée, ne comprend pas.* Éternellement heureux! et comment cela, mon père?

LE COMTE. Oui, Marie, vous pouvez contribuer à m'assurer cette félicité éternelle qui est le but de tout chrétien, et que je m'efforce de mériter par une vie pieuse et toute en Dieu. Vous pouvez cela, Marie, non en vous vouant, comme vous m'avez juré de le faire, à une vie de tourments et de chagrins, mais au contraire en vous consacrant à une vie heureuse, douce et calme, qui vous rendrait digne aussi d'un bonheur éternel.

MARIE, *toujours étonnée.* D'un bonheur éternel, mon père !

LE COMTE, *un peu impatienté.* Vous allez me comprendre mieux, sans doute, et Dieu me saura gré, peut-être, de m'humilier ainsi devant mon enfant. Étant jeune, j'ai beaucoup failli, beaucoup péché, Marie ; mais la grâce est enfin venue luire à mon esprit égaré; et, depuis bientôt huit ans, je tâche d'expier, par un sincère repentir, les fautes de ma jeunesse. Mais si mes prières sont entendues de Dieu, combien plus seraient entendues et exaucées celles d'une âme pure et candide comme la vôtre, Marie, qui chaque jour demanderait au ciel, pour son père, une place parmi ses élus !

MARIE. Aussi, moi et ma mère, nous prions chaque jour pour vous, et avec ferveur, mon père...

LE COMTE. Je le crois, ma fille, je le crois; mais quelle différence de prier ici, dans ce lieu mondain, sans avoir aucun droit à la bienveillance de Dieu, ou de prier dans une de ces saintes retraites, toutes remplies de sa présence, ou de prier enfin comme vous pourriez prier, si vous étiez la chaste épouse du Seigneur... Comprenez-vous, Marie ?

MARIE, *pâlissant.* Je comprends... mon père... je comprends...

LE COMTE, *s'animant et avec conviction.* J'étais bien sûr que ma noble et tendre fille m'entendrait. Vous le voyez, Marie, quel avantage pour moi ! tandis que de mon côté j'implore le ciel pour la rémission de mes péchés, vous l'implorerez aussi pour moi de votre côté! Et combien votre voix, à vous, ne sera-t-elle pas douce au Seigneur, votre voix à vous, fille sainte et adorable, qui vous offrez volontairement en holocauste pour expier les fautes passées de votre père! Et croyez-moi, Marie, je sens là... un pieux instinct qui me dit que, touché de ce sacrifice sublime, Dieu ne refuserait pas à vos prières une place pour moi parmi ses élus... Oui, Marie, si vous faisiez cela pour moi, je finirais mes jours tranquille sur mon sort à venir et sur le vôtre ici-bas et là-haut... Oui, Marie, je mourrais avec cette conviction que j'ai bien mérité de Dieu, en assurant à jamais votre bonheur, en vous arrachant aux vanités périssables et aux dangereuses tentations de ce monde misérable. Vous comprenez tout cela, Marie, n'est-ce pas, ma fille, ma chère fille?

MARIE, *qui n'a pas écouté le comte depuis la dernière réponse qu'elle lui a faite, dit avec douleur et accablement :* Quitter ma mère!!!

LE COMTE. Oui, ma fille, mais pour aller prier aux genoux de celui qui mérite et qui veut que tout soit sacrifié à son adoration... mais pour assurer à jamais le bonheur de votre père et le vôtre...

MARIE, *les joues baignées de larmes.* Quitter ma mère... O mon Dieu, mon Dieu, quitter ma mère!

LE COMTE *fait un mouvement d'humeur et dit d'un ton sec :* Si les pieuses raisons que je viens de lui donner ne suffisaient pas à ma fille,... il en est une autre, quoique d'un ordre moins élevé, qui pourrait concourir à la persuader que ce qu'elle regarde peut-être comme un sacrifice, et ce que je regarde, moi, comme la chance la plus inespérée et la plus profitable pour son salut, assurerait, en outre, le bonheur et le sort à venir de mon fils; en un mot, voici comment.

MARIE *essuyant ses yeux.* Je vous écoute, mon père.

LE COMTE *lui montrant la lettre du marquis de Belval.* Voici une lettre d'un de mes amis les plus dévoués; dans cette lettre, il me propose pour *mon fils* (avec intention), *pour l'héritier de mon nom, pour celui qui peut seul le transmettre à la postérité :* il me propose enfin pour votre frère une alliance inespérée... Car il s'agit de lui donner pour femme la princesse d'Arsberg, dont l'oncle, prince régnant d'un des États d'Allemagne, est allié à la maison d'Autriche. En faveur d'une pareille union, je dois m'obliger de donner à mon fils quatre cent mille livres de rentes lors de son mariage, et de lui assurer après ma mort et celle de madame de Vaudrey (en prélevant pour vous une pension viagère de vingt mille livres), de lui assurer les trois cent mille livres qui nous resteront, et qui nous suffiront à peine pour tenir notre rang... Vous voyez donc, Marie, que, dans ce cas, il deviendrait fort difficile de vous trouver un sort convenable, car vous ne voudriez pas me voir, j'en suis convaincu, renoncer, à mon âge et pour vous doter, à des habitudes de bien-être que j'ai toujours eues; et, d'un autre côté, ce serait une illusion que d'espérer de vous marier sans dot. Voilà quelle est cette autre raison; je vous l'ai dit, Marie, quoique d'un ordre mille fois moins élevé que la première, elle a aussi, comme vous le voyez, une grande importance, puisqu'elle se rapporte à l'illustration de notre maison. Voilà ce qu'il en est, ma fille, je ne vous ai rien caché, bien sûr que vous méritiez toute ma confiance, et que vous sauriez vous en montrer digne.

MARIE. Je sais, mon père, que, n'ayant ni richesses ni beauté, je ne me marierai jamais... Je consens donc avec joie, avec bonheur, et sans aucune arrière-pensée de chagrin, je vous le jure, à ce que vous donniez à mon frère, que j'aime de toute mon âme, la part de fortune à laquelle je pouvais prétendre... Mais, mon père... (*se jetant aux genoux du comte*), mon bon père, par grâce, ne me séparez pas de ma mère... ne me faites pas quitter ma mère...

LE COMTE, *sévèrement*. Comment... vous hésitez... vous osez hésiter... quand vous me l'avez juré...

MARIE, *toujours à genoux*. Mais mon père, quitter ma mère!... pensez donc ce que c'est... mon Dieu, pensez-y donc... la laisser seule, toute seule... mais cela est impossible!... Qui me remplacerait auprès d'elle?... personne... personne...

LE COMTE. Et qui vous remplacera au pied des autels?... et qui priera pour assurer le salut de l'âme de votre père, enfant parjure et dénaturée?... personne! personne...

MARIE. Mais, mon Dieu! si, moi, moi, je prierai pour vous à chaque heure, à chaque minute, moi et ma mère nous prierons; mais ne nous séparez pas. Vous ne savez donc pas ce que je suis pour elle et ce qu'elle est pour moi?... Vous ne savez donc pas que la vie de l'une est la vie de l'autre... Mais si, mon père, mon bon père, vous savez cela... Vous savez qu'on ne retire pas ainsi une fille à sa mère... vous savez que cela ne se peut pas, que ma mère en mourrait... et vous ne voulez pas faire mourir ma mère!

LE COMTE. Ainsi, quoique vous m'ayez juré par le Christ de vous vouer à une existence de chagrins et de tourments pour me sauver la vie dans ce monde périssable, vous hésitez à cette heure, qu'il s'agit de ma vie éternelle; vous hésitez, quand vous pouvez m'assurer le bonheur des élus?

MARIE. Mais il faut pourtant aussi songer à ma mère... Dieu ne me l'a pas donnée pour qu'on la tue en m'arrachant de ses bras... Dieu ne peut pas vouloir non plus qu'on fasse mourir de chagrin une mère comme ma mère!

LE COMTE. Il vaut mieux, n'est-ce pas, que cela me coûte ma félicité éternelle... à moi? Ainsi, moi qui comptais sur ce sacrifice de votre part, puisque c'en est un à vos yeux, pour finir mes jours en paix, je vais désormais vivre de doutes, d'angoisses et de tortures... Malheureux père! qui ai cru au serment sacré de ma fille,... tandis que ma fille est parjure!...

MARIE. Je ne suis pas parjure, mon père... m'en préserve le ciel! Mais vous m'avez dit: « Ma fille, jurez-moi que vous vous dévoueriez à une vie de souffrances pour sauver mes jours. » Je vous l'ai juré, mon père; je vous le jure encore... Pour sauver vos jours, rien au monde ne m'arrêterait... j'oublierais, je crois, ma mère... oui!... pour sauver vos jours, tandis que...

LE COMTE *l'interrompant avec violence*. Mais, encore une fois, malheureuse enfant, est-ce donc parce qu'il s'agit de la vie éternelle que vous hésitez à tenir votre serment?... Vous vous sacrifieriez pour me conserver quelques années d'existence qui me restent... et vous refusez de le faire pour m'assurer la félicité éternelle! Et, d'ailleurs, n'est-ce pas aussi sauver ma vie de ce monde, que de changer en certitude de bonheur le doute cruel et poignant qui, maintenant, viendra m'épouvanter chaque jour!... que de m'empêcher de mourir de regrets de voir mon fils, l'héritier de mon nom, manquer une alliance inespérée, qui lui ouvrait l'avenir le plus brillant!... Allez, allez, fille parjure... foulez aux pieds votre serment, Dieu vous maudira... car vous êtes sans foi!...

MARIE. Mon père,... écoutez-moi.

LE COMTE. Non, non... je ne vous connais plus; et si vous n'accomplissez pas votre promesse... je vous maudis, entendez-vous?... je vous maudis...

MARIE, *toujours agenouillée.* Grâce!... grâce!... mon père.

LE COMTE. Eh bien, ferez-vous ce que vous m'avez juré?

MARIE. Mais ma mère?...

LE COMTE. Prenez-y garde, malheureuse enfant... songez ce que c'est... que la malédiction d'un père... Songez-y bien... consentez-vous?

MARIE *à mains jointes.* Par pitié pour ma mère!...

LE COMTE *levant les mains.* Alors donc, puisque tu méconnais ton serment, puisque tu profanes le nom du Sauveur par un parjure... sois...

MARIE *se relève avec effroi, met la main sur la bouche de son père.* Non! non! je consens... mon père... je consens à tout.

LE COMTE, *la prenant par le bras et la menant au*

pied de sa croix. Et cette fois vous le jurez. . librement vous vous ferez religieuse...

MARIE, *avec accablement.* Je le jure donc... mais priez pour ma mère, car elle va bien souffrir !

LE COMTE, *l'embrassant.* Ah ! Marie, Marie, vous ne sauriez croire combien vous me rendez heureux, et quel calme je ressens en ce moment qui fixe mon avenir. Marie, Dieu vous bénira... Dès ce jour vous avez gagné à jamais le ciel, en assurant à jamais le bonheur de votre père et de votre frère ; que ce soit votre plus douce récompense... sainte fiancée du Seigneur.

MARIE. Et maintenant... que deviendra ma mère ?...

LE COMTE. Écoutez-moi, Marie. Ce que vous venez de me promettre, il faut que pendant quelques jours encore votre mère l'ignore ; car...

A ce moment, madame de Vaudrey ouvre brusquement la porte de l'oratoire ; elle est très-pâle, très-agitée. Le comte reste stupéfait. La comtesse jette sur lui et sur sa fille un regard scrutateur. A la vue de la comtesse, Marie s'est jetée dans ses bras en s'écriant :

— Ma mère !

LA COMTESSE *l'embrasse, et, se contraignant, lui dit :* Mon enfant, j'aurais à causer avec M. de Vaudrey d'une affaire très-importante ; laisse-nous... Attends-moi là... dans la bibliothèque.

Marie embrasse encore sa mère, s'approche de son père et lui baise la main.

LE COMTE, *à voix basse à Marie, mais d'un ton significatif.* Songez-y bien.

MARIE. Vous avez ma promesse, mon père.

Marie embrasse encore sa mère, et sort.

LE COMTE ET LA COMTESSE.

La comtesse, très-agitée, s'appuie sur le bras d'un fauteuil, et regarde le comte en silence.

LE COMTE, *avec humeur*. J'ose croire, madame, que vous avez assez respecté les convenances... pour ne pas vous être oubliée au point de venir surprendre le secret d'un entretien qui ne regardait que moi et ma fille, et que vous ne vous êtes pas permis...

LA COMTESSE, *l'interrompant vivement*. Si, monsieur, si... je me suis permis cela. Apprenant que pour la première fois de votre vie vous demandiez ma fille... j'ai voulu savoir ce que vous vouliez faire de mon enfant... et je le sais... je suis arrivée trop tard; mais enfin je sais tout...

LE COMTE, *froidement*. Eh bien! madame, vous savez donc ce que, par condescendance pour vous, j'aurais voulu celer pendant quelques jours encore, afin de vous l'apprendre avec ménagement. Vous savez que ma fille m'a juré de se faire religieuse pour assurer mon salut, le sien, et l'établissement de mon fils... voilà tout.

LA COMTESSE. Voilà tout!!!

LE COMTE. Je conçois, madame, que cette séparation vous est désagréable; mais je ne pense pas que vous vouliez sacrifier les avantages positifs qui en résultent au désir de vous éviter... un désagrément.

LA COMTESSE, *avec amertume*. Un désagrément!... oh! sans doute, ce n'est qu'un *désagrément*... Je suis si peu conciliante aussi... Après tout, que veut-on?... m'arracher ma fille... eh bien! au pis, que peut-il m'arriver?... qu'elle meure de désespoir d'être séparée de moi... ou que je meure de désespoir d'être séparée d'elle... que je meure dans une agonie solitaire... sans pouvoir fixer mes yeux éteints sur les siens, pour oublier la mort, en regardant une dernière fois mon enfant... encore une fois, tout cela n'est qu'un simple désagrément à vos yeux... Oh! sans doute... et vous ne mentez pas. Non! votre cœur est ainsi fait que vous pensez ce que vous dites là... Mais savez-vous que le prêtre qui vous absoudrait d'un projet aussi criminel que celui que vous méditez, compromettrait étrangement votre salut... monsieur?

LE COMTE. J'ai déjà eu l'honneur de vous dire, madame, qu'à mon chapelain seulement je reconnaissais le pouvoir de me parler de mon salut et de diriger mes actions et mes pensées vers ce but. Veuillez donc m'apprendre, madame, quelles sont vos intentions relativement à mademoiselle de Vaudrey.

LA COMTESSE. Eh bien! monsieur! mes intentions sont de m'opposer, par tous les moyens possibles, par toute mon influence de mère, et de mère aimée, à ce que ma fille soit sacrifiée d'une manière aussi horrible; mon intention est d'en appeler à l'honneur et à la délicatesse de mon fils, qui ne souffrira jamais une pareille atrocité: car, j'en suis sûre, monsieur, il ignore vos projets.

LE COMTE. En effet, madame, il sait seulement qu'on me propose cette alliance pour lui; mais il ignore à quelles conditions.

LA COMTESSE. Dieu soit béni, ma fille est sauvée; je connais le cœur de son frère.

LE COMTE. Je dis comme vous, madame, Dieu soit béni, ma fille est sauvée; car elle a le cœur trop noble pour être parjure à une promesse jurée sur Dieu.

LA COMTESSE. Silence, monsieur, ne blasphémez pas! ne rendez pas Dieu complice de vos ruses hypocrites, de votre insatiable orgueil et de votre odieux égoïsme. Tenez, monsieur, le ciel m'est témoin que jamais je n'ai parlé de vous à mes enfants, et surtout à ma fille, que pour l'engager à vous aimer et à vous honorer. J'ai menti à la vérité et à moi-même, en palliant vos torts sans excuses, et en vous peignant comme sans cesse occupé de mon bonheur et du sien. J'ai su lui déguiser votre froideur et votre éloignement, en donnant un prétexte honorable à l'indifférence criminelle que vous témoignez à vos enfants, et à moi qui vous ai voué ma vie, ma jeunesse, mes espérances, et qui n'ai jamais reçu de vous que mépris et dédains. Écoutez-moi bien, monsieur, nous sommes tous deux dans un âge et dans des circonstances tels, que ce que je vais vous dire n'est pas un reproche vulgaire et indélicat, mais bien un fait qu'il m'est nécessaire de constater, afin de vous faire honte de votre conduite cruelle et déloyale. Il y a trente-cinq ans, monsieur, que moi, moi... qui vous valais par la naissance, que moi qui vous apportais une fortune six fois plus considérable que la vôtre, j'ai été séduite par des promesses menteuses, et que j'ai lié mon sort au vôtre. Eh bien! oserez-vous nier, monsieur, que, les premiers mois de notre mariage exceptés, vous ne vous soyez pas conduit à mon égard de la façon la plus cruelle et la plus révoltante? Oserez-vous nier mes droits à la disposition de notre fortune? oserez-vous...

LE COMTE, *l'interrompant froidement et avec componction.* Quant à vos droits à disposer de notre fortune, madame, vous n'en avez aucun, et moi seul en suis le dispensateur. Si vous en doutez, consultez vos gens d'affaires. Quant à mes torts envers vous, je ne chercherai pas à les nier, madame. Dans ma jeunesse, dans mon âge mûr, dans ma vieillesse, j'ai péché, j'ai beaucoup péché; ma conduite a été mondaine, immorale, impie; j'ai outragé les liens du mariage, j'ai cherché le bonheur ailleurs que dans l'affection de ma femme et de mes enfants, j'ai cherché des plaisirs impurs dans des voluptés criminelles; j'ai payé par la froideur et le dédain votre amour et votre dévouement. Je sais cela, madame; et c'est parce que je suis convaincu de cela, que, depuis longtemps, à chaque heure, à chaque minute du jour, j'implore la miséricorde céleste en priant Dieu de me pardonner mes erreurs passées; c'est pour cela, madame, que, sentant toute l'énormité de ma conduite, et n'osant me croire digne de la clémence du ciel, j'ai supplié ma fille de se dévouer pour moi : car je suis sûr que les prières d'une chaste et sainte épouse du Seigneur seront plus écoutées de Dieu que celles d'un pécheur indigne comme moi. Et puisque vous me rappelez les premiers temps de notre union, vous me donnez, madame, une occasion que j'aurais peut-être longtemps cherchée. En un mot, j'ai un aveu à vous faire... Je fus bien coupable! oh! bien coupable! Mais Dieu est miséricordieux, et j'espère que vous le serez aussi, madame; car mon chapelain m'a dit que l'assurance de votre pardon serait un grand pas de fait vers la rémission, et qu'il fallait suivre ce précepte de l'Écriture : *Humiliez-vous devant celui que vous avez offensé.*

LA COMTESSE *respirant à peine.* Parlez, parlez, monsieur ; que voulez-vous dire, qu'avez-vous à m'apprendre ?

LE COMTE *se recueille et parle très-lentement, en hésitant, car il rassemble ses souvenirs avec peine.* Vous vous rappelez, madame, que lorsque je vous vis pour la première fois dans l'Inde, c'était... je ne me souviens plus si c'était à l'île de France... ou à Gondelour...

LA COMTESSE *très-vite.* C'était à Gondelour, monsieur ; à Gondelour...

LE COMTE. Oui, oui, à Gondelour ; c'est que ma mémoire est en vérité si affaiblie, que les dates et les lieux se confondent dans ma tête.

LA COMTESSE *avec anxiété.* Mais dites... monsieur, dites donc...

LE COMTE. Oui, c'était à Gondelour que je vous vis pour la première fois, madame. Je vous apportais la nouvelle de la mort d'un capitaine de vaisseau anglais dont j'avais pris la frégate à l'abordage ; ce capitaine de vaisseau...

LA COMTESSE *dans une horrible angoisse.* C'était sir Georges Gordon, monsieur ; mais, au nom du ciel, après... après...

LE COMTE. Oui, c'était sir Georges Gordon ; il commandait une frégate qui s'appelait... qui s'appelait... je ne me souviens plus du nom de cette frégate.

LA COMTESSE. Mais qu'importe ce nom, monsieur ? après... après...

LE COMTE *reste un moment silencieux, et reprend,*

toujours très-lentement. Ah!... c'était *le Lively*, la frégate *le Lively*. J'avais connu ce sir... ce sir Georges Gordon en France, à Versailles...

LA COMTESSE. Monsieur, vous me faites frémir.

LE COMTE, *après une pause*. Mais avant d'en venir au pénible aveu que j'ai à vous faire, madame, je dois vous exposer avec repentir et résignation dans quels sentiments je vous ai épousée, car cette preuve d'humilité me sera comptée là-haut.

LA COMTESSE. Cela est inutile, monsieur, car je prévois que vous ne m'apprendrez rien que de bien triste... D'ailleurs, je suis venue ici pour vous parler de ma fille, monsieur, pour défendre ses droits, que vous voulez indignement sacrifier... et non pour entendre votre confession...

LE COMTE. Et vous l'entendrez pourtant, madame : car lorsque vous l'aurez entendue en ce qui vous concerne... peut-être concevrez-vous combien j'ai besoin d'appui auprès de Dieu, et si les prières de ma fille sont de trop pour me mériter le pardon d'une conduite aussi misérable; et puis, pour que vous m'accordiez le pardon que j'ose espérer de vous, il faut bien que vous sachiez tout le mal qu'hélas! je vous ai fait...

LA COMTESSE. Mais, monsieur, c'est une horrible torture que vous m'imposez.

LE COMTE. Ce n'est pas à vous de souffrir... mais à moi, madame, à moi qui vous ai offensée, qui vous ai trompée, car j'avoue à ma honte que, lorsque je résolus de m'unir à vous, je fus bien plutôt poussé par la cupidité qu'enflamma votre fortune considérable que par ce qu'on appelle l'*amour*.., et que je pensais bien plus à m'assurer une brillante position à l'abri des événements que je prévoyais devoir se passer en France... qu'à m'occuper de votre bonheur futur, puisque je me promettais intérieurement de continuer ma vie coupable, quoique uni à vous par les liens sacrés du mariage... Hélas! me pardonnez-vous, madame?...

LA COMTESSE, *essuyant une larme.* Je vous pardonne, monsieur... depuis longtemps cela était pour moi une présomption; j'avais cru pourtant... que d'abord... mais non... non... cela n'est plus un doute maintenant, et je vous remercie de me désabuser;... oui... je vous pardonné, monsieur.

LE COMTE. Je rends grâce à Dieu et à vous, madame, de votre indulgence, et votre bonté m'encourage, car il faut tout dire, tout dire... la franchise seule peut nous sauver... écoutez-moi donc encore... Voyant votre attachement pour sir Georges résister à mes soins, je voulus vous détacher de lui à tout prix... et lorsque vous m'apprîtes qu'il vous avait juré de ne plus jouer...

LA COMTESSE, *affreusement pâle.* Au nom du ciel, monsieur, qu'allez-vous dire?... vous m'épouvantez...

LE COMTE. Hélas! madame, je ne pus résister à une joie maligne, en pensant que j'avais entre les mains de quoi vous prouver qu'il avait manqué à sa promesse... (*La comtesse respire.*) Oui... et j'usai de dissimulation et de subterfuge en ayant l'air d'être étranger à la révélation qu'on vous fit, tandis que c'était moi qui vous la faisais faire par un coureur que j'avais alors... Hélas! vous le voyez, madame, je fus bien coupable.

LA COMTESSE, *se rassurant*. En effet, monsieur, vous m'avez bien indignement jouée, c'était une ruse bien lâche! mais après tout, monsieur, je vous pardonne; car, au moins, vous n'avez pas été jusqu'à la calomnie... et, je vous l'avoue, cette idée... ah! monsieur, cette idée m'épouvantait.

LE COMTE. Pourtant, madame, j'ai besoin de toute votre miséricorde, car j'ai été calomniateur; hélas! oui... un indigne calomniateur, d'autant plus indigne que celui que je calomniais n'était plus, et ne pouvait se défendre... Mais cela... me le pardonnerez-vous, madame?

LA COMTESSE, *pâlissant d'effroi*. Que voulez-vous dire, monsieur?

LE COMTE. Voyant, madame, que le manque de promesse de sir Georges ne suffisait pas pour vous détacher de lui... j'imaginai...

LA COMTESSE, *se cachant la figure dans ses mains*. Ah! pas un mot de plus...

LE COMTE. J'ai péché, madame; l'aveu de ma faute est déjà un commencement de la punition que j'ai méritée; j'aurai donc le courage de tout dire.

LA COMTESSE. Oh! assez... par pitié... assez!!!

LE COMTE. Hélas! donc, pour vous détacher entièrement de sir Georges, j'imaginai de vous dire que sir Georges vous avait calomniée à mes yeux, en me confiant que vous aviez été... j'ose à peine prononcer ce mot impur, que vous aviez été... sa maîtresse.

LA COMTESSE, *joignant les mains*. Mon Dieu, tu l'entends!...

LE COMTE.. Et cela n'était pas vrai, non, et j'avoue que j'ai misérablement menti, car jamais sir Georges ne me parla de vous qu'avec le respect le plus profond... Hélas! madame, me pardonnerez-vous de vous avoir ainsi trompée?...

LA COMTESSE, *anéantie*. Je ne résisterai pas à cela... j'en mourrai... Et j'ai pu croire cela de vous, Georges!... j'ai pu vous méconnaître à ce point... oh! je suis bien punie...

LE COMTE *se met à genoux sur son prie-Dieu*. Grâces te soient rendues, mon Dieu... tu m'as donné la force de confesser mes torts... voici enfin ma conscience libre de ses souillures... C'est avec bonheur que je l'élève vers toi, et que je te remercie; car je me sens bien soulagé par cet aveu... (*La comtesse pousse un cri déchirant, et tombe évanouie par terre. Le comte se retourne et se relève*). Mon Dieu... madame de Vaudrey... elle se trouve mal... Holà, quelqu'un. (*Il court à la porte et l'ouvre*). Quelqu'un... quelqu'un...

MARIE *entre sans voir sa mère qui est cachée par un prie-Dieu*. Qu'y a-t-il, mon père?... Ma mère m'avait dit d'attendre ici près, dans la bibliothèque... Je vous ai entendu appeler... me voici, qu'y a-t-il?... (*Apercevant sa mère*). Maman... oh! Dieu!...

LA COMTESSE, *d'une voix éteinte*. Ma fille... Marie!

MARIE. Maman... me voici... me voici, ma bonne mère!

Le comte et Marie aident la comtesse à s'asseoir. Elle est quelque temps à revenir à elle... puis elle regarde çà et là d'un air égaré. En apercevant le comte, elle jette un cri d'horreur et cache sa tête dans le sein de sa fille.

LE COMTE. Madame... remettez-vous... cette indisposition sera passagère.

MARIE. Maman... oh! maman, rassurez-nous... rassurez-nous... par un mot... Qu'éprouvez-vous!...

On entend la comtesse pousser des sanglots étouffés; après quelques minutes de silence, elle relève la tête : ses joues sont colorées, son cœur bat avec force, elle essuie ses yeux, et dit d'une voix assez calme ce qui suit.

LA COMTESSE. Cela ne sera rien, mon enfant... rien, absolument rien... C'est qu'au moment, vois-tu, de prendre une détermination aussi grave que celle dont je viens de convenir avec M. de Vaudrey, l'émotion... le regret... Mais dis-moi, mon enfant... tu as donc promis, juré, d'entrer au couvent?...

MARIE. Cela est vrai... je l'ai juré, ma mère...

LA COMTESSE. Et tu tiendras ta promesse, mon enfant?

MARIE. Maman... je l'ai juré.

LA COMTESSE. Il faudra donc nous quitter... ne plus nous voir... Les journées vont nous être bien longues, Marie.

MARIE, *pleurant*. Oh! je le sais, ma mère... je le sais... mais souvenez-vous de votre leçon... rappelez-vous ce que vous me disiez encore hier : *Dût-il t'en coûter des larmes de sang, tiens la promesse que tu as faite, ma fille.* Et puis, en agissant ainsi, j'assure le salut de mon père... et le bonheur de mon frère...

LA COMTESSE. Et mon bonheur à moi... Marie!

MARIE, *à son père, d'un ton déchirant*. Ah! répondez à cela, mon père...

LA COMTESSE. Dis-moi... mon enfant... as-tu bien songé que tu quittais pour toujours le monde?

MARIE. Le monde!... ce n'est pas le monde que je quitte... c'est vous.

LA COMTESSE. Enfin, tu sacrifies les plaisirs de ton âge... la brillante position qu'un mariage aurait pu t'assurer... tu te voues à jamais à l'isolement, à la solitude. Crois-moi... Marie, réfléchis encore... Si tu conservais le moindre regret de quitter le monde... ta mère pourrait te délier de ton serment, mon enfant...

LE COMTE. Madame...

MARIE. Je n'ai songé qu'à une chose, je n'ai qu'un seul chagrin, qu'un seul regret, qu'un seul désespoir... celui de vous quitter, ma mère.

LA COMTESSE. Pas d'autre, Marie... c'est le seul?

MARIE. Oh! le seul... Dieu le sait, c'est le seul.

LA COMTESSE. Encore une fois, le monde?

MARIE. Mais je ne connais pas le monde... moi, je ne connais que vous... je n'aime que vous... je ne regrette que vous.

LA COMTESSE, *l'embrassant*. Eh bien donc! rassure-toi, mon enfant, calme-toi... Je vois avec orgueil que tu es digne de moi... c'est bien, Marie, c'est noble et beau de tenir la promesse qu'on a jurée... aussi tu la tiendras, ma fille... et pourtant nous ne nous séparerons pas.

MARIE. O Ma mère!... comment?...

LA COMTESSE, *l'embrassant encore*. Mon enfant, je voulais t'éprouver; je viens de causer de cela avec M. de Vaudrey, et je partage son avis... Oui, d'après tes goûts et ton caractère, la retraite te convient mieux (*mouvement du comte*) ; et puis cela facilitera le mariage de ton frère, et cette alliance est fort belle... et fort désirable .. Et puis aussi tes prières, à toi, pauvre ange exilé sur la terre, seront bien accueillies de Dieu, et assureront le salut de ton père, et le tien aussi, ma fille, et le tien... Mais M. de Vaudrey et moi avons pensé à une chose, vois-tu, Marie; les soins de son salut, ses pratiques religieuses, lui prennent tous ses instants, et lui laissent à peine le temps de donner quelques minutes chaque jour aux affections terrestres... Nous le voyons fort peu, tu le sais; aussi, il est assez bon pour consentir à ce que je t'accompagne au couvent, d'abord pendant les premiers mois de ton noviciat... et plus tard... nous verrons.

LE COMTE. Madame...

MARIE, *avec joie*. Il serait possible... maman!

LA COMTESSE. Oui, mon enfant... je t'accompagnerai dans le couvent que nous choisirons pour toi; c'est convenu avec M. de Vaudrey...

LE COMTE. Je m'étonne, madame, que vous oubliiez...

LA COMTESSE. Je n'oublie pas, monsieur, la promesse que je vous ai faite. Grâce au ciel, votre santé est parfaite; mais du moment où vous souffririez, du moment où mes soins vous seraient nécessaires, je reviendrais près de vous; cela est bien entendu. Ainsi, Marie, mon enfant, remerciez votre père; c'est encore un sacrifice qu'il nous fait à toutes deux.

MARIE, *baisant la main de son père*. Mon bon père, pardonnez à votre fille d'avoir un seul instant méconnu votre volonté. Croyez bien que je me montrerai digne de cette sainte mission que j'accepte avec reconnaissance. Oui, mon père, et c'est avec la plus grande ferveur que j'adresserai pour vous mes prières à Dieu, qui les exaucera, si j'en crois mon cœur et mes vœux.

LE COMTE. Ma chère Marie, que Dieu vous entende !...

LA COMTESSE, *se levant*. Donne-moi ton bras, Marie, je me sens un peu faible. Mais non, mais non, je puis marcher seule.

La comtesse fait quelques pas avec Marie, puis la laisse et revient auprès du comte, qui reste comme étourdi de ce coup imprévu.

LA COMTESSE, *à voix basse au comte, et d'un ton ferme*. Ma résolution est irrévocable, monsieur, et mon pardon est à ce prix. Votre vue me serait désormais trop odieuse pour pouvoir la supporter. Tout est rompu entre nous. Seulement, si vous tombez malade, je vous l'ai dit, je ferai mon devoir... Enfin, quoique je vous tienne pour le plus lâche et le plus infâme des hommes!... je vous pardonne, monsieur.

La comtesse rejoint Marie et sort avec elle.

LE COMTE, *seul, reste longtemps pensif*. Elle m'a pardonné, toujours! quoiqu'elle fût outrée... je m'attendais bien à cette scène désagréable. Mais mon chapelain m'avait dit de faire d'abord cet aveu à celle que j'avais trompée, et que la rémission qu'il pourrait me donner ensuite serait plus entière... Je l'avoue, cet aveu me pesait à faire... Aussi, maintenant, je me sens plus libre; c'est comme une dette que j'aurais payée... et puis, ma fille va prier pour moi. Ah çà! madame de Vaudrey l'accompagnera-t-elle? je ne le crois pas. Elle a pris cette résolution dans un premier mouvement de colère... elle ne la tiendra pas. Eh bien, au fait, si elle me promet de revenir si je suis malade, après tout, je suis bien sûr qu'elle reviendra... Or, tant que je serai en santé, à quoi me sert-elle ici? à rien pour mon salut... Je la vois à l'heure des repas, et c'est plutôt une contariété qu'un plaisir; car j'aimerais mieux dîner seul. Tout sera d'ailleurs selon la volonté de Dieu... Ah! cette scène m'a lassé... je me sens fatigué... (*Le comte s'étend dans son fauteuil.*) Ma fille religieuse! quelle expiation pour moi! les prières de cette âme si pure... si angélique... Dieu les entendra... oh! oui, il les entendra, et, en leur faveur, il me donnera une place parmi ses élus. Mon chapelain m'a dit des effets prodigieux de ces sortes d'expiations, et de cette manière il ne me reste plus le moindre doute sur ma participation aux joies célestes. (*La voix du comte devient de plus en plus lente. Il s'endort peu à peu.*) De mon côté, je travaille à me rendre digne de cette félicité éternelle... Et puis encore aujourd'hui, j'ai bien mérité de Dieu... en faisant cet aveu avec courage... J'ai suivi la parole de l'Écriture : *Implorez ceux que vous avez offensés.* Oui... je sens en moi une béatitude... un grand espoir *qui me dit que je serai parmi les élus*... ma fille priera pour moi... et puis... ma maison alliée... d'une maison souveraine... et...

Le comte s'endort tout à fait.

LXV.

LE VICOMTE ALFRED DE VAUDREY A MADEMOISELLE MARIE DE VAUDREY.

« Paris, décembre 1817.

« Vous ne sauriez croire, ma bonne Marie, combien votre lettre m'a causé à la fois de peine et de plaisir... C'est donc *tout à fait de votre plein gré et par une irrésistible vocation que vous entrez dans le couvent de* ***. Pour moi, tout est dans cette assurance de votre part, car je vous jure, chère et tendre sœur, que s'il avait fallu acheter les immenses avantages qui me sont offerts par une seule de vos larmes ou un seul de vos regrets, je n'aurais pas hésité un instant à renoncer à l'alliance inespérée qu'on me propose... et avec elle à toutes les chances d'un bonheur à venir. Lorsque mon père me parla d'abord, à Vaudrey, de cette union, il ne me dit pas un mot des conditions expresses que le chargé d'affaires du prince y mettait; je l'ai seulement appris ici par les notaires. Si votre vocation n'était pas aussi profonde, aussi décidée qu'elle me paraît l'être, je tâcherais bien de vous en faire revenir; mais il y a tant de persuasion, tant de pieuse et sincère détermination dans votre lettre, que maintenant je regarderais presque comme une mauvaise action toute tentative à ce sujet.

« Excellente sœur, vous regrettez, dites-vous, que cette vocation soit autant selon votre cœur et selon votre goût, parce que cela vous prive du plaisir que vous éprouveriez à me sacrifier quelque chose, et à contribuer ainsi à mon bonheur... Et moi aussi, je regrette que cette vocation soit selon votre cœur; car, en vous, Marie, je perds une amie bien tendre, bien dévouée, que j'aurais présentée un jour à ma femme avec autant d'orgueil que de joie. Oui, je vous perds, Marie, car, une fois au couvent, vous êtes à jamais séparée du monde dans lequel je suis destiné à vivre.

« Je vous l'avoue, je n'ai pu résister au désir de montrer votre lettre à la princesse... Je ne vous dirai qu'une chose qui prouve bien en faveur de votre cœur et du sien, c'est qu'elle a pleuré, bien pleuré en lisant cette lettre, Marie... car elle a tout de suite compris ce qu'elle perdait en vous.

« Et moi qui, dans mon dernier séjour à Vaudrey, il n'y a pas six semaines, pensais, au contraire, à vous procurer quelques distractions! car, entre nous, pauvre sœur, depuis votre enfance, vous avez, à bien peu de différence près, mené la vie retirée d'une religieuse; et peut-être votre amour pour la retraite n'est-il qu'une conséquence de cette habitude d'isolement et de solitude.

« Je suis bien aise au moins, et pour vous et pour notre bonne mère, qu'elle vous accompagne au couvent pendant les premiers mois de votre noviciat. Mon père est tellement absorbé par ses principes religieux et par son goût pour la chasse, qu'il s'apercevra peu de l'absence de notre mère, et qu'à bien dire, votre départ à toutes deux ne lui laissera pas un très-grand vide; tandis que, pour vous et pour ma mère, ce sera une grande consolation de n'être pas encore séparées... Et qui sait peut-être même si mon père, s'habituant à cette nouvelle existence, ne consentira pas à ce que ma mère ne vous quitte plus? J'avais bien proposé à mon père d'aller passer tous les ans quelques mois auprès de lui avec madame la vicomtesse de Vaudrey, mais vous savez son antipathie pour les nouveaux visages; et quoiqu'il fasse tout au monde pour conclure cette alliance, il m'a positivement signifié, qu'excepté le temps nécessaire pour me marier (car vous savez qu'il veut que je me marie à Vaudrey), qu'excepté ce temps, il me dispensait du devoir que je voulais m'imposer, parce qu'il craignait que les goûts et les exigences d'un *jeune ménage* ne s'accordassent pas avec la vie qu'il mène et qu'il veut mener telle jusqu'à la fin de ses jours. Je partirai donc pour l'Allemagne quelque temps après mon mariage.

« Adieu, ma bonne et excellente Marie; je vous sais un gré infini de me promettre de rester à Vaudrey avec ma mère, pour assister à mon mariage. C'est bien aimable et bien cruel à vous, car vous laisserez de bien profonds regrets à *votre sœur*, je n'en doute pas.

« Encore adieu : j'attendais cette dernière lettre de votre part, pour tout terminer définitivement; aussi maintenant mon bonheur ne peut pas se faire attendre bien longtemps.

« Embrassez mille fois ma mère et mon père, et pensez souvent à votre frère, qui vous chérit de toute son âme.

« ALFRED DE VAUDREY. »

« P. S. Veuillez prévenir mon père que ma démission a été acceptée dans les termes les plus flatteurs. »

LXVI.

MARIAGE.

Vers la fin du mois de janvier 1818, les amis du comte et de la comtesse de Vaudrey reçurent la lettre suivante.

« M. le comte et madame la comtesse de Vaudrey ont l'honneur de vous faire part du mariage de M. le vicomte Alfred de Vaudrey, leur fils, avec S. A. la princesse d'Arsberg. »

Quelques jours après on lisait dans un naïf et honnête journal, connu par la finesse de ses aperçus, la puissance de sa rédaction et la véracité de ses renseignements :

« Qui croirait que dans un siècle aussi éminemment progressif que le nôtre... que dans un siècle qui méprise autant le *jésuitisme ultramontain*... que dans un siècle qui est fier, à juste titre, d'avoir recueilli l'héritage philosophique de Voltaire et des encyclopédistes... on voie encore s'accomplir des monstruosités qui rappellent les temps les plus odieux du régime du *bon plaisir* et de la tyrannie du *jésuitisme*, les temps où le peuple, enchaîné à la glèbe, travaillait sans relâche pour ces fainéants cloîtrés, ces *jésuites* que notre sainte et immortelle révolution a chassés de leurs couvents; qui croirait, disons-nous, que dans un siècle qui sera la merveille et l'étonnement de l'histoire de l'esprit humain, tant les masses se trouvent éclairées par le rayonnement du flambeau philosophique de la liberté et par la haine des principes *ultramontains*... qui croirait enfin que le fait que nous allons citer se soit passé de nos jours, en 1818, dans un pays qui jouit de ses droits constitutionnels, qui compte quatre-vingt mille électeurs instruits de leurs droits par la philanthropique idée *Touquet !*

« Mademoiselle de ***, d'une des plus anciennes familles de France, aveuglée par la superstition la plus frénétique, s'est jetée dans un couvent, car en France, en 1818, il y a encore des *jésuites* et des couvents!!! à l'instar des novices du temps jadis. On ne sait, en vérité, ce qu'il faut le plus déplorer ou du fanatisme stupide ou de la démence qui peut pousser un être doué de raison à l'exécution d'une pareille sottise. Mais ce qu'il y a de plus odieux, c'est que, grâce aux *jésuites*, la mère de mademoiselle de ***, au lieu de combattre l'épouvantable folie de sa fille, s'est retirée avec elle dans ce couvent, tandis que M. de ***, le père et l'époux de ces victimes *ultramontaines* et d'une ridicule superstition, est abandonné, seul, isolé, presque sans moyens d'existence, et privé des doux soins d'une épouse et d'une fille; en un mot, tandis que le vénérable vieillard se voit privé, par l'odieuse influence du *jésuitisme*, des consolations et du bien-être que sa position et la nature promettaient à sa vieillesse.

« Il est inutile de dire que l'appât des biens de

madame de *** et de sa fille a seul décidé les misérables jésuites qui ont entraîné ces deux femmes d'un faible esprit dans un aussi cruel oubli de leurs devoirs.

« En voyant ces progrès effrayants du jésuitisme, ne serait-ce pas le cas de rappeler ces vigoureuses et belles paroles de Guillaume-Thomas Raynal :

« Si cette religion existait (la religion chrétienne), « n'en faudrait-il pas étouffer les ministres sous les « débris de leurs autels? S'il existait dans un recoin « d'une contrée soixante mille citoyens enchaînés par « ces ridicules vœux de pauvreté, chasteté, obéissance, « qu'aurait à faire le souverain que de s'y transpor- « ter avec un nombre de satellites armés de fouets, et « de leur dire : Sortez, canaille fainéante, sortez ; aux « champs ! à l'agriculture ! à la milice ! »

« Nous citons cette entrée au couvent comme une nouvelle et certaine preuve de l'envahissement jésuitique qui s'étend sur la France comme un réseau qui doit enlacer toutes nos libertés, si les amis des lumières ne se réunissent pas en faisceau pour rejeter et conspuer un système anti-national, qui voudrait nous bâillonner et nous traiter en esclaves, nous, les fils de la glorieuse et immortelle révolution de 89 ! ! ! »

XLVII.

MORT.

(1822.)

La scène se passe au château de Vaudrey, dans la matinée du 15 juin 1822.

LA COUR DU CHATEAU.

DUVAL, *secrétaire du comte, à un laquais*. Eh bien, arrive-t-il ? qu'avez-vous vu?

LE LAQUAIS. Il m'a semblé voir un courrier, monsieur Duval; mais voilà tout.

DUVAL. Miséricorde !... il arrivera trop tard...

LE LAQUAIS. Est ce que M. le comte va plus mal?

DUVAL. Mais sans doute... Ce n'est pas qu'il ait l'air de souffrir... et on dirait qu'il s'éteint. . (*A un autre laquais qui accourt*) : Eh bien...

LE LAQUAIS. Voici Pierre ! voici Pierre !... la voiture du médecin le suit.

DUVAL. Dieu soit loué!

Arrive un courrier au grand galop; il saute à bas de son cheval en s'écriant :

Monsieur Duval, voici le docteur. Nous avons mis dix-sept heures pour venir de Paris... les roues étaient en feu ; à chaque relais, obligé de les arroser... J'ai payé les guides à cent sous, comme vous m'avez dit, monsieur Duval. Et M. le comte, est il mieux?

DUVAL. Hélas ! non, Pierre... il n'est pas mieux... Ah !... enfin, enfin, voici la voiture.

Arrive une berline à six chevaux lancés au grand galop, qui s'arrête devant le perron. Le médecin du comte descend.

LE DOCTEUR. Eh bien, eh bien, Duval, qu'y a-t-il donc ?

DUVAL *précédant le docteur dans l'intérieur du château*. Ah ! monsieur le docteur !... mon pauvre maître est bien bas...

LE DOCTEUR. Voyons, Duval, expliquez-moi comment cela est arrivé. Arrêtons-nous dans ce salon avant d'entrer chez M. de Vaudrey.

DUVAL. Voici ce que c'est, monsieur le docteur... Avant-hier, M. le comte s'est levé de bonne humeur, comme d'habitude ; il a entendu la messe, a déjeuné, est monté à cheval, au manége, pendant trois heures, parce qu'il faisait trop chaud pour chasser... puis il a dîné.

LE DOCTEUR. Avec appétit ?

DUVAL. Comme toujours, avec beaucoup d'appétit ; M. le comte a même mangé, peut-être avec excès, un des mets de prédilection que le maître d'hôtel lui fait souvent servir : des crépinettes de volaille à la moelle d'agneau et aux truffes sur une purée de queues d'écrevisses de Lorraine ; M. le comte en a mangé deux fois de suite, à ce que m'a dit le maître d'hôtel.

LE DOCTEUR. Et vous croyez que c'est cela qui a fait mal à M. de Vaudrey ?

DUVAL. Non pas précisément, monsieur le docteur ; mais, à la fin de son dîner, quand M. le comte en était au fruit, son valet de chambre a eu la sottise de lui apporter une lettre qui arrivait par un courrier, et la lecture de cette lettre...

LE DOCTEUR. Lui a causé une révolution?

DUVAL. Je le crois, monsieur le docteur; car lorsque M. le comte l'a lue il n'avait pas encore bu le mélange de genièvre et de pekao dans un verre d'eau glacée qu'il prend tous les jours après dîner, pour faciliter sa digestion.

LE DOCTEUR. Et cette lettre annonçait donc quelque malheur?

DUVAL. Bien au contraire, monsieur le docteur, car dès que M. le comte l'a eu ouverte, il n'a pu retenir des exclamations de joie, et a ordonné à l'intendant de faire assembler toute sa maison dans la galerie. Alors il s'est levé de table, et est venu dire : Mes amis, je vous donne cent louis pour boire à la santé de mon petit-fils, M. le baron de Vaudrey.

LE DOCTEUR. Madame la vicomtesse de Vaudrey est donc accouchée d'un fils?

DUVAL. Il paraît, monsieur le docteur, car le courrier a dit qu'il venait d'Allemagne.

LE DOCTEUR. Ainsi, c'est une émotion de joie trop subite qui aura troublé sa digestion; et comment a-t-il passé la nuit et la journée d'hier?

DUVAL. Très-bien, monsieur le docteur, c'est-à-dire M. le comte ne se plaint pas de souffrir, il sent seulement, dit-il, une grande lassitude et une grande faiblesse; sa figure n'est pas même changée, il a l'air de sommeiller doucement, et ne s'éveille de temps à autre que pour causer avec son chapelain qui l'a déjà administré.

LE DOCTEUR. Et M. de Vaudrey a-t-il sa raison?

DUVAL. Mais je le crois, monsieur le docteur; car il ne confond rien, et sait bien ce qu'il demande.

LE DOCTEUR. Allons, je vois ce que c'est. Diable! à son âge c'est grave, fort grave; maintenant, vous pouvez prévenir M. de Vaudrey de mon arrivée, et lui demander s'il veut me recevoir.

DUVAL. Oui, monsieur le docteur.

Le docteur sort avec Duval.

LA CHAMBRE A COUCHER DU COMTE.

Les rideaux sont fermés. Il y règne une assez grande obscurité. Le comte sommeille dans son lit. Sa figure ne révèle aucune expression de douleur ni de souffrance; le comte, ayant alors soixante-dix ans, a seulement tous les dehors d'une vieillesse avancée. Auprès du chevet est le chapelain, gros homme d'une figure commune, qui est occupé à lire. Dans la chambre, près des croisées, sont deux valets de chambre et la femme de charge, occupés à préparer quelques potions.

DUVAL *entre sur la pointe du pied.* Monsieur l'abbé, voici M. le docteur.

LE CHAPELAIN. Je vais prévenir M. le comte, faites-le toujours entrer. (*Au comte à voix basse.*) Monsieur le comte... monsieur le comte...

LE COMTE, *d'une voix faible, mais calme.* Qu'est-ce? que voulez-vous?

LE CHAPELAIN. Voici M. le docteur qui vient d'arriver, monsieur le comte veut-il le voir?...

LE COMTE. Certainement, qu'il vienne...

Le docteur, qui en entrant s'est tenu à l'écart, s'approche du comte.

LE DOCTEUR. Eh bien, monsieur le comte, vous êtes donc un peu souffrant?

LE COMTE, *se tournant vers le docteur*. Ah! bonjour, docteur; félicitez-moi, j'ai un petit-fils... madame la vicomtesse de Vaudrey est accouchée d'un fils; avec la grâce de Dieu, voilà encore mon nom assuré pour une génération.

LE DOCTEUR. Je vous en fais mon bien sincère compliment, monsieur le comte... Mais comment vous trouvez-vous aujourd'hui?

LE COMTE. Ah! mon cher docteur... vous voyez, je suis un peu faible...

LE DOCTEUR. Mais souffrez-vous?...

LE COMTE. Non... non, je ne souffre pas... pas du tout; c'est comme un engourdissement général, mais sans douleur... voilà tout ce que j'éprouve.

LE DOCTEUR. La tête n'est pas douloureuse?

LE COMTE. Non... un peu engourdie aussi... mais pas douloureuse... Ce que je sens... c'est comme une faiblesse qui suit un bain pris trop chaud.

LE DOCTEUR. Vous n'avez pas d'oppression?

LE COMTE. Non... tenez... je respire bien... mais je me sens le cœur comme affadi... et puis j'ai comme un bourdonnement sourd dans les oreilles.

LE DOCTEUR *lui tâte longtemps le pouls, et se dit à part :* Il meurt littéralement de vieillesse; sa vie débauchée l'a avancée, et cette émotion d'avant-hier a déterminé la crise. C'est une lampe qui n'a plus que le souffle, et qui va s'éteindre. (*Au comte.*) Votre pouls est bien faible.

LE COMTE. N'est-ce pas?... j'ai tâché de le sentir battre, et je ne l'ai pas senti... Et même hier, avant de communier... pendant ma confession... j'ai cru un moment qu'il allait s'arrêter...

LE DOCTEUR. Ah! vous avez hier rempli vos devoirs de chrétien, monsieur le comte?

LE COMTE. Mon Dieu, oui... comme tous les jours... comme aujourd'hui, comme demain... Ne faut-il pas être préparé à tout événement? car enfin, docteur, si, au lieu de l'indisposition que je ressens, j'avais une maladie grave... eh bien! je ne serais pas pris au dépourvu... et je serais bien sûr de ma félicité là-haut... n'est-ce pas, chapelain?

LE CHAPELAIN. La vie de monsieur le comte a été si exemplaire, il s'est si profondément humilié et repenti, les prières de mademoiselle de Vaudrey ont dû tellement plaire au Seigneur, que monsieur le comte est assuré de son salut.

LE COMTE. Vous voyez, docteur, assuré... je suis assuré...

LE DOCTEUR *à part*. Il ne voit pas son état, c'est fort heureux pour lui! mais le moral est furieusement baissé.

LE COMTE. Ah! mais j'y pense maintenant, docteur, vous n'avez pas de nouvelles de madame de Vaudrey?

LE DOCTEUR. Vous savez, monsieur le comte, que je ne suis pas assez heureux pour avoir la confiance de madame la comtesse; j'ignorais même qu'elle fût indisposée.

LE COMTE. Oui, elle est malade... il y a de cela déjà trois mois... elle a toujours été d'une santé si délicate! Entre confrères, je pensais que vous en auriez eu quelques nouvelles; voici trois ou quatre jours que je n'en ai reçu.

LE DOCTEUR. Il faut espérer que la santé de madame la comtesse s'améliorera.

LE COMTE. Sans doute, sans doute, il faut l'espérer, docteur... Mais, dites-moi, est-ce que je ne pourrais pas un peu voir le jour et le soleil?

LE DOCTEUR. Il n'y a aucun inconvénient, monsieur le comte; il fait très-chaud et très-beau.

LE COMTE. Duval, faites ouvrir.

On ouvre deux fenêtres. Le soleil éclaire l'appartement; on voit au loin l'immense forêt de Vaudrey, qui borde l'horizon. Le ciel est d'une admirable pureté, et une petite rivière sillonne çà et là une grande prairie semée de bouquets d'arbres, qui s'étend devant le château. L'exhalaison des plates-bandes de rosiers de jasmins sur lesquelles s'ouvrent ces croisées, remplit bientôt la chambre du comte d'une odeur douce et parfumée.

LE COMTE. Ah! quel air frais et agréable, docteur; j'ai envie de me lever... et de m'asseoir sur mon fauteuil, pour jouir un peu de cette vue magnifique.

LE DOCTEUR. Vous le pouvez, monsieur le comte; mais auparavant vous ferez peut-être bien de prendre deux doigts de vin vieux de Xérès ou de Malaga...

LE COMTE. J'en ai justement, docteur... que j'ai rapporté d'Espagne, en... en 1774. Dites à l'office qu'on m'en envoie, Duval.

Sort Duval. — A ce moment, on entend le pavé de la cour d'honneur résonner sous les pas de plusieurs chevaux et le retentissement d'une voiture.

LE COMTE *écoutant.* Une voiture... qu'est-ce que cela, Dubois?... allez... allez voir ce que c'est. (*Sort Dubois.*) Qu'est-ce que cela peut être, docteur?... Ah! mon Dieu! c'est peut-être mon fils qui vient m'apprendre lui-même...

DUBOIS *rentrant*. C'est monseigneur le cardinal de Cilly, qui arrive à l'instant de Paris et qui désire voir M. le comte.

LE COMTE. Le cardinal!... un prince de l'Église!... mon ancien aumônier... Ah! quelle émotion! Ah! mon Dieu! un cardinal!... un cardinal!

LE DOCTEUR *à Dubois*. Le maladroit!... Calmez-vous, monsieur le comte, remettez-vous.

LE COMTE. Oui, docteur... mais un prince de l'Église! un cardinal! s'il voulait me confesser... l'absolution d'un cardinal... Certainement je serai trop heureux de recevoir Son Éminence... mais je voudrais être dans un état convenable. Dubois, tu vas me raser.

LE DOCTEUR. Mais, monsieur le comte, vous allez vous fatiguer... vous êtes excessivement faible... votre état est très-grave.

LE COMTE. C'est égal! je le veux... je le veux... et vous, Duval, suppliez Son Éminence d'entrer dans mon oratoire... et dites au maître d'hôtel de faire servir M. le docteur; car il doit avoir besoin... Excusez-moi, docteur.

Sortent le docteur et Dubois.

L'ORATOIRE DU COMTE DE VAUDREY.

L'extérieur du cardinal est imposant et sévère. Sa haute taille est un peu voûtée par l'âge. Il est vêtu de noir. Sa figure pâle, maigre et sillonnée de rides a une expression de douleur et de tristesse profonde. Son large front est découvert, et ses cheveux sont tout blancs. Le cardinal est assis près d'une table, la tête appuyée dans ses mains. Après quelques moments de silence, il se lève.

Cette entrevue réveille en moi tout un monde de souvenirs... oui, la dernière fois que je vis le comte, c'était dans l'Inde, la veille de ce jour fatal... (*Une pause.*) Enfin, c'était dans l'Inde... il y a de cela quarante ans!... Quarante ans... que d'heures! que de jours! que d'années! qu'en ai-je fait? depuis ce temps, mon sort a-t-il changé? où en suis-je maintenant?. . . . .

. . . .

(*Long silence.*) Eh! que m'importent cette pourpre et ces vains honneurs? les rois s'agenouillent à mes pieds; ma main sacrée peut lier et délier ici-bas; on choisit parmi mes pairs l'élu du trône de saint Pierre... je puis prétendre un jour à dominer spirituellement le monde chrétien! Eh bien, qu'est-ce que cela pour moi? qu'ai-je gagné à cette puissance, puisqu'à mes yeux elle est matérielle et périssable comme tout pouvoir humain, et que je cherche un bonheur qui n'est pas de ce monde! Ainsi, je suis aussi loin que jamais du but où tendent incessamment mes vains désirs... Le Seigneur a continué de se voiler à mes yeux... je suis prince de l'Église... et je n'ai pas plus de foi pour cela... Non, non. . . . .

. . . .

(*Long silence.*) Et pourtant, lorsque je voulus mettre fin à mes jours, et que ma nature fut plus forte que le poison... je l'avoue, je crus voir là une manifestation de Dieu à mon égard; je résolus donc de vivre : et puis cet espoir qui avait autrefois décidé mon entrée dans les ordres vint encore me séduire; je pensai que la révélation me deviendrait peut-être plus sensible à chaque pas que je ferais vers les hautes dignités de l'Église; je crus que mon esprit, encore épuré par les exigences de ces imposantes fonctions, s'approchant davantage de ce foyer de lumière divine qui resplendit sur la tiare du vicaire de Jésus-Christ, serait peut-être éclairé d'un de ses rayons; je m'élevai donc au plus haut rang... hélas! oui... au plus haut rang... mais je me suis élevé ainsi que ces hommes qui, avisant une haute montagne, montent, montent, croyant se grandir en s'approchant du ciel, et qui, une fois au sommet, voient au contraire le ciel plus immense encore, le monde plus petit et eux-mêmes plus perdus et plus misérables... Oui, mais, au moins, j'ai fait le bien sur la terre :... ne croyant pas... j'ai agi comme si je croyais, j'ai été chrétien pour tous, excepté pour moi; j'ai apaisé bien des souffrances, et j'ai toujours souffert... j'ai calmé bien des maux, et j'ai toujours été misérable; j'ai séché bien des larmes, et j'ai toujours versé des larmes amères; ma vie a été un long et cruel martyre : et peut-être que Dieu a voulu m'éprouver en me faisant subir sur la terre cet épouvantable supplice des damnés, qui voient du fond de leur enfer les délices du paradis... supplice encore plus affreux pour moi... pour moi qui guidais les âmes vers ces régions immortelles qui me sont fermées ; et je suis d'autant plus digne de la miséricorde céleste que je n'ai pas recueilli la moindre sensation de bonheur en faisant le bien... car j'ai tout donné aux hommes, consolation, argent, bien-être, savoir, croyance, éternité... sans croire à la reconnaissance humaine : je connaissais trop l'humanité pour cela... Oh ! quelle existence aura donc été la mienne, juste ciel... Et si, après nous, tout était néant ?... NÉANT!!! pourquoi aurai-je vécu ? pourquoi ma vie ?... pourquoi le monde ?... oh! toujours cette idée implacable qui donne le vertige !... toujours ce POURQUOI si fatal et si désespérant...

Aussi, plus tard, lorsque ma vieillesse fut venue, je crus que les jeûnes et les privations allaient affaiblir en moi les principes de mon existence, et que, sans me rendre coupable une seconde fois du crime d'attenter à mes jours, ma vie s'userait bientôt... mais, non... non... ma chaîne est trop bien rivée dans ce monde, et mon âme brise en vain ses ailes contre cette enveloppe de fer qui l'emprisonne ; oh ! oui, car j'ai tout ce qu'il faut pour supporter et sentir bien longtemps et bien à vif les mille blessures de la douleur morale, qui déchire, qui torture... mais qui ne tue pas...

Et pourtant, malgré moi, j'espère, car, toute ma vie, j'ai été comme ces malheureux qui, traînant depuis longtemps une horrible existence, se disent à chaque nouveau coup du sort : Courage, l'adversité se lassera, et le ciel de demain sera peut-être riant et pur... Oui, j'espère... car enfin j'ai la conviction profonde d'avoir allégé bien des douleurs, d'avoir adouci bien des infortunes; et, je le sens, ce souvenir est presque une espérance...

Entre le docteur.

LE DOCTEUR. Monseigneur... M. de Vaudrey sera bientôt en état de recevoir Votre Éminence.

LE CARDINAL. Comment se trouve-t-il, monsieur?

LE DOCTEUR. Monseigneur, il n'a pas pour une heure à vivre; sa faiblesse augmente de minute en minute : il s'éteint... heureusement sans douleur, et sans avoir aucunement la conscience de son état : il ne s'en doute même pas...

LE CARDINAL. Il meurt sans souffrir?

LE DOCTEUR. Oui, monseigneur; car, de toutes les morts, la sienne est la plus douce; on finit ainsi sans se sentir finir, et toutes les investigations de la science donnent la certitude qu'on meurt littéralement sans douleur.

LE CARDINAL. Et son moral, monsieur?

LE DOCTEUR. Monseigneur, son moral s'affaiblit beaucoup; quand je suis entré, il était encore assez lucide : maintenant M. de Vaudrey parle moins, ses idées semblent se confondre.

LE CARDINAL *avec anxiété.* Je vous en prie, veuillez savoir, monsieur, si je puis entrer à l'instant; car j'ai à révéler à M. de Vaudrey des choses du plus haut intérêt. (*Le docteur s'incline et sort. Le cardinal continue avec indignation.*) Il meurt sans souffrir! sans effroi! et sa malheureuse femme est morte brisée par la douleur et le désespoir de laisser sa fille seule dans le monde!... Il meurt sans souffrir et sans effroi!!! et, à cette heure, sa fille elle-même, sacrifiée pour lui et par lui, est mourante de l'incurable chagrin d'avoir perdu sa mère... Il meurt sans effroi... Juste ciel!... Eh quoi! il fermerait ainsi les yeux sans remords, après avoir torturé, tué par son égoïsme féroce deux êtres purs, dévoués, sublimes! Oh! cela ne se peut pas! non, non! Il est aussi une mission de justice et de sévérité à remplir sur cette terre. Cet homme touche à sa fin... qu'importe? pas de pitié pour ce criminel lâche, infâme, qui échappe à la justice humaine; pour ce criminel plus odieux que le meurtrier qui ne tue qu'une fois. Vengeance sur cet homme! qu'il croie au moins que de terribles châtiments l'attendent, et qu'une affreuse agonie soit sa punition dans ce monde!... Vengeance pour ceux qu'il a sacrifiés! vengeance sans pitié, car, de la pitié, ce serait un crime. De la pitié pour lui, grand Dieu! Eh quoi! près de quitter une vie qu'il s'est faite splendide, glorieuse et sensuelle, au prix des larmes, du sang et de la mort de ceux qu'il a trouvés sur son passage, cet homme, abusé par un prêtre impie, verrait encore s'ouvrir devant lui le temple des félicités éternelles... Il mourrait sans angoisses, sans regrets, avec l'espérance dans le cœur et le sourire sur les lèvres!... Comment, cet homme serait heureux toujours... encore heureux un pied dans la tombe... Et cela parce qu'il aura pratiqué quelques dévotions qui n'auront en rien changé ce caractère égoïste, vain et féroce, dont tout ce qui l'entoure a supporté l'implacable réaction jusqu'au dernier moment de son existence... Ce n'est pas l'envie ou la haine qui me fait parler, mon Dieu... mon indignation contre lui vient de ce que je pense aux tortures de ceux qu'il a sacrifiés... Non, encore une fois, un pareil homme ne peut pas mourir sans remords et sans peur!... non, non, cela ne se peut pas. Il est une autre vie, je le sais, je le crois, je l'espère : mais enfin, mon Dieu! il faudrait pourtant qu'ici-bas, dans cette vie que nous voyons, que nous comprenons, que dans cette vie à portée de nos vues grossières et de notre intelligence bornée, le vice eût un châtiment exemplaire; et que la vertu, la résignation, la piété, le dévouement, eussent au moins un jour, une minute de bonheur pur et éclatant! Je suis bien vieux maintenant; je ne regrette aucune des douleurs et des souffrances que tu m'as imposées, mon Dieu! mais à cette heure... oh! à cette heure accorde-moi, comme une récompense, ce qu'autrefois je te demandais comme un encouragement. Tu le sais, tu ne t'es pas révélé à moi, et j'ai pourtant toujours marché dans une voie sainte, pieuse et irréprochable; tu m'as accablé de ton indifférence et de ton mépris; tu m'as continué une vie cruelle et désolée, et pourtant, chaque jour, j'ai fait bénir ton nom sur la terre. Eh bien! mon Dieu! à cette heure... je mérite peut-être que tu te manifestes à moi... cela, ô mon Dieu!... que mon esprit perçoive que tout n'est pas fini ici-bas, et que tu règnes là-haut. Abrége mes jours, mais que je meure au moins en comptant sur ta bonté ou sur ta miséricorde; que je quitte ce monde, bien sûr d'aller à toi, à tes genoux, et de te pouvoir dire : Pardon, ô mon Dieu! si j'ai failli.

DUVAL *entre précipitamment.* Monseigneur! monseigneur! M. le comte s'affaiblit beaucoup; M. le docteur dit qu'il reconnaît quelques symptômes de délire.

LE CARDINAL *se remettant.* Conduisez-moi donc à l'instant près de lui.

Ils sortent.

LA CHAMBRE A COUCHER DU COMTE.

M. de Vaudrey est couché dans son lit. L'expression de son visage n'a pas changé ; seulement, son regard est de plus en plus voilé, sa voix plus faible et son audition moins nette. Les fenêtres de sa chambre sont ouvertes. Cette scène se passe par une magnifique soirée d'été ; le soleil est à son déclin et ses derniers rayons viennent dorer la cime d'un massif d'acacias dont les fleurs roses et parfumées s'épanouissent en face des croisées de cet appartement. Le chapelain est au chevet du comte. Dans la chambre sont deux valets et le médecin.

LE CARDINAL *entre et s'approche du comte.* Veuillez, monsieur le comte, faire retirer tout le monde ; il faut que je vous entretienne seul.

LE COMTE *d'une voix faible.* Oui, oui, sortez tous... laissez-moi avec Son Eminence... qui veut bien me donner sa bénédiction.

Tout le monde sort. Le chapelain, un moment indécis, obéit à un regard impérieux du cardinal. Ce dernier les suit des yeux, et, quand la porte est fermée, il s'approche du comte l'air grave et presque menaçant.

LE CARDINAL. Qu'avez-vous fait de votre femme et de votre fille, monsieur?

LE COMTE *d'une voix éteinte.* Elles prient pour moi... monseigneur... Toutes deux retirées dans un couvent... elles prient... Mais votre bénédiction... me...

LE CARDINAL *l'interrompant.* Madame de Vaudrey est morte, monsieur!

LE COMTE. Morte! ah! mon Dieu! elle va donc

prier pour moi... dans le ciel... aux pieds de l'Éternel... prier pour moi... Oh !... mais que je suis faible... ma vue se trouble... j'entends à peine...

LE CARDINAL. Votre fille est mourante, monsieur !

LE COMTE *s'affaiblissant de plus en plus*. Dieu la bénira... elle a prié pour son père, et m'a gagné la félicité éternelle... et m'a donné le moyen d'illustrer ma maison... Ma fille, je...

LE CARDINAL, *d'une voix terrible*. La félicité éternelle !... à vous ! à vous, monsieur ! mais songez donc à ceux que vous avez sacrifiés !!!

LE COMTE, *délirant et à voix très-basse*. Oh ! oui... je le sens là... j'ai une conviction... qui... me dit... que j'ai gagné... le paradis... le chapelain m'a promis...

LE CARDINAL. Cela n'est pas, monsieur, ce prêtre imposteur vous a abusé ; il a blasphémé en vous promettant, au nom du Seigneur, une place parmi ses élus ! Tremblez !!

LE COMTE, *en délire, les yeux animés*. Je vais dans le ciel... c'est ma fille... qui m'a valu cette faveur... dans le ciel... mon fils... une maison souveraine... le ciel...

LE CARDINAL. Mais il meurt... cet homme meurt sans effroi, sans remords. Oh ! cela est épouvantable...

Le comte en délire fait un dernier effort, ses joues se colorent, ses yeux brillent, toute sa figure semble rayonnante d'espoir et de conviction.

LE COMTE. Oui... je vais à toi... à toi, mon Dieu ! mon nom vivra... dans ce monde... et tu me donnes une place dans ton paradis... mon fils... maison souveraine... le paradis... je suis bien... heureux... les anges... je...

LE CARDINAL. Oh! malédiction! malédiction!

LE COMTE, *poussant un grand soupir*. Je... oh!... le paradis...

Il meurt.

Le cardinal se précipite sur le comte, le regarde avec une angoisse horrible, puis retombe accablé sur un fauteuil.

LE CARDINAL. Il est mort. . . . .
. . . .
. . . .

Le cardinal reste dans un morne et profond silence, sa tête cachée dans ses mains.

Au bout d'un quart d'heure de méditation, il se lève, ferme les paupières du comte, et après avoir longtemps considéré ces traits qui expriment encore le calme et la sérénité, il dit d'une voix lente et solennelle :

Après la vie infâme de cet homme... qui oserait douter encore de l'existence logique d'un Dieu juste et rémunérateur, d'un Dieu qui punit le méchant dans une autre vie? Qui oserait douter que notre séjour dans ce monde ne soit le passage du néant à l'éternité?

Le cardinal contemple encore le cadavre du comte.

— Qui oserait en douter?...

Puis, avec une déchirante expression de douleur et de désespoir, il s'écrie :

— MOI!!!

PIÈCES JUSTIFICATIVES.

N° I.

Cette pièce ainsi que celles qui suivent ont été transcrites littéralement ; elles avaient été copiées par un garçon-horloger et déposées dans les archives de Tippoo-Saëb. On en a laissé jusqu'aux nombreuses fautes d'orthographe. Elles étaient divisées en liasses, sur chacune desquelles se trouvait une étiquette en langue persane. L'authenticité de ces pièces a été reconnue par le capitaine Macleod, chargé de l'examen des papiers de Tippoo-Saëb. (Voir l'*Histoire de l'empire de Mysore* par M. Michaud.)

PROCÈS-VERBAL

DES SÉANCES DU CLUB DES JACOBINS FORMÉ A SÉRINGAPATNAM.

Le sextidi de la 2e décade de floréale de la republique francaise une et indivisible.

Les citoyens francais qui sont sous les ordres du citoyen Dompard a la solde du *citoyen* Tippo-Saïb le Victorieux l'allié de la republique francaise, dènommés ci-dessous :

Salvadosse,	La Republique,	Daine,
Julien,	Béteme,	Thouvenir,
Madin,	Lambert,	Oochard,
Jean Denis,	Manuelle,	Manuel,
Le Grand,	Marc,	Marivanne,
Vincent,	Gemitte,	Decegodique,
Blanche,	Vrenière,	Ouilletas,
Ivon,	Chollesse,	Jogeny,
Gaspar,	Francisque,	Joseph,
Pouvoi,	Philippe,	Dachiret,
Franc,	Jean,	Colier,
Contoir,	Jacque,	Colin,
Lebeau,	Etienne,	Juducque,
Bayse,	Manuelle,	Joine,
Questin,	Anton,	Quelique,
Kerodique,	Denis,	Manuell,
Bernard,	Çhariée,	Grais,

Charroix, Dugeon, Langle,
Abraham, Jeunesse, Christian,
Manuelle, Pierre,

au nombre de 59, etant jaloux de concourir de toutes leurs forces et de tout leur pouvoir au ministre et a l'affermissement de la republique francaise, et a connoitre leurs droits, pour y parvenir se sont rassemble, apres en avoir obtenu la permission du chef commandant, dans l'église paroissiale le dit jour et an que cy dessous.

Le citoyen Francois Ripaud, lieutenant des vaisseaux de la republique francoise, a pris la parole, et nous a dit :

« CITOYENS,

« Vous etes tous Francais ou dignes de l'etre, l'eloignement de votre mere patrie vous a privé jusqùa ce jour de « connoitre vos droits de citoyens libres; vous avez commencé « a les connoitre en abatant l'indigne pavillon blanc que la « nation avait en execration et qui etoit en apparence l'idole « de vos erreurs. Il vous reste un devoir a remplir, cést d'ar- « borer le pavillion nationalle, et de vous instruire sur vos « droits, de savoir ce que vous devez et ce qui vous est du. « Il est un devoir d'un republiquain d'instruire de ses foible « lumieres ses concitoyens. Je vous presente les droits de « l'homme, cést dans ce droits que vous puisserez les vertus « republiquaines, qui vous aideront a surmonter les défauts « de vos anciennes habitudes, et pour vous aider a y parvenir, « je vous soumets des idèes constitutionèles, et comme vous « vivez dans une anarchie qui dois faire horreur a tout homme « de bien qui aime a respecter les loix je vous soumets un « projet de loi pour etre discuté article, par article, et que « apres la promulgation de la loi, vos arreté auront force de « loi; je vous observeré seulement que vous ne devez nulle- « ment vous ecarter de la loi republicaine, ni les affoiblir, ni « les transgresser.

« Il est d'usage quand le peuple se rassemble en assemblée « primaire que le citoyen le plus ancien dois etre nommée « president provisoire, l'on nomme deux secretaires, et deux « maitres de ceremonies. Le president vous direz le motif de « la convocation, et vous prie de nommer un president, ainsi « que les officiers que je vous a désigné, pour vous éclairer « sur vos droits et vous rappeller au respecte du au souve- « rain duquel vous faites partie ; a vous rappeller à l'ordre, « pour qu'un chacun à son tour ai la parole, et puisse parler « librement sans etre interrompu sur la question seulement « qui est présenté a la discution, ci un citoyen avait une « idée heureuse il demanderait la parole, pour un motion

« d'ordre tout discution cesse apres que le citoyen qui a la « parole a fini et l'on ecoute le motif de la motion, si elle est « hors de la question le president lui dit, et la discution re- « commence. »

L'on a commencé par formér l'assemblée primaire, le citoyen Contoir, comme plus ancien d'age, a été nommée president provissoire, et les citoyens Vreniére et Dachiret ont été nommés secretaires provisoire, et les citoyens Dompard et Provoic, scrutateurs provisoire, et les citoyens Ivon et Abraham, maitres de ceremonies. Le president a dit que la motif de la convocation du peuple, etoit pour s'instruire sur les principes constitutionnelles, et pour se donner des loix conformes au loy republiquaine, que l'on alloit commencer par la nomination d'un president : en faisant l'appel nominal ; le citoyen Francois Ripaud a été nommée à la pluralité, president ; il a pris place, et a donné le baisser de paix et de fraternité au citoyen Conroy. On a passé a la nomination de deux secretaires. Les citoyens Vreniere et Dachiret ont été élus, de suite on a passé a la nomination de deux scrutateurs, les citoyens Quettin et Julien ont obtenu les suffrages et ont été élus, de suite on a passé a la nomination des deux maitres de ceremonie, les citoyens Dompard et Charrier ont obtenu les suffrages, et ont été élus.

Le president a ouvert la sceance par nous rappeller a nos devoirs, a l'amour que nous devions a la patrie, et a une reforme prompte sur nos ancienne habitudes, et par la lecture des droits de l'homme, et suivi par la lecture des principes republiquains, et un projet de loy, les un et les autres ont été accepté avec joie et avec acclamation. A la suitte du projet de loix l'on a arretè l'ajouremen de la presente assemblée au octodi de la presente decade de mois de floreale a 3 heures après midi, pour relire les principes constitutionnelles, et discuter le projet de loix, article par article, selont l'ordre du jour.

Le citoyen Thouvenir a demandé la parole, et a dit :

« Citoyens,

« Je parle au nom de mes freres, oui, citoyens, nous etions « dans l'erreur nous ne connoissions pas nos devoirs et nos « droits, n'y le pavillion que la nation portoit, nos avions fait « nos reclamation et adressé nos doleance au citoyen L'Esca- « lie qui ne nous a pu rendre de reponse, les interests politi- « ques du citoyen Tipou-Saïb qui nous protege ne nous a « pas permis aussi de changer de couleur : voilà le motif de « cette erreur, qui ne pourra pas paroitre criminel aux yeux « de la nation mais presentement nous y serions bien crimi- « nal si nous arborions d'autre couleurs que celles de notre

« cher patrie, nos cœurs lui sont entierement vouè, et nous « jurons de mourir pour la soutenir en defendant les droits « sacrés des citoyens, et de la constitution, nous demandons « a bruler tout ce qui a rapport a la royautè, et a l'ancien « régime, c'est le veu de tous mes freres d'armes. »

L'assemblée a arretè que tout ce qui a rapport à la royauté et a l'ancien regime soit brulé le jour que l'on arborroit le pavillion nationale, et que l'on preteroit les sermant a la nation. Le president a la remerciè le frere Thouvenir de son ardeur patriotique, et l'a engagèe a continuer ce zele qui fait gloire a tout homme libre, et avons levè la scéance, la dit jour et an, et l'avons terminè par des hymne a la patrie, en foi de quoi, avons signè le present pour servir ce que de raison apres lecture fait.

N° II.

« Citoyens,

« Le serment que vous vener de prononcer, et le baiser que « je vous ai donné, est celui de toute la France entière; mal- « heur a celui qui seroit parjuré! Vous vous etes rallié a tous « vos frères les Francois, comme ils se sont liés a vous par « mon organe. Vous etes leurs soutien comme ils sont le votre, « rappellé vous que votre union fera votre force, que toute « haine, que toute ressentimen soit aneanty. Vous ne devez « dorenavent ne fait plus qu'une famille de freres. L'amour « de la patrie doit être le mobile de toutes vos actions; alors « vous serez vraiment digne du serment que vous venez de « prononcer. Vous m'avez demander un projet de loi. Le « voici. Vous serez libre d'accepter ou de rejetter les articles « qui vous conviendront, mais rappelez vous que les articles « que vous aurez accepté, que vous ne pourrer les enfreindre, « parceque par votre adession vous leurs avez donné force de « loi, comme elle n'a rien au dessus d'elle vous ne devez avoir « au dessous de vous, que vice et crime, et au dessus, que la « loy, qui characterise vos vertus! Attendu qu'il est midi, « avons adjourne la presente sceance a deux heures après « midi de ce jour pour discuter les articles de la loi proposé. »

A deux heures étant rassemblé, le président a annoncé que l'on allait commencer par l'article premier, qui a été accepté à l'unanimité de voix, par concert, ou de couvert.

PRÉLIMINAIRE DES LOIX.

PEINE MILITAIRE.

A prononcer par le conseil de discipline. Le conseil de discipline est composé de sept citoyens de tous grades. Quatre voix contre trois suffit pour faire mettre la loi a execution soit quelle protege ou quelle punisse.

LOI.

ART. Ier. Tout chef qui ne fait pas executer la loi a la lettre, qui voudroit l'eluder ou la transgresser ou qui ne mettroit pas a execution la sentence rendu par le conseil de discipline, est indigne de commander; il est cassé et suspendu de ses fonctions de citoyen pendant deux ans. En cas de residive il subira cinq ans de fer, et est indigne d'occuper aucune charge.

De suite passé a l'article II, qui a été accepté a l'unanimité des voix.

II. Tout citoyen de quel grade qu'il puisse étre appelé au nom de la loy, doit obéir sur le champ; ou faute de ce, il subit 48 heures d'arret, sans pour cela l'excepté de la punission qu'il auroit du subir, pour le delit qu'il auroit commis, et syil residoit, huit jours de fers, et en quas de la moindre rebellion, sans voy de faitte à la loi trois mois de fers.

De suite passé a l'article III, qui a été accepté a l'unanimité des voix.

III. Nul citoyen ne peut etre jugé que par un conseil de discipline establis; et, que deux témoins n'ayent constaté le delit duquel il est accusé.

De suite passé a l'article IV, qui a été accepté a l'unanimité des voix.

IV. Comme les loix n'a que des peines strictemens nécessaires, tous citoyens dans n'importe quels positions qu'ils se trouvent, doit obeir a son supérieur sans replique, ou faute de ce, il sera puni suivant la rigueur des loix.

De suite passé a l'article V, qui a été accepté a l'unanimité des voix.

V. Tout superieure qui mal traitera son inferieur a mauvais propos, sera puni pour la première fois de huit jours d'arrêt; pour une seconde de quinze jours; et pour une troisième [1] de deux mois d'exemtion d'aucun service, pendant laquel peine il sera privé, premiere, de commandement; seconde de paye.

De suitte passé a l'article VI, qui a été accepté a l'unanimité de voix.

VI. Tout inferieur qui n'obeira pas sur le champ à son superieur, quand le superieur lui parlera au nom de la loi, sera : premiere, puni pour le délit qu'il aura commis : seconde pour la desobeissance a la loi de 48 heurs de fers au pied. Si la

1 Cet loi a été modifié; au lieu de deux mois d'exemtion de service et de paye, huit jours de fers.

desobeissance et accompagné de murmure, injure, ou menace, le delinquant subira trois mois de fer.

De suitte passé à l'article VII, qui a été accepté a l'unanimité de voix.

VII. Tout superieur qui menaceroit de frapper son inferieur; et que l'execution n'aura pas lieu, le superieur sera cassé et privée du droits de citoyen pendant un an seulement.

De suitte passé a l'article VIII, qui a été accepté a l'unanimité des voix.

VIII[1]. Tout inferieur qui menaceroit son superieur de le frapper et que la menace n'auroit pas lieu, subira un an de fers.

De suitte passé a l'article IX, qui a été accepté a l'unanimité des voix.

IX. Tout superieur qui frapperai un inférieur sera condamné à subire un an de fers, et sera déclaré indigne d'occuper aucune charge militaire ny civile.

De suitte passé a l'art. X, qui a été accepté a l'unanimité des voix.

X. Tout inferieur qui frapperoit ou levroit la main sur son superieur sera condamné a mort.

De suitte passé a l'article XI, qui a été accepté à l'unanimité des voix.

XI. Tous les delits qui ne sont pas de la compaitance du conseil de discipline, et qui sont dans la classe de la police correctionnelle sont de la compaitance du major commandant la place, qui ordonne la prison au nom de la loi, pour les delits denonces ci après, 24 heures ny plus ny moins.

1° Les delits contre les bonnes mœurs.

2° Le trouble apporté publiquement a l'exercise ridicule d'une culte religieux quelconques, ou insultes faite à ses ministres fanatiques.

3° Les insultes, et la violence grave entre les personne, telles que les coups et voi de fête, que ne punit pas le conseil de discipline.

4° Les troubles apporté a l'ordre sociale, et a la tranquillité publique, par la mendicité, par les tumultes, ou la provocation des tumultes, ou bruit fait a des heures indus sans permission.

De suitte passé a l'art. XII, qui a été accepté par l'unanimité de voix.

XII. Tout citoyen qui tiendra des propos indecens sur la constitution, qui aura l'air d'être partizan de la royauté, ou de l'ancien regime, sera traduit devant le conseil de discipline,

[1] Cette loi a été adopté avec la modification d'un an, ce sera trois mois.

et si ses projets avaient l'air de rappeller la contre révolution il serait mis a mort.

De suitte passé a l'art. XIII, qui a été accepté a l'unanimité de voix.

XIII. Tout citoyen qui en presence de l'ennemi aurait l'air de montrer de la foiblesse, et chercherait par ses propos, a affoiblir le courage de ses concitoyens, et les detourner d'en venir à l'action seroit mis à mort.

De suitte passé a l'art XIV, qui a été adopté a l'unanimité de voix.

XIV. Tout conspirateur, ou traitre a sa patrie, sera condamné a mort.

De suitte passé a l'art. XV, qui a été accepté a l'unanimité des voix.

XV. Tout suborneur, debaucheur, enrolleur, deserteur et qui auroit liaison avec les ennemis de la republique, qui seroit arreté, seroit mis à mort.

De suitte passé a l'art. XVI, qui a été accepté à l'unanimité des voix.

XVI. Toute lacheté, foiblesse, qui seroit commis en présence de l'ennemie, et qui porteroit prejudice a la gloire de la patrie, seroit punis par dix ans de chaines sur les travaux publiques. Cette loi est applicable aux commandant, officiers, sous officiers, soldats, volontaires, et matelots.

De suitte passé a l'art. XVII, qui a été accepté a l'unanimité des voix.

XVII. Tout citoyen en temps de guerre, qui deserte son pavillon pour aller dans un nation enemi, et qui est arrété, serois mis à mort.

De suitte passé a l'article XVIII, qui a été accepté à l'unanimité des voix.

XVIII. Tout citoyen qui s'émigre avec son bien, qui est arrété, est enchainé pour vingt ans sur les travaux publiques.

De suitte passé à l'article XIX, qui a été adopté à l'unanimité des voix.

XIX. Tout supérieur qui commanderoit des républicains français, qui ce rendroit, lachement a une ennemis même plus fort que lui, seroit mis a mort, et tous ceux qui seroit sous ses ordres, seroit punis suivant les rigueurs de la loi, et mis à mort aussi.

De suitte passé à l'article XX, qui a été accepté à l'unanimité des voix.

XX. Tout citoyen ont le droit de faire convoquer par citoyen commandans, le conseil de discipline, sans etre obligé de leur dire le motif de la convocation, et les commandan sont obligé sur la réquisition d'un seul citoyen de convoquer le conseil sur le champ, ou il encoura la rigueur de la loi lui même.

De suitte passé a l'article XXI, qui a été accepté à l'unanimité des voix.

XXI. Tout citoyen qui convoqueroit le conseil de discipline, et qui n'auroit pas de preuve, n'y témoin a alleguer a la loy, seroit puni de huit jours de fer au pied.

De suitte passé a l'article XXII, qui a été accepté à l'unanimité des voix.

XXII. Tout citoyen qui traiteroit un autre citoyen de lache ou de coquin seroit puni de trente jours de fers au pied.

Quand le conseil de discipline a formé son résultat, il en previenne le commandant (qui nést jamais present au jugement) et qui fait mettre sur le champ, la sentence a execution, et rentrer avec lui dans la salle d'audience, la tous les citoyens composant le conseil de discipline se lève debout, et à découvers, lève la main, et le président dit : « Nous jurons sur notre « conscience et notre honneur, que après avoir observé scru- « puleusement dans nos délibérations, les regles qui nous étoit « prescrite par la loy, nous avons trouvé qu'un telle accusé de « telle fait, n'en etoit pas coupable. — Ou bien, Qu'un telle ac- « cusé de telle fait, en etoit coupable, mais excusable : Ou « qu'un telle accusé de telle fait en étoit convaincu, mais non « criminel : Ou, qu'un telle en etant convaincu de telle crime, « la loi le condamne a. . . . .

Les jugemens du conseil de discipline se font publiquement. Tout citoyen a le droit d'y assister, la décence y est maintenu comme le respecte au loix et à la nature.

Tous militaires, de tous grades, meme des troupes de ligne et de marine, sans etre du corps du delinquant a la loy, peut etre membre du conseil de discipline.

Le conseil de discipline se forme aussitot la loi promulgué par les citoyens qui se sont soumis. La majorité des suffrages des citoyens, fait et donne force de loi, tout le monde doit y etre soumis sans exception. Le conseil se releve tous les six mois; c'est au citoyens a bien choiser leurs juges.

De suite on a passè a la nomination des membres composant le conseil de discipline; le scrutain dépouillé, Ripaud, Vreniere, Questin, Jullian, Dachiret, Thouvenir, et Kerodicq, on eté nommé a la majorité absolu, ont accepté.

Nous citoyens et républicains français composant le parti qui est sous les ordres du citoyen Dompard, après avoir entendu les présente loix nous nous y sommes soumis volontairement pour être jugé, reglé, dorenavant par les principes et les loix de la liberté et de l'égalité que nous avons fait; en foi de quoi avons signé le present reglement pour servir et valoire ce que de raison. Au camp français, près Pattane, le decadi de la premiére decade de floréal, le an 5e de la republique française, une et indivisible.

Un citoyen a demandé la parole, et a dit :

« Citoyens, pour terminer une si glorieuse journée, je de- « mande que l'infame pavillon blanc soit brûlé, et que nous « chantions la hymne à la patrie, en signe de joie du bonheur « que nous resentons aujourd'hui. »

Tous d'une voix unanime ont dit, *Oui?* Alors le president a leavé la scéance, et ajournée à dimanche prochaine, quintidi de la troisième decade du mois de floreal.

Signé Ripaud, Vreniere, Questin, Dachiret, Julian, Kedoricq, Thibeau, Vizer, Thouvenir, Dompard, Bertodiere, Pilardt, Charroix, Moitie, Milletot, Heritier, La Vueille, Dielle, Windell, James, Marc, Mich, Dunn, Jacques Debay, Menaud, Gaudron, Collier, Vincent, W. Graham, Barnar, Huite, Le Dalle, Denis, Castel, A. M. Neil, Pombart, Legrand.

N° III.

Les drapeaux étant arrivée le silence a régné, l'on a planté l'arbre de la liberté surmonté d'un bonnet de l'égalité, et le citoyen Ripaud a prononcé le discours suivant :

« Citoyens francais, hommes libres, mes frères, mes amis.

« Cet bien aujourd'hui que vous devez remercier la provi- « dence et l'Etre bienfaisant de la grace de vous avoir faite « voir le pavillon nationale et l'arbre de la liberté, surmonté « du bonnet de légalité, chéri et adopté de tous les hommes « libres, les républiquains français, vos frère, vos appuy, et « vos amis. Que c'est gloire pour vous, ô ! Français, de la voir « arboré assuré, et juré de la soutenir et de mourir les armes « à la main pour la défendre et soutenir votre liberté et vos « droits, enfin ce que vous avez de plus cher, votre patrié. — « O! Français, mes frères, mes amis, ne sentez-vous pas comme « moi cette joie qui s'empare de vos cœurs et qui vous entraine « vers ce drapeau, et cette arbre cheri que 25 millions d'hom- « mes ont juré comme vous de mentenir, ne sentez-vous pas, « dis-je, ce penchant de la virtu qui n'est connu que par les « hommes libres qui vous porté a lui jurer cette amour ar- « dente qui caractérise les guerriers républiquains ? Oui, cher, « mille fois cher a mon cœur. je te soutiendrai, drapeau et « arbre cheri, jusqu'à la dernière goutte de mon sang, et si je « suis parjuré à mon serment je prie la divinité de vouloir bien « me reduire en cendre, de m'aneantir meme si j'en avoit la « pensée. Comme tu es l'objet de mes plus chers sentimens, je « jure de te defendre ou de mourir pour toi, oui, je, le jure [1]!

[1] Et tous les citoyens ont repeté : *Oui, nous les jurons.*

« Apres t'avoir promis tout ce que je te dois, pardonne, cher et « digne gloire de mes sentimens, s'y je vais rendre hommage « au manes de vos freres qui ont peris pour te defendre. Que « dis-je pour soutenir la gloire.

« Quel sensible horreur s'empare de moi! une religieuse sen- « sibilité me domine! Quoi! je tombe a genoux, mon sang se « glace, et j'en trevoi dans l'ombre mille guerriers magnani- « mes les pérs défenseurs de nos droits, qui crient a nos cœurs « de les venger!

« Je vois le comble de la barbarie et celui de l'atrocité. — « Dieu! j'en frémis d'horreur! Quoi! Je vois ce victime de la « férocité anglois qui ont été scié entre deux planchés! des « femmes victimes de leur brutalité est assassiné au même mo- « ment. Oh! comble d'horreur! mes cheveux se redresse! Que « voi je! Des enfans encore a la mamelles. je les voi teint du « sang de leurs meres infortunés. Je vois ces malheureux enfants « expiré de la meme mort que leur malheureuse meres. Oh! « comble d horreur et de sceleratesse que d'ingilnation tu in- « spire. Soyé persuadé, ame infortunés, que nous vous venge- « rons. O perfide et cruelle Anglais tremble. Il est un Dieu « vengeur du crime qui nous inspire de laver dans ton sang « les atrocités que tu as commis envers nos peres et leur mal- « heureuse compagne. Apaisser vous, ame plaintif, de l'inno- « cence, nous jurons de vous venger. (Oui, je le jure!)

« Citoyens, mes frères, que d'horreur doit vous inspirer tous « les supports de la tyrannie. Ce sont eux, ce laches, ce faux « Français, qui avoit inspiré tout ces sceleratesses. En France « l'armée de la Vendè et celle de Jesus, le pavillon blanc, « les fleurs de lys, le christe a la main et le poignard à l'au- « tre, ont assassiné, massacré, comme les infame Anglais, vos « plus fiers defenseures de vos droits. Vengé nos freres, vic- « time de leur patriotisme. Que tout ce qui a rapport a l'an- « cien régime soit sur le champ brûlé; si nous ne sommes pas « a meme de nous venger sur eux, que ce soit sur leur idole « cheri, leur pavillon, et qu'ils tremble en apprenant que dans « l'Inde, dans le milieu des terre, qu'il y a des republiquains « qui ont juré de les exterminer. Ils fremirons, n'en doutte pas, « ces laches, au seul nom des Français. Palise de terreur, et « aussitôt qu'ils le voyent, ils sont a trois quarts vaincus. Pour « y parvenir il faut avoir ce virtu republiquain, il faut scavoir « vaincre ou perir pour la patrie.

« Il faut avoir ce maintien d'homme libre, (je parle au com- « mandant) vous etes notre chef, votre devoir est de veiller a « notre sureté, a notre bonheur, et au maintien de nos droits. « Vous n'etes plus faite pour vivre dans un apathie qui ne con- « vien nullement a la nouvelle charge que vous occupé. Il faut « surmonter vos anciens habitudes, et si vous aviez des diffé-

« rences il faut les aneantir et fair votre bonheur du maintien « du au loi. Par cette amenité qui est dans votre cœur, par « la bonté de votre ame, vous avex des riches qualités, vous « etes digne d'etre republicain. Votre bravoure est connu. « Mais vous avez de la foiblesse, défaite vous de cet ennemi « de vous même, attaché vous à connoitre vos droits, et vous « sentirez qu'il est bien glorieux de commander a vos egaux « et de braves republiquains.

« La France la juré, cela seul a suffi, elle sera obéi, ses « fiers defenseurs ne sont jamais sourds a sa voix, etant très « soumis et tres respectueux a sa volonté, elle commande, elle « sera deja satisfait. — Je vois deja l'ardeur qui me domine « passer dans tous vos cœurs — que la voix de la patrie est « sublime — que l'amour ardent qu'il inspire est grande — « Dieu puissant — Cher Divinité — Outu lis dans mon cœur, « tu le vois bien glorieux de cet journée, je me satisfais dan « tous les points. O Français? Que vous me rendez heureux, « votre amour pour ce que j'ai de plus cher, notre patrie, se « manifeste dans tous votre contenances; venez avec moi « planter l'arbe cheri de nous et de tous nos forces, c'est le « symbole de la constitution, de nos devoirs, de nos droits; « qu'ils soit sans cesse presente a votre memoire, et vous ne « vous ecarterez jamais de ce que vous devez a vous meme, « et vous fera resouvenir ce que vous devez à vos frères!!! »

De suite a fait prononcer a chaque citoyen individu, les uns après les autres, le serment,

CITOYEN, JUREZ VOUS HAINE AUX ROIS, EXCEPTANT TIPPOO SULTAN LE VICTORIEUX, L'ALLIÈ DE LA REPUBLIQUE FRANÇAISE. GUERRE AUX TIRANS; ET AMOUR POUR LA PATRIE ET CELLE DE CITOYEN TIPPOO!!!

Tous à l'unanimité ont crié : « Oui, nous jurons de vivre libre ou de mourir. »

Pendant le serment on a salvé de toute l'artillerie 84 coups de cannon; et apres le serment on se remis avec cipailles qui avoit pretté le serment, deux drapeaux à leur garde par un garde d'honneur. De suite l'on a signé le process verbal du octodi de la 2e decade du presente mois. De suite l'on a èté sur la place d'armes, ou l'on a chanté alentour de l'arbre et du pavillon, des hymnes à la patrie; quant l'on est venu a chanter « Amour sacré de la patrie, » l'on a fait un salut de tout l'artillerie, et la journée s'est passé en joi, et par un bal, qui a duré toute la nuit. En foi de quoi nous avons signé le présent ledit jour et an que dessus.

N. B. Voir l'Histoire de Mysore, par M. Michaud, dont ces pièces sont textuellement extraites.

NOTICE SUR TIPPOO-SAEB

TIPPOU SULTHAN BEHADOUR, dernier nabab de Maïssour (ou Mysore, suivant l'orthographe anglaise), naquit en 1749, et porta d'abord le nom de FETH-ALY KHAN. Il reçut celui de TIPPOU-SAHEB, soit à la circoncision, soit lorsqu'à l'âge de seize ans il fut nommé dyan ou intendant de Bednor par son père Haïder-Aly Khan; et comme il donna des preuves de bravoure et de capacité en plus d'une occasion sous le règne de ce prince (*voy.* HYDER-ALY), son nom de *Tippou-Saheb* semble avoir prévalu sur ceux de *Tippou Khan* et *Tippou Sulthan*, qu'il prit en montant sur le trône, le 7 décembre 1782. Il se trouvait dans le Tanjaour avec un corps de troupes, lorsque Haïder mourut. Les Anglais, alors en guerre avec ce dernier, profitèrent de cette double circonstance. Le brigadier-général Matthews, qui les commandait, se mit en campagne dès la fin de février 1783, et s'empara successivement d'Onor, de Condapour, de Mangalor, de Bednor et d'Anampour, où une partie de la famille du nouveau souverain tomba au pouvoir des vainqueurs. Tippou arrêta bientôt le cours de ces succès. A la tête de vingt-cinq mille hommes, parmi lesquels était un corps de mille Français, il parut devant Bednor le 9 avril, et força Matthews d'évacuer la place, par suite d'une capitulation où il fut stipulé que les Anglais retourneraient à Bombay, par Goa, après qu'ils auraient rendu Bednor, Anampour et Colidroug, ainsi que l'argent, les armes et les magasins appartenant à leur gouvernement. Cette capitulation fut violée de part et d'autre. Les Anglais ayant voulu soustraire une somme considérable en la distribuant aux officiers qui devaient la rendre au trésor public, un accident fit découvrir leur supercherie. Alors Tippou retint prisonnier le général anglais et sa garnison, les fit fouiller, dépouiller, charger de chaînes, et les accabla de mauvais traitements. S'il faut en croire les auteurs anglais, il poussa la barbarie jusqu'à faire empoisonner Matthews et plusieurs de ses officiers, et trancher la tête, en sa présence, au frère de ce général, qui fuyait chargé d'or et de bijoux. Il assiégea ensuite Mangalor, qu'il ne put prendre quoiqu'il eût découvert et puni la trahison de son général en chef, qui se disposait à passer du côté des Anglais avec une partie de ses troupes. Le siége durait encore, lorsque Tippou reçut la nouvelle de la paix de Versailles entre la France et l'Angleterre. Il suspendit à l'instant les hostilités, et prêta l'oreille à des négociations qui se terminèrent par un traité signé à Mangalor, le 11 mars 1784. Les Anglais rendirent toutes les places qu'ils avaient conquises, et promirent de ne point aider les ennemis de ce prince. Tippou, de son côté, restitua aux Anglais leur comptoir de Callicut, que Haïder leur avait enlevé; promit d'évacuer les États des radjahs de Tanjaour et de Travancor, leurs alliés, et renonça à ses prétentions sur le Carnate. Telle fut l'issue de la première guerre que Tippou eut à soutenir contre les Anglais. Les légers avantages qu'il y avait obtenus le remplirent de présomption, et entretinrent cette haine héréditaire qu'il leur avait vouée et qui fut la pensée de toute sa vie. Heureux si, à l'ambition et à la bravoure qu'il tenait de son père, il eût joint la prudence, la modération et les talents politiques qui n'avaient pas moins contribué que les armes à fonder la puissance de ce prince. Haïder n'avait pris que le titre de *naib* (lieutenant), et montrait souvent au peuple le radjah légitime de Maïssour, au nom duquel il promulguait les actes de la souveraineté. Tippou se délivra de cette entrave. Il laissa le radjah et sa famille dans l'oubli et dans la misère. Il prit les titres de sulthan, de vainqueur, et s'arrogea ceux de tous les princes de la presqu'île de l'Inde, dont il prétendait être le suzerain. Plus tard même, à l'époque où la majesté royale fut violée par un rebelle, dans la personne du souverain titulaire de l'Indoustan (*voy.* CHAH-ALEM), il ajouta à tous ses titres celui de *Padischah* (empereur). Pour soutenir le rang auquel il s'était placé, il suppléa, par le faste, à la véritable grandeur, et sa cour devint une des plus brillantes de l'Orient. Il porta son armée jusqu'à deux cent mille hommes; mais ces dépenses n'étant pas en proportion avec l'étendue et la richesse de ses Etats, il vit ses revenus diminuer et ses ressources s'épuiser. Toujours bercé néanmoins du vain espoir de dominer sur l'Indoustan ou d'en expulser du moins les Anglais, il voulut s'assurer de l'appui et des secours de la France. Il fit partir à la fois six ambassadeurs, en 1787. Trois prirent leur route par le golfe Persique, Bassora, Baghdad, l'Asie Mineure et Constantinople, et éprouvèrent toute sorte d'accidents et de contrariétés dans ce pénible et périlleux voyage. Celui des trois qui survécut à ses deux collègues n'osa ou ne put continuer sa mission. Il se joignit à la caravane des pèlerins de la Mekke, et gagna un port de la mer Rouge, où il trouva un navire qui le ramena dans l'Inde. Les trois autres ambassadeurs s'embarquèrent à Pondichéry, le 22 juillet 1787, et arrivèrent à Toulon le 7 juin de l'année suivante. Ils furent, pour la France, qu'ils traversèrent, un objet de curiosité, et alimentèrent, pendant quelques mois, les conversations et les journaux. Ils obtinrent une audience publique de Louis XVI, le 3 août 1788; mais au lieu des secours qu'ils venaient solliciter, on ne leur donna que des spectacles et des fêtes. Le mauvais état des finances, la crainte de troubles intérieurs, empêchèrent le roi de France de réaliser les espérances du nabab de Maïssour. Il se borna au renouvellement de l'alliance avec Tippou, alliance qui demeura sans effet, ces deux princes ayant peri peu d'années après, l'un pour avoir trop aimé la paix, l'autre victime de son ambition guerrière. Les ambassadeurs furent de retour à Seringapatnam au mois de mai 1789. Comme ils n'avaient pas réussi dans la demande qui était l'objet principal de leur mission, et qu'ils ne cessaient d'exalter l'étendue, la population, la richesse du royaume qu'ils venaient de parcourir; Tippou, qui, zélé musulman, croyait qu'aucun potentat chrétien n'égalait sa puissance, fut blessé dans sa vanité : trompé d'ailleurs dans son attente par le peu de succès de son ambassade, il s'en prit à ses agents, et en fit assassiner deux. Il saisit bientôt une occasion de recommencer la guerre. Les Hollandais possédaient les forts de Cochin, d'Akkotah et de Cranganor, dans le Malabar, près des frontières de Maïssour. La médiation des Français les avait rétablis dans la possession de Cranganor, que Haïder-Aly leur avait enlevé. Tippou éleva des prétentions sur ces places, situées dans les Etats du radjah de Cochin, son vassal, et marcha sur Cranganor avec des forces considérables, au mois de juin 1789. Les Hollandais, pour sauver leurs établissements de Cochin, vendirent les deux autres au radjah de Travancor. Tippou ne voulut pas reconnaître une vente faite sans son aveu, et, le 29 décembre, il envahit les frontières de Travancor. Sur les représentations du gouvernement de Madras, il offrit de s'en rapporter à des arbitres impartiaux, et resta dans ses lignes, en attendant le résultat des négociations. Il y fut attaqué, le 1er mars 1790, par le radjah de Travancor. Les Anglais prirent part à cette action, comme alliés du radjah, et ne furent pas fâchés de recommencer la guerre contre un prince qu'ils désiraient humilier. Dès la première campagne, les hostilités s'étendirent au delà de la chaîne des Ghâts. Tippou opéra une diversion dans le Carnate, et sut éviter habilement toute action décisive avec l'ennemi. La seconde campagne s'ouvrit par le siége de Bangalor, dont la prise fixa le théâtre de la guerre sur le territoire de Maïssour. Deux armées anglaises, l'une commandée par lord Cornwallis, qui avait fait cette conquête, l'autre venue de Bombay, sous les ordres du général sir John Abercromby, qui s'empara de Cananor, pénétrèrent, après une suite de succès, près des murs de Seringapatnam, en 1791. Elles se disposaient à former le siége de cette capitale, lorsque les pluies, le débordement des rivières, la disette et les maladies, les forcèrent, au mois de juin, de se retirer. Ce fut vers ce temps-là que Tippou chargea M. Léger, commissaire français dans l'Inde, d'un message particulier, dont l'objet était d'obtenir de Louis XVI un corps de six mille hommes. Il offrait de payer le voyage, la solde et l'entretien des troupes françaises, se faisant fort de détruire, avec leur secours, l'armée et les établissements des Anglais dans l'Inde, et d'en assurer la possession à la France. Cette proposition, présentée secrètement à Louis XVI par le ministre Bertrand de Molleville, fut sans résultat, parce que ce prince se repentait alors d'avoir favorisé l'indépendance des États-Unis d'Amérique, et qu'il était déjà sans autorité. Cornwallis revint, l'année suivante, renforcé par les troupes du Nizam et par les Mahrattes, qui s'étaient coalisés avec les Anglais contre un inquiet et ambitieux voisin. Cette dernière campagne fut fatale au sulthan. La prise de Coïmbettour, qu'il força de se rendre, et dont il viola la capitulation, ne put balancer les revers qu'il éprouva. Les alliés ayant réduit plusieurs places, entre autres la forteresse de Nundydroug et celle de Savendroug, ou le *Rocher de la mort*, qui passait pour imprenable, arrivèrent devant Seringapatnam, le 5 février 1792. Deux jours après, Tippou, chassé de son camp retranché, fut contraint de se renfermer dans sa capitale, où il fut vigoureusement assiégé jusqu'au 24. Menacé d'un assaut, il accepta les conditions qui lui furent proposées, et le traité fut signé le 18 mars. Il céda aux alliés la moitié de ses États, et leur paya une somme considérable à titre d'indemnité. Mais la clause la plus dure et la plus humiliante fut celle qui l'obligea de donner, pour garantie de l'exécution du traité, deux de ses fils, Abd-el-Khalil et Moezz-Eddyn, enfants de huit à dix ans. Ainsi se termina une guerre qui avait coûté au sulthan soixante-sept forts, huit cents pièces d'artillerie et cinquante mille hommes. Depuis cette époque, sa cour cessa d'être le séjour des plaisirs. Le deuil régna dans son palais, et son caractère devint plus irascible, plus dur, plus impérieux. Tippou ne parut désormais pénétré que d'un seul sentiment, celui de la vengeance. Il ne s'occupa que de susciter des ennemis aux Anglais. Entouré de puissances gagnées par eux, il envoya, en 1797, une ambassade jusque dans le nord de l'Inde, auprès de Zeman-Chah, roi de Kaboul, pour l'engager dans une alliance dont le but devait être de chasser les Européens de l'Indoustan, d'y anéantir la religion des brames, et de rétablir l'antique splendeur du trône du Dehly, en y plaçant un autre prince de la famille de Tamerlan, et en l'affranchissant du joug honteux des *infidèles*. Quoique le roi de Kaboul fût ambitieux et entreprenant, il ne goûta point ce projet, soit qu'il prévît trop de difficultés dans son exécution, soit qu'il craignît de n'être que faiblement secondé par le sulthan de Maïssour, qui, depuis ses derniers revers, ne pouvait plus compter parmi les puissances prépondérantes de l'Inde. Tippou, ayant encore échoué dans cette négociation, conçut l'espoir d'être soutenu par le gouvernement républicain qui s'était élevé en France sur les ruines de la monarchie, et qu'un intérêt commun devait unir avec lui contre l'Angleterre. Les Français avaient toujours été accueillis à la cour de Maïssour. La perte de Pondichéry y en attira un grand nombre, la plupart gens ruinés ou aventuriers, sans principes et sans éducation. Tippou, entretenu par eux dans ses espérances imaginaires, s'avilit en les admettant dans sa familiarité, en se prêtant à leurs manières démagogiques. Ils établirent à Seringapatnam un club de jacobins, qui tint sa première séance le 5 mai 1793. Ils y jurèrent haine à la royauté, aux tyrans, excepté au *citoyen* Tippou le Victorieux. Dix jours après, ils arborèrent solennellement le drapeau tricolore, et se rendirent sur la place d'armes, où ils plantèrent l'arbre de la liberté, au bruit des salves d'artillerie et en présence du *citoyen* prince. Ce fut par les conseils d'un nommé Ripaud, capitaine corsaire, qui s'était établi le président de cette société populaire et le représentant de la nation française dans l'Inde, que Tippou se décida à envoyer secrètement deux ambassadeurs à l'Ile-de-France, pour y proposer une alliance avec le gouvernement français et demander des troupes. Ils y arrivèrent le 17 janvier 1798. La publicité que le général Malartic, gouverneur de la colonie, donna à cette ambassade, devint funeste au sulthan, et les secours qu'il lui envoya, insuffisants pour le défendre, servirent de prétexte aux Anglais pour l'attaquer. Ces secours consistaient en trois commandants, deux officiers d'artillerie, six officiers de marine, quatre charpentiers de vaisseau, vingt-six officiers, sergents et interprètes, et soixante-deux soldats européens ou mulâtres. L'invasion de l'Egypte par les Français, deux lettres adressées par le général Bonaparte au sulthan de Maïssour et interceptées par les Anglais, et, plus que tout cela, le système d'agrandissement que ces derniers ne cessaient de mettre en pratique dans l'Inde, décidèrent du sort de Tippou. Le gouverneur général, marquis de Wellesley, après s'être assuré de la neutralité des Mahrattes et de l'alliance de Nizam, fit marcher une armée nombreuse sous les ordres du général Harris, tandis que les troupes de Bombay, commandées par le général Stuart, arrivaient à Cananor. L'imprudent Tippou, qui avait répondu d'une manière évasive à toutes les propositions d'accommodement, ouvrit les yeux sur les dangers dont ses États étaient menacés par cette double invasion. Il rassembla toutes ses forces, mit des garnisons dans ses places, et vint camper avec soixante mille hommes à Periapatnam, pour s'opposer au général Stuart. Battu, le 6 mars 1799, à Sidasir, il laissa à Periapatnam quelques troupes, pour disputer cette position, et marcha à la rencontre du général Harris, qu'il attaqua avec impétuosité, le 27 mars, à Malaveli, à huit lieues de Seringapatnam; mais au bout d'une heure de combat, son armée fut mise dans une déroute complète, et il ne lui resta d'autre parti à prendre que de se renfermer dans cette dernière place. Il y fut investi le 4 avril. Après des efforts inutiles pour repousser les attaques des assiégeants, Tippou tenta de renouveler les négociations; mais les conditions que le général Harris lui imposa lui semblèrent si dures, qu'il n'y répondit pas, et il ne songea plus qu'à vaincre ou à s'ensevelir sous les ruines de sa capitale. Pendant un mois que dura le siége, il montra plutôt le courage et l'activité d'un soldat que l'habileté d'un général. Enfin, le 4 mai, la brèche étant devenue praticable, les Anglais traversèrent la rivière à une heure après midi, et donnèrent un assaut général. On se battit encore dans la ville. Les Français rallièrent plusieurs fois les Maïssouriens. Tippou périt dans la mêlée, atteint de plusieurs blessures, et l'on trouva son corps sous un monceau de cadavres. Il était âgé de cinquante ans, et en avait régné seize et demi. Avec lui s'anéantit la puissance éphémère que Haïder-Aly avait fondée, et qu'on a ridiculement nommée *empire de Maïssour* ou *Mysore*, puisque sa plus grande étendue ne surpassa jamais de beaucoup la moitié de la France. Formé par les armes, par l'usurpation, et composé d'éléments divers, ce prétendu empire, qui ne subsista que trente-huit ans, aurait pu durer davantage et se consolider, sous un prince doué de vertus pacifiques et de talents administratifs, qualités qui manquaient absolument au dernier nabab de Maïssour.

Pour plus de détails, voir la *Biographie universelle* et le curieux ouvrage de sir W. Bethly sur les mœurs et habitudes de Tippoo-Saëb.

FIN DU TROISIÈME ET DERNIER VOLUME.

TABLE DES MATIÈRES.

LIVRE VII. (suite.)

Chap.	XLVIII.	Conversation	5
—	XLIX.	L'Ajax.	23
—	L.	Mynheer Horn-Praët	29
—	LI.	Ina	38
—	LII.	Mariage	46
—	LIII.	Mariage	65
—	LIV.	Vanité	77

LIVRE VIII.

Chap.	LV.	L'entrevue.	101
—	LVI.	Tippoo-Saëb	121
—	LVII.	Scène de famille	130
—	LVIII.	Réception	137
—	LIX.	Ina de Vaudrey à la marquise de Bellow	157
—	LX.	Une conversion	164
—	LXI.	La comtesse de Vaudrey à la marquise de Bellow.	182
—	LXII.	Le père et le fils	192
—	LXIII.	La mère et la fille	209
—	LXIV.	Expiation	221
—	LXV.	Alfred de Vaudrey à Marie de Vaudrey	248
—	LXVI.	Mariage	251
—	LXVII.	Mort	254
Pièces justificatives			271
Notice sur Tippoo-Saëb			282

FIN DE LA TABLE DU TROISIÈME VOLUME.

BIBLIOTHÈQUE-CAZIN A UN FRANC LE VOLUME

Publiée par PAULIN, libraire-éditeur, 60, rue Richelieu.

On a beaucoup parlé du bon marché des contrefaçons belges ; la BIBLIOTHÈQUE CAZIN luttera avec elles, et offrira de plus qu'elles la supériorité typographique et la parfaite correction.

Les bibliophiles connaissent, sous le nom d'*éditions-Cazin*, de charmants volumes, format in-18, imprimés dans le siècle dernier. C'est dans ce format, à la fois gracieux et commode, pouvant convenir à la bibliothèque de voyage, à la bibliothèque de campagne, à la lecture du promeneur et à la table du salon, et se prêtant mieux qu'aucun aux combinaisons économiques d'une fabrication à grand nombre et à bon marché, que se publie la *Collection des meilleurs romans anciens et modernes*, annoncée sous le titre général de BIBLIOTHÈQUE-CAZIN.

La Bibliothèque se composera d'environ 200 volumes qui se vendront *séparément*. — Chaque volume contiendra au moins la matière d'un vol. in-8. — On y trouvera LES MEILLEURS OUVRAGES DES ROMANCIERS MODERNES LES PLUS CÉLÈBRES. — Au nombre des romans consacrés par le goût classique qu'elle comprendra, figureront : Mmes *Cottin, de Graffigny, Lafayette, Riccoboni, de Staël, de Tencin; — Cazotte, Hamilton, Le Sage, Marivaux, Marmontel, Montesquieu, l'abbé Prévost, Scarron, Tressan, etc., etc.*

EN VENTE :

E. Sue.	La Salamandre...	2 v.
—	Plik et Plok.......	1
—	Atar-Gull.........	1
—	Paula Monti......	2
—	Mathilde..........	6
—	Arthur............	4
—	Les Mystères de Paris	10
—	Le Marquis de Létorière..........	1
—	Le Juif Errant.....	10
—	Deleytar (*Arabian Godolphin — Kardiki*).........	1
L. Reybaud.	Jérôme Paturot.........	2
Alph. Karr.	Geneviève..	2

SOUS PRESSE :

(POUR PARAITRE INCESSAMMENT.)

J. Sandeau.	Marianna..	2 v.
—	Le Docteur Herbeau.	2
—	Vaillance et Richard.	1
E. Sue.	La Vigie de Koat-Ven............	3
—	Thérèse Dunoyer...	2
—	Jean Cavalier ...	4

EN PRÉPARATION :

Alex. Lavergne.	La Duchesse de Mazarin..	2
E. Sue.	La Coucaratcha..	3
—	Comédies Sociales..	1
—	Deux Histoires.....	2
—	Latréaumont	2
—	Le Commandeur de Malte..........	2

La liste *complète* des AUTEURS ANCIENS ET MODERNES qui figureront dans la BIBLIOTHÈQUE-CAZIN sera publiée prochainement.

Paris. — Typ. Lacrampe et comp., rue Damiette, 2.

www.ingramcontent.com/pod-product-compliance
Lightning Source LLC
LaVergne TN
LVHW010545110826
845149LV00003B/569

* 9 7 8 2 0 1 1 8 8 6 7 5 0 *